理论卷

考点覆盖　知识精讲

民诉法50专题

体系贯通　强化应试

刘鹏飞 ◎ 编著　｜　厚大出品

中国政法大学出版社

得之在俄顷　积之在平日

《《《 厚大在线 》》》

硬核干货
八大学科学习方法、新旧大纲对比及增删减总结、考前三页纸等你解锁。

定期直播
备考阶段计划、心理疏导、答疑解惑，专业讲师与你相约"法考星期天"直播间。

免费课堂
图书各阶段配套名师课程的听课方式，课程更新时间获取，法考必备通关神器。

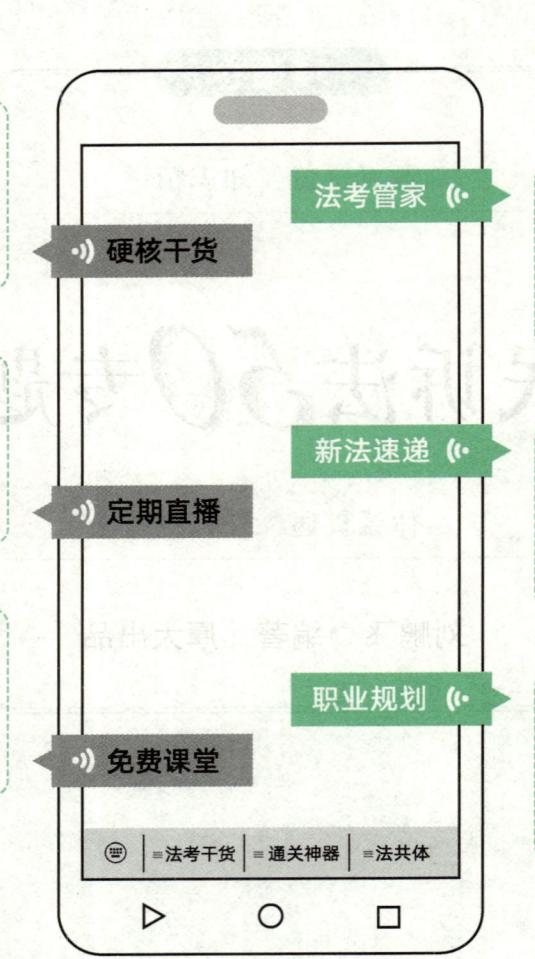

法考管家
法考公告发布、大纲出台、主客观报名时间、准考证打印等，法考大事及时提醒。

新法速递
新修法律法规、司法解释实时推送，最高院指导案例分享；牢牢把握法考命题热点。

职业规划
了解各地实习律师申请材料、流程，律师执业手册等，分享法律职业规划信息。

更多信息
关注厚大在线

HOUDA

代 总 序
GENERAL PREFACE

做法治之光
——致亲爱的考生朋友

如果问哪个群体会真正认真地学习法律，我想答案可能是备战法考的考生。

当厚大的老总力邀我们全力投入法考的培训事业，他最打动我们的一句话就是：这是一个远比象牙塔更大的舞台，我们可以向那些真正愿意去学习法律的同学普及法治的观念。

应试化的法律教育当然要帮助同学们以最便捷的方式通过法考，但它同时也可以承载法治信念的传承。

一直以来，人们习惯将应试化教育和大学教育对立开来，认为前者不登大雅之堂，充满填鸭与铜臭。然而，没有应试的导向，很少有人能够真正自律到系统地学习法律。在许多大学校园，田园牧歌式的自由放任也许能够培养出少数的精英，但不少学生却是在游戏、逃课、昏睡中浪费生命。人类所有的成就靠的其实都是艰辛的训练；法治建设所需的人才必须接受应试的锤炼。

应试化教育并不希望培养出类拔萃的精英，我们只希望为法治建设输送合格的人才，提升所有愿意学习法律的同学整体性的法律知识水平，培育真正的法治情怀。

厚大教育在全行业中率先推出了免费视频的教育模式，让优质的教育从此可以遍及每一个有网络的地方，经济问题不会再成为学生享受这些教育资源的壁垒。

最好的东西其实都是免费的，阳光、空气、无私的爱，越是

弥足珍贵，越是免费的。我们希望厚大的免费课堂能够提供最优质的法律教育，一如阳光遍洒四方，带给每一位同学以法律的温暖。

没有哪一种职业资格考试像法考一样，科目之多、强度之大令人咂舌，这也是为什么通过法律职业资格考试是每一个法律人的梦想。

法考之路，并不好走。有沮丧、有压力、有疲倦，但愿你能坚持。

坚持就是胜利，法律职业资格考试如此，法治道路更是如此。

当你成为法官、检察官、律师或者其他法律工作者，你一定会面对更多的挑战、更多的压力，但是我们请你持守当初的梦想，永远不要放弃。

人生短暂，不过区区三万多天。我们每天都在走向人生的终点，对于每个人而言，我们最宝贵的财富就是时间。

感谢所有参加法考的朋友，感谢你愿意用你宝贵的时间去助力中国的法治建设。

我们都在借来的时间中生活。无论你是基于何种目的参加法考，你都被一只无形的大手抛进了法治的熔炉，要成为中国法治建设的血液，要让这个国家在法治中走向复兴。

数以万计的法条，盈千累万的试题，反反复复的训练。我们相信，这种貌似枯燥机械的复习正是对你性格的锤炼，让你迎接法治使命中更大的挑战。

　　亲爱的朋友，愿你在考试的复习中能够加倍地细心。因为将来的法律生涯，需要你心思格外的缜密，你要在纷繁芜杂的证据中不断搜索，发现疑点，去制止冤案。

　　亲爱的朋友，愿你在考试的复习中懂得放弃。你不可能学会所有的知识，抓住大头即可。将来的法律生涯，同样需要你在坚持原则的前提下有所为、有所不为。

　　亲爱的朋友，愿你在考试的复习中沉着冷静。不要为难题乱了阵脚，实在不会，那就绕道而行。法律生涯，道阻且长，唯有怀抱从容淡定的心才能笑到最后。

法律职业资格考试不仅仅是一次考试，它更是你法律生涯的一次预表。

我们祝你顺利地通过考试。

不仅仅在考试中，也在今后的法治使命中——

不悲伤、不犹豫、不彷徨。

但求理解。

厚大®全体老师　谨识

序 言
——本书的定位和特色

　　法律职业资格考试是学子开启法律职业生涯的敲门砖，这场考试对很多人职业规划的实现有重大意义。新的法律职业资格考试以其全新的考查方式和考试内容让我们每一个备考的同学都面临着更大的挑战。一方面，考试的深度在加大。因为考试题量限缩，而考纲范围没有发生大的变化，这样，考点将更加集中而深入，要求大家对于单体考点的掌握必须更加扎实，对理论内涵的理解必须更加透彻。另一方面，考试的综合性和灵活性变得空前的大，要求大家在记忆的基础上，能够清晰地梳理知识脉络并且灵活运用学到的知识解决案例问题。而民事诉讼法，这个在法考中举足轻重的学科，其掌握程度对于大家决胜法考具有相当程度的影响。

　　所以，我这部教材需要帮助大家完成两个任务：一是扎实掌握民事诉讼法学的基础知识；二是学会灵活运用，做题得分。即使对于我这样一位民事诉讼法方向的博士而言，撰写一部符合时代需求的法律职业资格考试的辅导教材依然是一项艰巨的任务。这部书并不是学术著作或者实务指南，我必须提供一份能帮助广大考生在民诉学科中拿高分的辅导资料。这让我不能不谨小慎微，以期能对使用我教材的同学负起责任、有所交代。

　　那么，本教材写作的目标和特色是什么呢？

首先，本教材必须能因应考试趋势，适应新的考查方式。

在今年的教材里，必须妥善解决客观题考试和主观题考试的关系问题。我采用了这样的思路，"客观题先行攻坚，主观题夯实基础"。大家跟随我扎实学好客观题的内容，就为主观题通关打下了良好的基础；在学习客观题的时候，也能同时解决主观题考试面临的种种问题。因此，在今年的教材里，我增加了小案例问答、关键法条索引等内容，就是为了让我们的教材更能适应考试的趋势。不管考试怎么变，都万变不离其宗，只要你能扎实地掌握知识，让自己有牢靠的学习基础，那就怎么变都不怕，正所谓——"他强由他强，清风拂山岗；他横由他横，明月照大江"。

其次，本教材应该内容完整且精炼恰当。

民事诉讼法律部门繁复的法条、艰深的法理和细碎的程序规定，必须在教材中得以充分体现。只有这样，才能高度适配法考的难度、深度和广度。但是，厚重冗繁的教材会让人无所适从，很多考生根本没有时间和精力去学习、阅读。因此，我耗费了很多心血，将民事诉讼法考试大纲中的所有考查内容整合成了 150 个考点。这 150 个考点是我讲授司考及法考多年的经验荟萃，是我反复讲授了数百遍民事诉讼法之后的心血结晶。经过去粗取精、归纳整理，这 150 个考点，不仅实现了对考试范围的最大化覆盖，而且又尽可能地以精炼的形式将考试范围表达出来。希望我的努力，能有效降低大家的复习压力和备考难度。

再次，本教材应该逻辑清晰且体系清楚。

民事诉讼法杂乱、细碎的特点，使考生们呼唤能有一本让大家看上去一目了然的教材。因此，将零碎的知识统合起来，让学习体系化，是教材编写中最大的挑战。我果断地抛弃了传统中以大纲的一般顺序行文的习惯，打破法条的壁垒，用逻辑统筹写作，用统一的思路谋划全篇。在教材中，我将考查的法条融汇在知识体系之中，大家跟随我的思路，能够感知到立法的逻辑、命题的思路和知识的连贯性。这种学习的系统性，必然为大家做题得分奠定扎实的基础。同时，我又能让大家清晰地看到法条的规定，不至于感觉自己的学习是无源之水，无根之木。

最后，本教材应该形式丰富且贡献实战。

为了促进考生理解，我在本书中使用了大量的图表、流程图和示意图；为了方便大家记忆，我编制了大量口诀、考点提示、比较分析、总结梳理；为了让大家能将平面的理论立体地应用于做题得分，同时为了因应考试改革出现的案例考查趋势，我设置了大量的考点提示和案例式模拟训练。通过这些系统的、丰富的训练手段，能让大家克服对民事诉讼法望而却步的畏难心理，走出看得懂教材、听得懂课程却做不对题目的费解迷思，战胜解题思路不清、知识点记忆不准的尴尬困境。

这些就是本书努力践行的目标和实现路径。我希望能通过平稳的知识叙述、科学的训练方法、清晰的思维体系助力大家追逐梦想，陪伴大家通过这一可以跨越的考验。

和本书配套的教材还有三部：精细切割历年考题、讲授做题方法的《真题卷》，强化背诵、巩固知识记忆的《背诵卷》，定点突破、提升综合运用能力的《金题卷》。工欲善其事，必先利其器，希望这些教材能作为大家学习民诉法的利器，让大家一往无前，所向披靡。

在你们向着永恒开战的时候，我愿做你们的军旗！

尽管我殚思竭虑，但是由于个人学术水平有限和专业能力短缺，本书难免存在不少疏漏和不足，这也让我愧疚不安。因此，欢迎大家到我的新浪微博@民诉刘鹏飞提出自己宝贵的意见和建议。恳望大家不吝赐教，斧正不足，以期能进一步完善本书。

最后，本书顺利付梓，要感谢厚大诸位同事的支持和帮助、同学们的关爱和信任。在这里，对大家表示最衷心的谢意！

刘鹏飞

2024 年 11 月

学科知识体系图 System Diagram

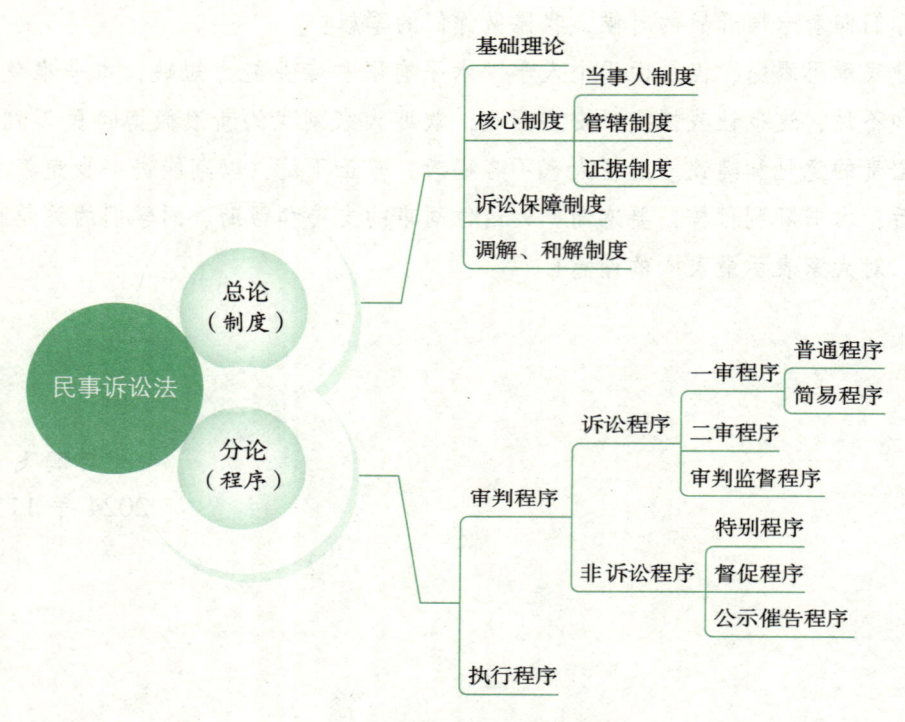

民事诉讼法
- 总论（制度）
  - 基础理论
  - 核心制度
    - 当事人制度
    - 管辖制度
    - 证据制度
  - 诉讼保障制度
  - 调解、和解制度
- 分论（程序）
  - 审判程序
    - 诉讼程序
      - 一审程序
        - 普通程序
        - 简易程序
      - 二审程序
      - 审判监督程序
    - 非诉讼程序
      - 特别程序
      - 督促程序
      - 公示催告程序
  - 执行程序

民事诉讼法知识体系图

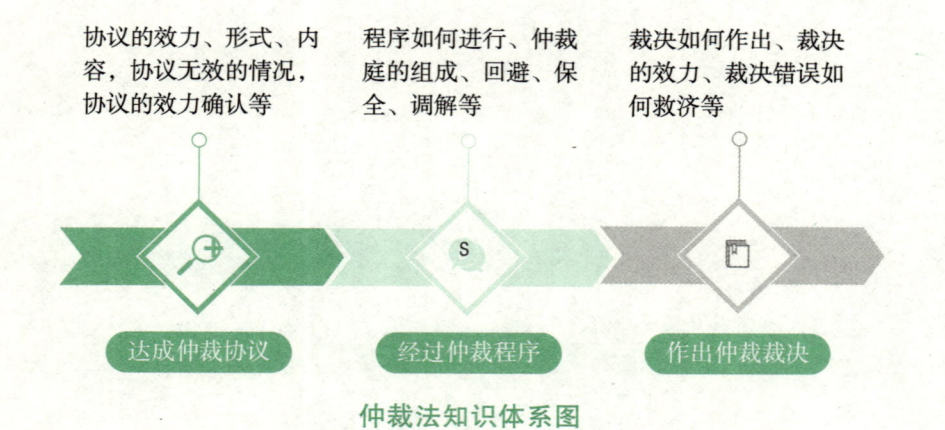

达成仲裁协议	经过仲裁程序	作出仲裁裁决
协议的效力、形式、内容，协议无效的情况，协议的效力确认等	程序如何进行、仲裁庭的组成、回避、保全、调解等	裁决如何作出、裁决的效力、裁决错误如何救济等

仲裁法知识体系图

目 录 CONTENTS

第1讲 基本理论、原则和制度　001

专题1 基本理论／002
　　低频考点1　民事诉讼法的性质与效力 ☆☆／003
　　核心考点2　诉的要素 ★★／005
　　核心考点3　诉的分类 ★★★／007

专题2 基本原则／010
　　核心考点4　辩论原则 ★★★★／010
　　核心考点5　处分原则 ★★★★／011
　　核心考点6　诚信原则 ★★★／013
　　核心考点7　民事检察监督原则 ★★★／014
　　核心考点8　自愿合法调解原则 ★★★／014
　　低频考点9　同等、对等原则和平等原则 ☆☆／015

专题3 基本制度／017
　　核心考点10　回避制度 ★★★★／017
　　核心考点11　公开审判制度 ★★★／021

第2讲 当事人和代理人　024

专题4 原告与被告／025
　　核心考点12　诉讼权利能力与诉讼行为能力 ★★★／025

核心考点 13　公民做原、被告的确定 ★★★★ ／027

核心考点 14　法人做原、被告的确定 ★★★★ ／029

核心考点 15　其他组织做原、被告的确定 ★★★★ ／031

专题 5　共同诉讼人 ／034

核心考点 16　必要共同诉讼 ★★★★★ ／034

核心考点 17　普通共同诉讼 ★★★★ ／038

专题 6　诉讼代表人 ／042

核心考点 18　诉讼代表人 ★★★ ／042

专题 7　诉讼第三人 ／044

核心考点 19　有独立请求权第三人 ★★★★★ ／045

核心考点 20　无独立请求权第三人 ★★★★★ ／048

核心考点 21　当事人更换与无独三 ★★★★ ／052

专题 8　诉讼代理人 ／054

核心考点 22　两种代理人 ★★★★ ／054

第3讲　管　辖　　057

专题 9　级别管辖 ／058

核心考点 23　级别管辖 ★★★ ／058

专题 10　地域管辖 ／062

核心考点 24　一般地域管辖 ★★ ／062

核心考点 25　专属管辖 ★★★ ／065

核心考点 26　协议管辖 ★★★★★ ／067

核心考点 27　合同案件的特殊地域管辖 ★★★★★ ／070

核心考点 28　侵权案件的特殊地域管辖 ★★★★ ／073

低频考点 29　运输案件的特殊地域管辖 ☆ ／074

低频考点 30　海事案件的特殊地域管辖 ☆☆ ／075

低频考点 31　公司诉讼的特殊地域管辖 ☆☆ ／076

低频考点 32　保险合同纠纷、票据纠纷和监护纠纷的特殊地域管辖 ☆ ／077

低频考点 33　选择管辖 ☆ ／078

低频考点 34　涉外案件的牵连管辖 ☆ ／078

专题 ⑪　裁定管辖和管辖权恒定 /079
　　核心考点 35　移送管辖 ★★★★ /079
　　核心考点 36　管辖权转移 ★★★ /080
　　核心考点 37　指定管辖 ★★ /081
　　核心考点 38　管辖权异议 ★★★★★ /082
　　核心考点 39　管辖权恒定原则 ★★★★ /084

第 4 讲　证据与证明　　　　　　　　　　　　　　088

专题 ⑫　证明对象 /089
　　低频考点 40　待证事实 ☆☆ /089
　　核心考点 41　自认 ★★★★ /092

专题 ⑬　举证责任 /095
　　核心考点 42　举证责任分配的基本理论 ★★★ /095
　　核心考点 43　侵权案件的举证责任分配 ★★★★★ /097

专题 ⑭　证据的学理分类 /101
　　核心考点 44　证据理论分类 ★★★ /101

专题 ⑮　证据的法定种类 /105
　　核心考点 45　证据的三大基本属性 ★★ /105
　　核心考点 46　鉴定意见和勘验笔录 ★★★ /106
　　核心考点 47　证人证言 ★★★★ /108
　　核心考点 48　当事人陈述 ★★ /111
　　核心考点 49　电子数据和视听资料 ★★★ /113
　　核心考点 50　书证和物证 ★★ /114
　　核心考点 51　文书提出命令和最佳证据规则 ★★★★ /115

第 5 讲　诉讼保障制度　　　　　　　　　　　　　　119

专题 ⑯　保　全 /120
　　核心考点 52　保全的类型 ★★★★ /120
　　核心考点 53　保全的条件 ★★★★ /121
　　低频考点 54　保全的范围 ☆☆ /123
　　低频考点 55　保全的解除 ☆ /124
　　核心考点 56　保全的救济 ★★ /124

专题 ⑰ 先予执行 /125

　　核心考点 57　先予执行★★★/125

专题 ⑱ 强制措施 /127

　　核心考点 58　强制措施★★★/127

专题 ⑲ 期间与送达 /129

　　核心考点 59　期间的计算与补救★★★/129

　　核心考点 60　送达方式★★★★/132

第 6 讲　诉讼调解与和解　　　　　　　　　　　　　　　　　134

专题 ⑳ 调解的适用 /135

　　核心考点 61　调解与先行调解★★/135

　　核心考点 62　调解的方式★★★★/136

　　低频考点 63　调解担保☆/136

专题 ㉑ 调解协议与调解书 /136

　　核心考点 64　调解书的制作和生效★★★★/136

　　核心考点 65　双方当事人自行和解★★/138

第 7 讲　一审普通程序　　　　　　　　　　　　　　　　　　139

专题 ㉒ 起诉与受理 /140

　　核心考点 66　起诉★★★★/140

　　核心考点 67　立案登记★★★★★/145

　　核心考点 68　审查期的具体处理方式★★★★/146

　　低频考点 69　起诉与受理的法律效果☆☆/149

　　核心考点 70　答辩★★★/150

专题 ㉓ 审理前的准备 /150

　　核心考点 71　举证时限★★★★★/150

　　低频考点 72　证据收集☆/152

　　核心考点 73　证据保全★★★★/153

　　低频考点 74　证据交换和庭前会议☆/155

专题 ㉔ 庭审程序 /156

　　核心考点 75　审理方式★★★/156

核心考点 76　质证 ★★ / 158

专题 ㉕　诉讼中的特殊情形 / 160

核心考点 77　撤诉与缺席判决 ★★★ / 160

核心考点 78　延期审理、诉讼中止与诉讼终结 ★★★ / 162

第 8 讲　一审简易程序　　166

专题 ㉖　简易程序一般规定 / 167

核心考点 79　简易程序适用范围 ★★★★★ / 167

核心考点 80　简易程序转为普通程序 ★★★ / 168

核心考点 81　简易程序的特殊性 ★★★ / 168

专题 ㉗　小额诉讼程序 / 172

核心考点 82　小额诉讼程序的适用 ★★★★★ / 172

第 9 讲　二审程序　　176

专题 ㉘　上　诉 / 177

核心考点 83　上诉 ★★★ / 177

低频考点 84　共同诉讼上诉人的确定 ☆☆ / 179

核心考点 85　二审撤诉 ★★★★★ / 180

专题 ㉙　二审的审理 / 184

核心考点 86　二审审理方式 ★★★ / 184

低频考点 87　二审审理范围和审限 ☆☆ / 185

专题 ㉚　二审的裁判 / 186

核心考点 88　具体情况的裁判 ★★★★ / 186

低频考点 89　二审裁判注意事项 ☆☆ / 189

核心考点 90　裁判文书 ★★★★ / 190

核心考点 91　二审中的调解与和解 ★★★★ / 191

第 10 讲　审判监督程序　　194

专题 ㉛　再审程序的启动 / 195

低频考点 92　法院提起再审 ☆ / 195

核心考点 93　当事人申请再审的条件 ★★★★ / 196

低频考点 94　当事人申请再审的审查程序 ☆☆ / 198

· 005 ·

核心考点 95　当事人申请再审的管辖和审理 ★★★★ / 199

核心考点 96　检察院启动再审 ★★★★★ / 204

核心考点 97　当事人申请再审与检察院抗诉或检察建议 ★★★★★ / 207

专题 ㉜　再审程序的审理 / 208

低频考点 98　审理方式和范围 ☆☆ / 208

专题 ㉝　再审程序的裁判与调解 / 211

核心考点 99　再审的裁判和调解 ★★★ / 211

第11讲　第三人撤销之诉　　214

专题 ㉞　第三人撤销之诉的基本制度 / 215

核心考点 100　第三人撤销之诉的基本制度 ★★★★★ / 215

专题 ㉟　执行前对案外人的救济 / 217

核心考点 101　执行前对案外人的救济 ★★★★ / 217

第12讲　增加、变更诉讼请求和反诉　　219

专题 ㊱　反　诉 / 219

核心考点 102　反诉 ★★★★★ / 219

专题 ㊲　"增变反"在诉讼程序中的具体处理 / 223

核心考点 103　"增变反"在诉讼程序中的具体处理 ★★★★★ / 223

第13讲　公益诉讼　　226

专题 ㊳　公益诉讼的起诉条件 / 227

核心考点 104　公益诉讼的起诉条件 ★★★★★ / 227

专题 ㊴　公益诉讼的程序规定 / 228

核心考点 105　公益诉讼的程序规定 ★★★★ / 228

第14讲　特别、督促与公示催告程序　　230

专题 ㊵　特别程序 / 231

核心考点 106　选民资格案 ★★ / 231

核心考点 107　宣告公民失踪、死亡案 ★ / 233

核心考点 108　认定公民无、限制民事行为能力案 ★ / 234

核心考点 109　指定遗产管理人案 ★★★★ / 235

核心考点 110　认定财产无主案 ★/237

核心考点 111　确认调解协议案 ★★★★/237

核心考点 112　实现担保物权案 ★★★★/239

专题 ㊶　督促程序/241

核心考点 113　申请支付令的条件 ★★★★/242

核心考点 114　债务人异议条件 ★★★★/242

核心考点 115　督促程序与诉讼程序的转化 ★★★★/243

专题 ㊷　公示催告程序/244

核心考点 116　申请公示催告的条件 ★★★/244

核心考点 117　申报权利 ★★★★/245

第15讲　在线诉讼　　　　　　　　　　　　　　　　　　247

专题 ㊸　在线诉讼/247

核心考点 118　在线诉讼的适用 ★★★★/248

核心考点 119　在线诉讼的程序规则 ★★★★/249

第16讲　民事执行程序　　　　　　　　　　　　　　　　251

专题 ㊹　执行开始/253

低频考点 120　民事执行依据 ☆/253

低频考点 121　民事执行管辖 ☆☆/253

核心考点 122　执行开始 ★★★★/254

专题 ㊺　执行阻却/256

核心考点 123　执行和解 ★★★★★/256

核心考点 124　执行担保 ★★★★/258

低频考点 125　执行中止 ☆/260

低频考点 126　执行终结 ☆/260

专题 ㊻　执行救济/261

核心考点 127　对执行行为的救济 ★★★★/261

核心考点 128　裁判有错误情况下对执行标的的救济 ★★★★★/263

核心考点 129　裁判无错误情况下对执行标的的救济 ★★★★★/265

低频考点 130　执行回转 ☆/268

专题 47　执行措施 /269

低频考点 131　对财产的一般执行措施 ★★☆ /269

低频考点 132　财产执行中的参与分配 ★☆ /272

核心考点 133　对行为的执行措施 ★★★ /273

核心考点 134　对到期债权的执行措施——代位执行 ★★★ /273

核心考点 135　保障性的执行措施 ★★★★ /275

第17讲　仲裁法　　277

专题 48　仲裁协议的效力 /278

核心考点 136　协议仲裁原则 ★★★ /278

核心考点 137　仲裁协议的形式和内容 ★★ /279

核心考点 138　仲裁协议的性质 ★★★★★ /280

核心考点 139　仲裁协议的效力 ★★★★ /282

核心考点 140　仲裁协议的效力确认 ★★ /283

专题 49　仲裁程序 /285

核心考点 141　仲裁庭与仲裁进行 ★★★ /285

核心考点 142　回避制度 ★★ /286

核心考点 143　证据收集与保全 ★★★★ /286

核心考点 144　仲裁中的调解与和解 ★★★★ /287

核心考点 145　裁决作出 ★★★★ /287

专题 50　撤销仲裁裁决与不予执行仲裁裁决 /288

核心考点 146　启动与管辖 ★★★ /288

低频考点 147　法定事由 ★★ /289

核心考点 148　重新仲裁 ★★★ /289

核心考点 149　不予执行仲裁裁决的请求不予支持的情况 ★★★ /290

核心考点 150　撤销仲裁裁决与不予执行仲裁裁决的

效果 ★★★★ /291

附录　诉讼程序和仲裁程序的对比　　292

《 第一讲
基本理论、原则和制度

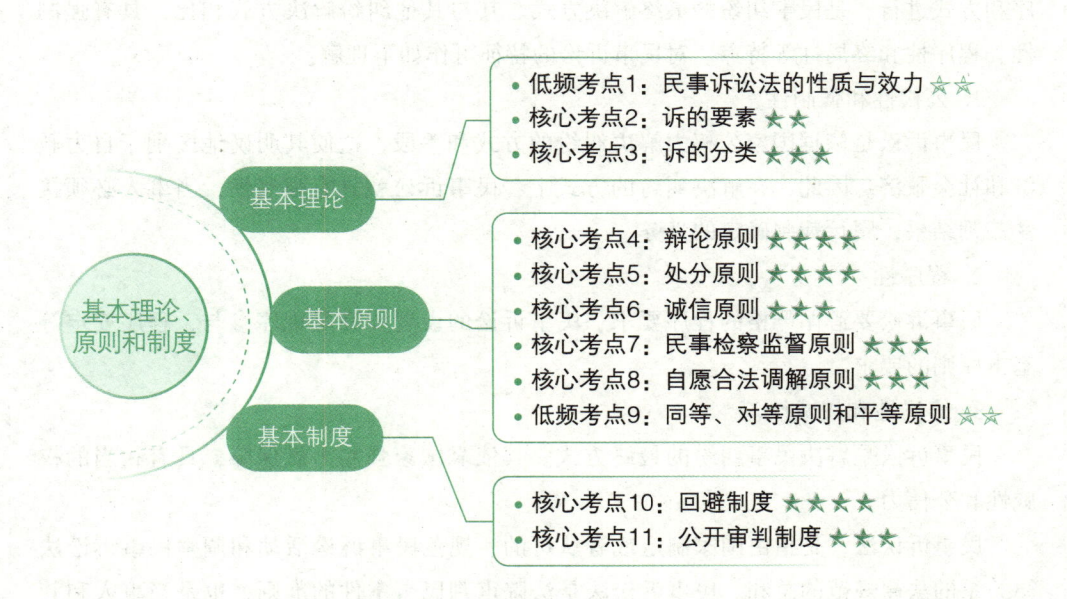

01

- 基本理论
  - 低频考点1：民事诉讼法的性质与效力 ★★
  - 核心考点2：诉的要素 ★★
  - 核心考点3：诉的分类 ★★★

- 基本原则
  - 核心考点4：辩论原则 ★★★★
  - 核心考点5：处分原则 ★★★★
  - 核心考点6：诚信原则 ★★★
  - 核心考点7：民事检察监督原则 ★★★
  - 核心考点8：自愿合法调解原则 ★★★
  - 低频考点9：同等、对等原则和平等原则 ★★

- 基本制度
  - 核心考点10：回避制度 ★★★★
  - 核心考点11：公开审判制度 ★★★

专题 01 基本理论

知识铺垫

民事诉讼，是指法院在双方当事人和其他诉讼参与人的参加下，在审理和执行民事案件的过程中所进行的各种诉讼活动以及由这些诉讼活动所产生的各种民事诉讼法律关系的总和。

民事诉讼制度属于公力救济的范畴。公力救济，是指国家设置的、通过国家公权力强制性解决纠纷的机制。公力救济包括行政救济和司法救济，司法救济在民事纠纷解决机制中即指民事诉讼制度。民事诉讼以国家强制力为后盾，必须严格按照法定程序和方式进行，是民事纠纷的最终解决方式。其与其他纠纷解决方式相比，具有强制性、程序性和终局性等特点。对民事诉讼的特征可作如下理解：

1. 公权性和强制性

民事诉讼是依据国家公权力解决纠纷的方式和手段，这使其明确地区别于自力救济和社会救济。因此，在解决纠纷的方式上，民事诉讼就具有强制性，当事人必须接受裁判结果，履行裁判确定的义务。

2. 程序性

民事诉讼要遵循严格的程序要求，民事诉讼的设置要满足程序参与、程序安定等基本原则的要求。

3. 终局性和权威性

民事诉讼是解决民事纠纷的最终方式。其依靠国家强制力做保障，具有相当的权威性和公信力。

民事诉讼法，是指由国家制定或者认可的、规范民事诉讼活动和调整民事诉讼法律关系的法律规范的总和。民事诉讼法是法院审判民事案件的准则，也是当事人和其他诉讼参与人进行民事诉讼活动的准则。其也是本书讲解和同学们需要掌握的主要规范。

低频考点 001　民事诉讼法的性质与效力 ☆☆

一、民事诉讼法的性质

（一）从法律地位的角度

民事诉讼法属于基本法。其效力仅次于宪法——制定、修改程序都非常严格。在法律体系中，依各个法律的地位和作用的不同，可将其分为根本法、基本法和一般法，其中基本法的效力低于宪法但高于一般法。民事诉讼法是由国家最高权力机关制定与修改的，是仲裁法等其他民事程序法制定的依据，与仲裁法等共同构成完整的民事程序法律体系。因此，民事诉讼法是各民事诉讼法律关系主体行使民事诉讼权利、履行民事诉讼义务的法律依据。

（二）从调整社会关系的角度

民事诉讼法的功能是调整部分法律关系——仅调整民事诉讼法律关系，而不规范社会生活中的其他法律关系，因此，民事诉讼法属于部门法。部门法又称法律部门，是指一个国家根据一定的原则和标准划分的同类法律规范的总称。部门法的分类以调整对象为主要标准，以调整手段为辅助标准。民事诉讼法中包含的诉讼与非诉讼程序规范是解决社会纠纷的民事诉讼活动与非民事诉讼活动的法律规范的总称。从大的诉讼法部门看，诉讼法包括刑事诉讼法、民事诉讼法、行政诉讼法。诉讼法作为部门法，从诉讼程序方面保证实体法的正确实施，保证实体权利义务的实现。

（三）从规定内容的角度

因为民事诉讼法规定的是民事诉讼程序问题，而非实体问题，所以，民事诉讼法是程序法。民事诉讼法是民事程序法的主要组成部分，是制定其他民事程序法的基础，在民事程序法中起主导作用。程序法以保证公民程序权利得以实现、规范公权力的程序运行为主要内容，是正确实施实体法的保障。审判活动则是实体法和程序法的综合运用。应该说，实体法中也包含一定数量的程序规范。近年来，对程序法和实体法的综合考查，成为法考命题的趋势。

（四）从法律性质（公私法的划分）的角度

依据法律调整的社会关系以及规范的对象的不同，可以将其分为公法与私法。作为专门调整民事诉讼法律关系主体的诉讼行为及其相互关系的一个独立的部门法，民事诉讼法是规范国家审判机关——法院行使审判权、解决民事纠纷的程序的法律，与规范平等主体之间的民事权利义务关系的私法不同，其性质属于公法。但由于民事诉讼所解决的纠纷是平等主体之间的私权纠纷，所以，民事诉讼法中也有一些以程序选择权为基础的任意性规范，允许当事人处分自己的权利。

> **背诵要点**
> 民事诉讼法在地位上属于基本法，在调整对象上属于部门法，在内容上属于程序法，在公私法的划分上属于公法。

二、民事诉讼法的效力

民事诉讼法的效力，解决的是民事诉讼法在什么空间有效、在什么时间有效、对什么事有效的问题。

（一）空间效力

民事诉讼法的空间效力，是指民事诉讼法在哪些地域范围内适用，其解决的是民事诉讼法的地域效力范围的问题。原则上，在中国领域内进行民事诉讼的所有人都只能适用中国《民事诉讼法》，但中国港澳台地区除外。换言之，《民事诉讼法》适用于在中国领域内进行民事诉讼的一切人，具体包括：

1. 中国公民、法人和其他组织。
2. 居住在中国境内的外国人、无国籍人，以及在中国境内营业的外国法人和外国组织。
3. 不在中国境内居住或营业，但在中国法院通过起诉与应诉行为进行民事诉讼的外国人、无国籍人以及外国法人或组织。
4. 在中国享有外交豁免权，但根据国际条约、国际惯例以及中国法律的规定，放弃其外交豁免权的外国人。

[例] Q：在江西省内与美国人发生纠纷的法国人能否与该美国人约定适用日本《民事诉讼法》？

A：不能。只能适用中国《民事诉讼法》。

（二）时间效力

民事诉讼法的时间效力，是指民事诉讼法发生法律效力的期间，具体包括民事诉讼法的生效、失效以及有无溯及力的问题。

1. 现行《民事诉讼法》于1991年4月9日生效，经过2007年10月28日、2012年8月31日、2017年6月27日、2021年12月24日、2023年9月1日五次修正。
2. 《民事诉讼法》具有溯及力。

具有溯及力，是指现行《民事诉讼法》修正生效后，无论审理《民事诉讼法》生效前受理的案件，还是审理《民事诉讼法》生效后受理的案件，一律适用新《民事诉讼法》。

[例] A 法院于 2012 年 12 月 18 日受理了王某的离婚纠纷案，尚未开庭。2013 年 1 月 1 日，新《民事诉讼法》修正生效。

Q：王某离婚纠纷案在 2013 年 1 月 5 日开庭时，适用 2013 年新修正生效的《民事诉讼法》，还是适用修正生效前的旧《民事诉讼法》？

A：虽然案件于新法生效前已经受理，但仍然适用新法，新法对于依据旧法受理的案件有溯及力。

（三）对事效力

民事诉讼法对事的效力范围，是指适用民事诉讼法审理与解决民事案件的范围，其实质上解决的是法院主管的问题。

民事诉讼法既规范民事诉讼程序，也规范非民事诉讼程序（包括特别程序、督促程序和公示催告程序）。所谓非民事诉讼程序，指的是同样通过民事审判，但不解决纠纷，仅仅处理特殊事项的程序。例如，认定公民有无行为能力案件，仅仅是认定一个人有没有行为能力，判断了这一特殊事项，但是没有解决任何争议。

民事诉讼法既规范审判程序，也规范执行程序。

核心考点 002　诉的要素 ★★

诉，是指当事人就特定的民事争议向法院提出的保护自己民事实体权益的请求。

诉是一种抽象的主张，通俗地讲，诉的意思就是"当事人请求法院保护自己的利益"。所谓"起诉"，就是提起了这种向法院求助的请求。所以，请求法院救济，是请求获得国家公权力的救济，称之为"公力救济"。

当事人提起的每一个诉，都应该包含三方面的要素：

一、诉的主体

谁向法院请求保护权利呢？当然是当事人，所以诉的主体就是民事诉讼的当事人。没有当事人，诉便无从提起。任何具有民事诉讼主体资格的公民、法人或者其他组织，在自己的民事权益受到侵害或者与他人发生争议时，都可以要求法院给予司法保护。

二、诉的理由

所谓诉的理由，就是你凭什么起诉，即提起诉讼的事实依据（原告关于事实的主张）和法律依据（法律是怎么规定的）。没有理由，请求就不能实现。没有诉讼理由的诉，是不完整的诉，法院不能受理。即使法院受理案件，当事人的请求也不受保护。

三、诉的标的

所谓诉的标的，就是法院对诉进行审理时的对象。诉讼标的，是指当事人之间发生争议，并要求法院作出裁判的民事法律关系。诉讼标的是任何一个民事案件都必须具有的，大多数民事案件只有一个诉讼标的，但有的民事案件也可能有 2 个以上诉讼标的。例如，有的离婚案件不仅涉及当事人之间的婚姻法律关系，还涉及共有财产分割及子女抚养等法律关系问题。具体到某一民事案件，以何法律关系为诉讼标的，应以提起诉讼的当事人所表明的意思而定。

要区分诉讼标的的类似概念：

1. 诉讼标的物

诉讼标的物，是指法律关系中的权利义务关系所指向的对象。例如，原告请求被告返还其所租赁的汽车，诉讼标的是租赁法律关系，要求返还的汽车则是诉讼标的物。诉讼标的与诉讼标的物虽有联系，但二者又有明显的区别。在民事诉讼中，任何一个诉都有诉讼标的，但不一定都有诉讼标的物。例如，非财产权益之争的诉，虽然有诉讼标的，但不一定有诉讼标的物。法院审理民事案件，审理的是诉讼标的，而不是诉讼标的物。诉讼标的变更会导致诉的变更；但若仅仅是诉讼标的物的变更，则不具有这样的作用。

2. 诉讼请求

诉讼请求，是指当事人通过法院向对方所主张的具体权利。一般认为，诉讼标的若发生了变更，诉的性质则随之变更；但诉讼请求变更，诉讼标的却并不一定发生变更。例如，在同一个房屋租赁合同纠纷中，原告既可以请求被告交付房租，也可以变更诉讼请求为请求被告腾退房屋。诉讼请求可以放弃，诉讼请求的数额可以增加或减少。

背诵要点 —— 诉讼标的

1. 诉讼标的是双方当事人之间发生争议的实体法律关系（要依靠民法知识才能判断具体是什么法律关系）。
2. 有一个诉讼标的就有一个诉，若一个案件中有多个诉讼标的，就有多个诉，构成诉的合并审理。

3. 依据诉讼标的可以提出具体的诉讼请求，变更诉讼请求不必然变更诉讼标的。

模拟训练

甲因乙久拖房租不付，向法院起诉，请求乙支付半年房租 6000 元。在案件开庭审理前，甲提交书面材料，表示时间已过去 1 个月，乙应将房租增至 7000 元。

Q：（1）本案中，诉讼主体是谁？
（2）本案中，甲请求乙支付半年房租 6000 元的主张属于什么？
（3）甲提出乙久拖房租不付的主张属于什么？
（4）本案的诉讼标的是什么？
（5）6000 元房租属于什么？
（6）甲从请求乙支付半年房租 6000 元到请求乙将房租增至 7000 元，改变的是什么？

A：（1）本案中，诉讼主体是甲和乙，甲起诉是原告，乙应诉是被告。
（2）本案中，甲请求乙支付半年房租 6000 元的主张属于权利主张，即诉讼请求。
（3）甲提出乙久拖房租不付的主张属于事实主张，即当事人主张的案件的事实依据。
（4）本案的诉讼标的是当事人之间争议的房屋租赁合同关系。
（5）6000 元房租属于本案争议的具体的诉讼标的物。
（6）甲从请求乙支付半年房租 6000 元到请求乙将房租增至 7000 元，改变的是诉讼请求，属于诉讼请求的变更，争议的法律关系还是同一个房屋租赁合同关系，诉讼标的没有变化。

核心考点 003 诉的分类 ★★★

诉讼案件可以分成以下三种类型（非讼案件不能适用这种分类）：

一、确认之诉

确认之诉，是指请求法院确认其主张的法律关系存在或不存在的诉。请求确认法律关系存在的是积极确认之诉，请求确认法律关系不存在的是消极确认之诉。

[例] 甲向法院起诉，要求确认他和乙之间的合同无效。这就属于确认之诉。

二、给付之诉

给付之诉，是指请求法院判令被告履行一定给付义务的诉，分为财物给付之诉、作为给付之诉、不作为给付之诉三种。

其中，请求对方向自己给付财物的，是财物给付之诉；请求对方为自己做出某种行为的，是作为给付之诉；请求对方为自己的利益不做某种行为的，是不作为给付之诉。

模拟训练

刘某习惯每晚将垃圾袋放在家门口，邻居王某认为这会招引苍蝇并影响自己出入家门。王某为此与刘某多次交涉未果，遂向法院提起诉讼，请求刘某不将垃圾袋放在家门口。

Q：王某提起的诉讼，属于何种诉的类型？

A：属于不作为的给付之诉。因其请求对方不做一件事（不将垃圾袋放在家门口）。

三、变更之诉

变更之诉，是指请求法院改变或者消灭其与对方当事人之间某种现存的民事法律关系的诉。变更之诉成立的前提为已经"既存"一种法律关系，若没有既存的法律关系，那就谈不上变更。

［例］诉讼离婚就是典型的变更之诉，将既存的婚姻关系消灭掉。

考点提示

1. 诉的分类仅适用于民事诉讼案件，不适用于非民事诉讼案件。
   确认之诉中，确认的对象是法律关系是否存在。确认事实是否存在的是非讼程序，不属于确认之诉。
2. 诉的分类仅以原告的主张为判断标准。
3. 消极确认之诉确认的法律关系自始不存在，变更之诉变更的法律关系曾经存在过。

模拟训练

1. 请判断下列诉属于消极确认之诉还是变更之诉，并说明理由。

Q： (1) 张三因情势变更请求法院解除合同。

(2) 张三起诉请求确认合同无效。

(3) 张三起诉请求离婚。

(4) 张三起诉请求确认婚姻无效。

(5) 张三起诉请求解除收养关系。

(6) 张三起诉请求确认其与被告的收养关系不符合法定条件，是无效的法律关系。

A： (1) 消极确认之诉。当事人因情势变更请求解除合同，必然是与对方协商无果，才会诉诸法院。当事人发现情势变更，继续履行合同对己方不利，通知对方解除合同时，合同就已经解除。因此，当事人诉至法院时，合同已经不存在，也就不存在将已经有效存在的合同变更、消灭掉的问题。所以，请求法院解除合同，事实上是请求法院确认合同已经解除的状态，按照确认之诉理解更为合理。

(2) 消极确认之诉。一旦确认合同无效，合同就从来没有存在过，从开始就是无效的。

(3) 变更之诉。离婚的前提是当事人已经结婚，如果没有结婚，就没必要离婚。张三的诉讼目的是把既存的婚姻关系变更、消灭掉。

(4) 消极确认之诉。一旦确认婚姻无效，婚姻就从来没存在过，从开始就是无效的。比如两个男生结婚，因为这个婚姻从来就没存在过，所以，两个男生没资格起诉离婚，只能诉请确认婚姻无效。

(5) 变更之诉。解除收养关系的前提是当事人之间存在收养关系，如果没有形成收养关系，就没必要解除。张三的诉讼目的是把既存的收养关系变更、消灭掉。

(6) 消极确认之诉。一旦确认收养关系无效，收养关系就从来没存在过，从开始就是无效的。

2. **Q：** (1) 甲（男）诉其前妻在抚养他们唯一的女儿期间未尽到照料、教育的责任，请求法院判令其女儿改由自己抚养。这属于何种诉的类型？

(2) 甲公司以乙公司的履行不符合约定为由诉至法院，请求乙公司继续履行。这属于何种诉的类型？

(3) 甲向法院起诉乙，请求乙返还借款1000元，乙称自己根本没有向甲借过钱。这属于何种诉的类型？

(4) 甲请求法院确认乙失踪。这属于何种诉的类型？

A： (1) 变更之诉。以前由甲的前妻直接抚养女儿，现在甲请求法院判令由自己直接抚养女儿，改变了女儿抚养的法律关系，是典型的变更之诉。

(2) 给付之诉。甲公司请求乙公司向自己给付"继续履行"的行为。
(3) 给付之诉。给付的是借款这种财物。判断诉的类型，仅以原告的主张为依据，而不问被告的主张。
(4) 甲请求法院确认的是乙失踪这一事实，属于非讼程序，不属于任何诉的类型。

专题02 基本原则

知识铺垫

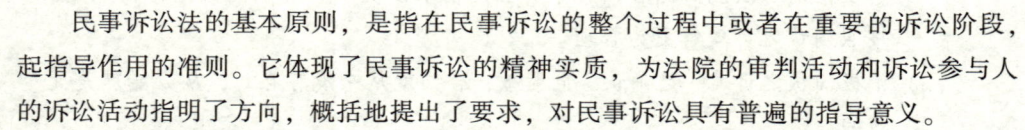

民事诉讼法的基本原则，是指在民事诉讼的整个过程中或者在重要的诉讼阶段，起指导作用的准则。它体现了民事诉讼的精神实质，为法院的审判活动和诉讼参与人的诉讼活动指明了方向，概括地提出了要求，对民事诉讼具有普遍的指导意义。

民事诉讼法中共有六大基本原则：辩论原则，处分原则，诚信原则，民事检察监督原则，自愿合法调解原则，同等、对等原则和平等原则。

核心考点 004 辩论原则 ★★★★

一、含义

辩论原则，是指法院审理民事案件时，当事人有权进行辩论。即在审判人员的主持下，双方当事人有权对他们之间的争议相互进行答辩和反驳，陈述各自的主张和事实根据，以维护各自的合法权益。

二、内容

1. 阶段上的全程性
民事诉讼程序的全程，包括一审程序、二审程序和再审程序，都可以辩论。
2. 方式上的全面性
当事人可以采用书面形式、口头形式辩论。
3. 内容上的全方位性
当事人对于事实问题、证据问题、程序问题和法律问题都可以辩论。

4. 主体上的特定性

只有当事人才有辩论权。

5. 效力上的约束性

当事人的辩论意见——提出的证据和事实对法院有约束力；法院不得超出当事人主张的证据和事实范围裁判。具体包括：

（1）当事人没有提出的证据，法院不得主动调查；

（2）当事人没有提出的事实，法院不得据以裁判。

也就是说，辩论原则保障了当事人在提出证据和事实方面的主导权，是否提出证据和事实、提出怎样的证据和事实，都应由当事人说了算。

模拟训练

A县法院对甲诉乙侵权纠纷一案未经开庭审理即作出了判决。该审判行为直接违反了下列哪一项原则或者制度？[1]

A. 当事人诉讼权利平等原则　　B. 辩论原则
C. 合议制度　　　　　　　　　D. 回避制度

核心考点 005　处分原则 ★★★★

一、含义

处分原则，是指民事诉讼当事人有权在法律规定的范围内处分自己的民事权利和诉讼权利。处分原则是民法中当事人意思自治原则的体现和延伸。当事人对实体权利的处分可以通过提出、变更、放弃诉讼请求，反驳或者承认对方的诉讼请求以及和解等方式实现。当事人自己决定提出诉讼请求的性质、对象、内容、形式。

二、内容

1. 处分原则必须在法律规定的范围内行使，不能侵犯国家、集体和他人的合法权益。

2. 法院不能超出当事人的请求范围裁判。

总体来说，处分原则保障了当事人在提出诉讼请求方面的主导权，是否提出诉讼

---

[1] B。根据辩论原则的要求，法院审理民事案件时，当事人有权进行辩论。A县法院未经开庭审理即作出了判决，剥夺了当事人在庭审中辩论的机会，侵犯了当事人的辩论权。故B项当选。根据题意，并没有信息表明A县法院违反了ACD三项所涉及的原则及制度。故ACD项不当选。

请求、提出怎样的诉讼请求，都应由当事人说了算。

考点提示

法院判决要受到辩论原则和处分原则的制约：
1. 当事人没有提出的事实和证据，法院不能以此作为判决依据，若判了就违反辩论原则。
2. 当事人没有提出的请求和标的，法院不能主动加以判决，若判了就违反处分原则。

解题技巧 ———— 做题时怎么区分辩论原则和处分原则？

1. 先在题目中找到当事人提出的事实和证据是什么。
2. 再在题目中找到当事人提出的诉讼请求是什么。
3. 然后找到法院认定的事实和采纳的证据是什么。
4. 最后找到法院判决的请求是什么。

结论一：如果法院认定的事实>当事人提出的事实，法院采纳的证据>当事人提出的证据，都属于违反辩论原则。

结论二：如果法院判决的请求>当事人提出的诉讼请求，则违反了处分原则。

模拟训练

Q:（1）某商品房买卖合同纠纷的主审法官王某主动到现场勘验，并依据自己得到的勘验笔录，支持了原告因商品房质量有瑕疵而请求损害赔偿的主张。法官王某的做法违反了什么原则？

（2）甲诉乙请求返还借款200元，乙没有以时效抗辩。法院主动查明该笔欠款已经超过诉讼时效3年，并据此判决驳回甲的诉讼请求。法院的做法违反了什么原则？

（3）甲向法院起诉，请求判决乙返还借款本金2万元。法院根据银行同期定期存款利息判决乙返还甲借款本金2万元、利息520元。法院的做法违反了什么原则？

A:（1）对当事人没有提出的证据（勘验笔录），法官王某主动去调取，超出了当事人提出的证据范围进行裁判，违反了辩论原则。

（2）法院主动查明当事人没有主张的事实——关于诉讼时效已届满的事实，超出了被告主张的事实范围，违反了辩论原则。

（3）对当事人没有提出的诉讼请求（利息520元），法院主动判决，超出了当事人主张的请求范围进行裁判，违反了处分原则。

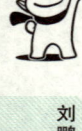

核心考点 006　诚信原则 ★★★

一、含义

诚信原则，是指民事诉讼过程中任何诉讼参与人都应当遵循诚实信用原则，具体是指诉讼参与人应诚实、善意地进行诉讼，禁止欺骗和滥用权力或权利。

当事人以欺骗的方法形成不正当诉讼状态、证人故意提供虚假证言（欺骗或不诚实）、法院对当事人提出的证据任意进行取舍或否定等（滥用权力）行为，都违反了诚信原则。

[例] 被告户口在 A 地，原告为了在 B 地进行诉讼，伪造了被告户口在 B 地的材料，并将其提交给法院，使得自己得以在 B 地进行诉讼。这就是典型的以欺骗的方法形成不正当诉讼状态。

二、违反诚信原则的诉讼

（一）虚假诉讼

诉讼当事人之间恶意串通，企图通过诉讼、调解等方式侵害国家利益、社会公共利益或者他人合法权益的，审理法院应当驳回其请求，并根据情节轻重予以罚款、拘留；构成犯罪的，依法追究刑事责任。

当事人单方捏造民事案件基本事实，向法院提起诉讼，企图侵害国家利益、社会公共利益或者他人合法权益的，同样会构成虚假诉讼。

在《民事诉讼法》的第五次修正中，增加了单方捏造民事案件基本事实起诉的虚假诉讼形式。该条款的增加，为诉讼活动中严厉打击不诚信的诉讼行为提供了有力武器。此规定具体的实用性值得关注。

（二）恶意诉讼

被执行人与他人恶意串通，通过诉讼、仲裁、调解等方式逃避履行法律文书确定的义务的，执行法院应当根据情节轻重予以罚款、拘留；构成犯罪的，依法追究刑事责任。

[例] 债权人甲向 A 法院申请执行后，债务人乙和案外人丙串通，让丙向 B 法院起诉，恶意对执行标的物提出异议。而实际上，执行标的物和丙无关，丙和

乙这么做，只是为了妨碍甲顺利执行。

此时，对于审理这个案件的 B 法院而言，乙和丙属于虚假诉讼；对于执行的 A 法院而言，乙和丙属于恶意诉讼。

B 法院应驳回丙的诉讼请求，并视情节轻重对乙、丙予以罚款、拘留；构成犯罪的，依法追究刑事责任。

A 法院应视情节轻重对乙、丙予以罚款、拘留；构成犯罪的，依法追究刑事责任。

核心考点 007 民事检察监督原则 ★★★

1. 概念

民事检察监督原则，是指检察院有权对民事诉讼全程（包括审判和执行两个阶段）进行法律监督。检察院既监督审判权，也监督执行权。

2. 监督的手段

检察院实施监督的手段，包括抗诉和检察建议两种（将在第十讲"审判监督程序"中详细讲解，此处仅作了解即可）。

核心考点 008 自愿合法调解原则 ★★★

一、含义

自愿合法调解原则，是指法院在审理民事案件时，对于能够以调解解决的纠纷，在双方当事人自愿的基础上，通过说服、劝导的方式，促使双方当事人互谅互让，达成一致的合法调解协议。

二、适用

（一）调解的主体和阶段

调解的主体是法院。

在诉讼程序的全程，包括一审程序、二审程序和再审程序，都可以进行调解，但身份关系的确认之诉及其他性质上不宜调解的案件不得进行调解。

督促程序、公示催告程序、特别程序、执行程序（这些在后面都会一一讲到）不属于民事诉讼程序，不允许调解。

（二）调解的原则

法院调解必须遵循自愿合法原则，不得强制调解，达成的调解协议不得违反法律的禁止性规定。

1. 自愿原则

当事人同意调解的，才能调解，当事人不同意调解的，应及时判决，不应以判拖调，以判压调，久调不决。调解要体现当事人的真实意思。

2. 合法原则

调解不得违反法律、行政法规的禁止性规定，调解协议侵害国家利益、社会公共利益或案外人利益的，法院不予确认。

模拟训练

Q：甲、乙二人请求法院确认婚姻无效，法院对其进行了调解，是否合法？

A：不合法。身份关系的确认之诉不可以调解。

低频考点 009 同等、对等原则和平等原则 ☆☆

一、规范中外当事人权利的原则——同等、对等原则

（一）同等原则

同等原则，是指外国人、无国籍人、外国企业和组织在我国法院起诉和应诉时，与我国公民、法人和其他组织有同等的诉讼权利和义务。

（二）对等原则

对等原则，是指外国法院对我国公民、法人和其他组织的民事诉讼权利加以限制的，我国法院对该国公民、企业和组织的民事诉讼权利也加以同样的限制。

> **考点提示**
>
> 只有在双方当事人中存在一方中国主体、一方外国主体的时候，才涉及同等、对等原则的运用。

二、规范原、被告等当事人权利的原则——平等原则

平等原则，是指当事人在民事诉讼中平等地享有诉讼权利、平等地履行诉讼义务。法院审理民事案件，应当保障和便利当事人行使诉讼权利，对当事人在适用法律上一律平等。

平等原则

真题小试

社会主义法治的价值追求是公平正义，因此必须坚持法律面前人人平等原则。下列哪一民事诉讼基本原则最能体现法律面前人人平等原则的内涵？（2014/3/35-单）[1]

A. 检察监督原则
B. 诚实信用原则
C. 当事人诉讼权利平等原则
D. 同等原则和对等原则

模拟训练

Q：（1）原告美国人汤姆和被告中国人李某一样，都有权聘请律师，体现了什么原则？
（2）原告孙某和被告王某都有权聘请律师，体现了什么原则？
（3）原告赵某有权决定自己请不请律师，体现了什么原则？
（4）被告于某的律师有权决定向法院提交哪些证据材料，体现了什么原则？

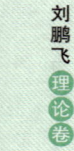

---

[1] C。当事人诉讼权利平等原则强调当事人权利平等、地位平等，平等地行使权利和履行义务，体现了法律面前人人平等的理念。题目中问"下列哪一民事诉讼基本原则最能体现法律面前人人平等原则的内涵"，C项最为符合。至于AB项，比较容易排除。D项中，同等原则虽然表示了中国人和外国人诉讼权利同等之意，但对等原则是指外国法院限制中国当事人权利的，中国法院也同样限制外国当事人权利，对等原则的内涵和法律面前人人平等原则并不相符。本题所考查考点的出题角度往往是，平等原则解决原、被告的权利平等问题，而同等、对等原则解决的是中国当事人和外国当事人的诉讼权利问题。这两个原则的适用范围不同，要区别开来。

(5) 被告侯某的律师因故意提交虚假的证据材料，被法院予以罚款，体现了什么原则？

A：(1) 题目描述的是中外当事人享有同等的权利，体现了同等原则。

(2) 题目描述的是原、被告享有平等的权利，体现了平等原则。

(3) 题目描述的是当事人有权自由处分自己的诉讼权利，体现了处分原则。

(4) 题目描述的是对于证据提交和事实提供，当事人的代理人有决定权，体现了辩论原则。

(5) 题目描述的是诉讼参与人应诚实地参与诉讼活动，不诚信的行为要受到处罚，体现了诚信原则。

专题 03 基本制度

知识铺垫

所谓民事诉讼法的基本制度，指的就是在民事诉讼法中具有基础性作用的制度构造。这些制度贯穿于各种民事审判程序当中，对于程序正义、诉讼效率等基本价值具有重要的保障作用。民事诉讼法中有四大基本制度：回避制度、公开审判制度、合议制度和两审终审制度。

我从过去的经验中了解到，在大家没有学习具体程序时讲解合议和审级制度，会造成理解障碍。所以，本专题精讲回避制度和公开审判制度，合议制度和两审终审制度则分别在后面的审判程序部分中详细讲解，这样学习效果会更好。

核心考点 010 回避制度 ★★★★

回避制度，是指在民事诉讼中，审判人员及其他有关人员遇到法定情形，可能影响案件的公正审理的，退出对某一具体案件的审判活动的制度。回避制度既直接彰显了程序正义的要求，也有利于维护审判人员等的职务操守。

一、主体

需要回避的主体包括：司法技术人员、勘验人、法官助理、书记员、审判人员（包括法官和陪审员）、执行人员、翻译人员、鉴定人。

口诀

司法看住叔婶
直犯"贱"

有几个主体需进行如下必要的说明：

1. 勘验人

在民事诉讼中，有些争议的标的物无法移动或者不能携带、搬运至人民法院，而这些物件又是证明案件事实的重要证据，人民法院需要对这些标的物进行勘验，如宅基地纠纷案件需要对宅基地进行测量。在民事诉讼中，勘验是人民法院收集证据的重要方法。

一般而言，勘验人可以是人民法院内部的专职勘验人，也可以是合议庭的组成人员。勘验人进行勘验，必须出示人民法院的证件，以表明其勘验人的身份和具体执行的勘验任务；同时，应当邀请勘验地的基层组织或者有关单位派员参加，如邀请当事人所在地的居委会、村委会、所在单位、派出所、人民调解委员会等派人参加，以利勘验工作顺利进行。人民法院勘验时，可以对物证或者现场进行拍照和测量，并将勘验情况和结果制作成笔录，由勘验人、当事人和被邀请参加的有关单位或者个人签名或者盖章。勘验笔录作为证据，开庭审理时应当当庭宣读。

2. 法官助理

法官助理的概念大家也许并不陌生。法官助理，是指专职审判辅助工作的司法人员。他们在法官的督导下工作，协助法官进行法律研究，起草法律文书以及其他与案件准备和案件管理有关的工作。法官助理是员额制改革过程中增设的没有独立办案资格的司法辅助人员，与具有独立办案资格的助理审判员不同。

3. 司法技术人员

司法技术人员，是指在司法活动中从事技术工作的专业人员。其常见的工作职责包括：①负责为审判工作提供技术咨询、技术审核服务；②负责变更强制措施和暂予监外执行的法医学技术审核；③负责统一办理对外委托鉴定、评估、审计、拍卖等工作；④负责死刑执行中的技术监督、指导和确认死亡工作；⑤根据有关规定完成其他相关事项。

> 2006 年 9 月，最高人民法院颁布了《关于地方各级人民法院设立司法技术辅助工作机构的通知》，首次规定了司法技术辅助工作机构的设立及职责，但并未系统提出"技术调查官"的概念，仅是出现了司法"技术人员"的提法。所谓司法技术人员，一般是指法院系统内部专门从事辅助或者委托司法鉴定、审计的法官或者审判辅助人员。

> 2014 年 12 月，最高人民法院颁布了《关于知识产权法院技术调查官参与诉讼活动若干问题的暂行规定》，首次确立了技术调查官制度，并明确技术调查官在诉讼法上属于"司法辅助人员"的诉讼参与人地位。但是，技术调查官或者说司法技术人员的身份并未得到国家立法层面的确认，直至 2018 年 10 月 26 日，第十三届全国人民代表大会常务委员会第六次会议修订了《人民法院组织法》，司法技术人员才得以正名。该法第 51 条规定了人民法院根据审判工作需要，"可以设司法技术人员"，并明确其"负责与审判工作有关的事项"。

▶ 2019 年 3 月，最高人民法院颁布了《关于技术调查官参与知识产权案件诉讼活动的若干规定》。该司法解释共 15 条，对技术调查官参与知识产权案件诉讼活动的程序、职责、效力、法律责任等作出了具体规定，是首部专门系统规定司法技术人员的司法解释。

其他主体会在后续的课程中陆续详细讲解。

二、事由

回避的事由，可以分为关系回避和行为回避两种。关系回避，是指因与本案存在某种影响公正审判的关系而回避；行为回避，是指因作出了可能影响本案公正审判的行为而回避。

（一）关系回避的具体事由

1. 是本案当事人或者当事人、诉讼代理人的近亲属。近亲属的范围一般准用民法规定的近亲属范围，包括配偶、父母、子女、兄弟姐妹、祖父母、外祖父母、孙子女、外孙子女。

2. 本人或者其近亲属与本案有利害关系。这是指回避主体与案件的处理结果存在一定的利害关系，如经济利益，有影响对案件的公正处理的可能。

3. 与本案当事人、诉讼代理人有其他关系，可能影响公正审理的。

4. 担任过本案的证人、鉴定人、辩护人、诉讼代理人、翻译人员的。根据民事诉讼法原理，一个人在同一诉讼中只能担任一种角色。在他担任了一种角色之后，形成的先见可能影响案件的公正审理。这是从回避主体与本案关系的角度进行的规定。

（二）行为回避的具体事由

1. 接受当事人、诉讼代理人利益。[1] 要注意，相关人员为当事人介绍诉讼代理人，从中牟利的，也属于接受利益的行为。

2. 违反规定会见当事人、诉讼代理人。在工作时间、办公地点之外会见相关人员的，都属于违规会见。相关主体违规会见当事人、诉讼代理人的，不但要回避，还会被追究相应的法律责任。

三、回避方式

回避分为自行回避、申请回避和决定回避三种。

---

[1] 接受利益的行为的具体表现在司法解释中有详细规定。《最高人民法院关于适用〈中华人民共和国民事诉讼法〉的解释》（以下简称《民诉解释》）第 44 条规定："审判人员有下列情形之一的，当事人有权申请其回避：①接受本案当事人及其受托人宴请，或者参加由其支付费用的活动的；②索取、接受本案当事人及其受托人财物或者其他利益的；③违反规定会见本案当事人、诉讼代理人的；④为本案当事人推荐、介绍诉讼代理人，或者为律师、其他人员介绍代理本案的；⑤向本案当事人及其受托人借用款物的；⑥有其他不正当行为，可能影响公正审理的。"

自行回避，是指需要回避的相关人员自己申请回避。

申请回避，是指当事人在法庭辩论终结前申请相关主体回避。

决定回避，是指法院依法决定相关主体回避。

四、决定主体

1. 院长担任审判长或者独任审判员时的回避，由审判委员会[1]决定。

> 口诀
> 上级决定

2. 审判人员、书记员、法官助理、司法技术人员的回避，由院长决定。审判人员包括审判员和陪审员。记住公式：审判员+陪审员＝审判人员。

注意

《最高人民法院关于技术调查官参与知识产权案件诉讼活动的若干规定》第12条明确规定，技术调查官参与知识产权案件诉讼活动的，应当在裁判文书上署名。技术调查官的署名位于法官助理之下、书记员之上。因此，司法技术人员的回避也应由院长决定。

3. 其他人员的回避，由审判长或者独任审判员决定。其他人员，指的是勘验人、鉴定人、翻译人员等。

五、决定期

上级作出决定的期间为3日，决定作出前回避主体要暂时退出诉讼活动，案件处理需采取紧急措施的除外。

六、效力与救济

1. 效力

回避主体从事的诉讼活动依然有效。回避主体退出诉讼程序后，需要更换相应主

---

[1] 审判委员会是法院内部设立的、对审判工作实行集体领导和监督的一种组织形式。《人民法院组织法》第37条规定："审判委员会履行下列职能：①总结审判工作经验；②讨论决定重大、疑难、复杂案件的法律适用；③讨论决定本院已经发生法律效力的判决、裁定、调解书是否应当再审；④讨论决定其他有关审判工作的重大问题。最高人民法院对属于审判工作中具体应用法律的问题进行解释，应当由审判委员会全体会议讨论通过；发布指导性案例，可以由审判委员会专业委员会会议讨论通过。"《人民法院组织法》第38条规定："审判委员会召开全体会议和专业委员会会议，应当有其组成人员的过半数出席。审判委员会会议由院长或者院长委托的副院长主持。审判委员会实行民主集中制。审判委员会举行会议时，同级人民检察院检察长或者检察长委托的副检察长可以列席。"《人民法院组织法》第39条规定："合议庭认为案件需要提交审判委员会讨论决定的，由审判长提出申请，院长批准。审判委员会讨论案件，合议庭对其汇报的事实负责。审判委员会委员对本人发表的意见和表决负责。审判委员会的决定，合议庭应当执行。审判委员会讨论案件的决定及其理由应当在裁判文书中公开，法律规定不公开的除外。"审判委员会可以改变合议庭对案件的处理意见。审判委员会作出的决定，合议庭必须执行。

体，但诉讼程序继续进行，不需要重新进行。

2. 救济

当事人对法院的回避决定不服的，可以向作出回避决定的法院申请复议一次。复议期间，被申请回避的人员，不停止参与本案的工作。

背诵要点——回避的程序要点

1. 辩论没结束，都能申请回避。
2. 申请回避需要有近亲属关系或者利害关系。（邻居、同学不用回避）
3. 是否回避由被申请人的上一级决定（院长找审委会，在判决书上签字的人找院长，其他人找审判长或独任审判员），上级决定作出前要暂停工作。
4. 回避用决定书，可以复议一次。

模拟训练

郭某因发现妻子有婚外情，遂诉至法院请求离婚。开庭当天，郭某发现本案书记员系自己在家里抓到过的妻子的婚外情人。

Q：(1) 郭某能否申请书记员回避？
(2) 书记员的回避由何人决定？
(3) 在上级作出回避决定前，书记员是否需要停止工作？
(4) 若上级决定书记员不需要回避，郭某如何救济？

A：(1) 书记员属于法定的回避主体，"开庭当天"说明辩论尚未终结。书记员与当事人妻子有染，而本案又涉及夫妻财产分配，存在影响案件公正审理的其他关系。综上，郭某可以申请书记员回避。
(2) 书记员虽然不属于审判人员，但其回避应由院长决定。
(3) 作出回避决定前，书记员必须暂时停止工作。
(4) 郭某若不服回避决定，可以向作出回避决定的法院申请复议一次。

核心考点 011　公开审判制度 ★★★

一、含义

1. 公开审判制度，是指法院审理民事案件，除涉及国家秘密、个人隐私或者法律另有规定的以外，应当向社会和群众公开。阳光是天然的防腐剂，公开审判可以使审判行为处于舆论监督之下，从而限制法官恣意，进而使审判结果正当化，提高法院的

公信力和权威性。另外，通过旁听、报道，可以起到法制宣传和教育的作用。

2. 法院开庭审判案件，应当对庭审活动进行<u>全程录音录像</u>。

3. 未经准许进行录音、录像、摄影或者以移动通信等方式现场传播审判活动的，法院可以：①暂扣相关器材；②责令删除或强制删除；③对相关人员采取强制措施。

二、公开审理的例外

（一）法定不公开审理的案件

此类案件是指涉及国家秘密和个人隐私的案件。法定不公开，是指法院应依职权不公开审理，绝对不允许公开审理。

对涉及国家秘密的案件不公开审理，是为了保护国家利益的需要；对涉及个人隐私的案件不公开审理，是为了保护个人情感和生活的需要。由于民事诉讼的特殊性，不宜以民法中的个人信息来界定此处的隐私，其应指的是可能给个人情感和心理上造成伤害的信息，如性方面、家庭方面的私人信息。

（二）申请不公开审理的案件

此类案件是指涉及商业秘密的案件和离婚案件。

在依申请不公开的情况下，当事人不提出申请，就要公开审理。

当事人提出不公开审理的申请后，由法院决定是否公开审理。

当事人单方提出不公开审理申请即可，不需要共同申请。

注意，涉及商业秘密的案件，而非专利案件，可以申请不公开审理。专利案件需要公开审理。商业秘密，主要是指技术秘密、商业情报及信息等，如生产工艺、配方、贸易联系、购销渠道等当事人不愿公开的商业秘密。[1]

还需要注意，虽然离婚案件可能涉及个人隐私，但是在做题时，题目未明确说明是否涉及个人隐私时，就按照申请不公开处理即可。

三、评议和宣判

（一）评议阶段一律不公开

合议庭评议案件，是指在法庭辩论结束后，合议庭成员以法庭调查和法庭辩论为基础，认定案件事实，分清是非责任，适用法律对案件作出裁判结论的活动。在评议中，若意见发生分歧，按照少数服从多数的原则作出决定。

（二）宣判阶段一律公开

宣判，是指法院在案件审理终结后，向当事人公开宣布判决的诉讼行为。不管是何种案件，都必须公开宣判。宣判分为当庭宣判和定期宣判两种。

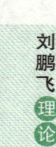

---

[1]《民诉解释》第220条。

当庭宣判，是指合议庭评议完毕或独任审判员的审理工作结束后，当即在法庭上宣布判决。

定期宣判，是指合议庭评议完毕或独任审判员的审理工作结束后，法院在另定的期日宣布判决。

背诵要点 ▶ 公开审理

1. 国家秘密、个人隐私案件不许公开审。
2. 商业秘密、离婚案件可以申请不公开审，不申请就公开审。

致努力中的你

人生满是谜题，充斥着惊喜，
谁也不知道前面有什么。

02 第二讲 当事人和代理人

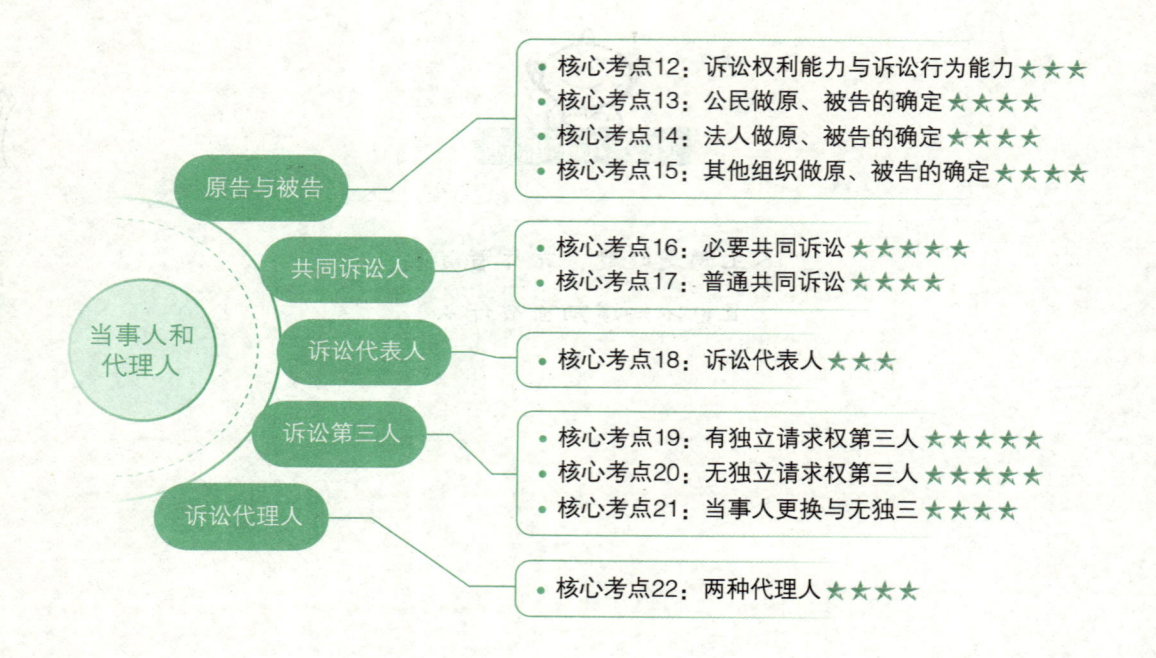

- 原告与被告
  - 核心考点12：诉讼权利能力与诉讼行为能力 ★★★
  - 核心考点13：公民做原、被告的确定 ★★★★
  - 核心考点14：法人做原、被告的确定 ★★★★
  - 核心考点15：其他组织做原、被告的确定 ★★★★
- 共同诉讼人
  - 核心考点16：必要共同诉讼 ★★★★★
  - 核心考点17：普通共同诉讼 ★★★★
- 诉讼代表人
  - 核心考点18：诉讼代表人 ★★★
- 诉讼第三人
  - 核心考点19：有独立请求权第三人 ★★★★★
  - 核心考点20：无独立请求权第三人 ★★★★★
  - 核心考点21：当事人更换与无独三 ★★★★
- 诉讼代理人
  - 核心考点22：两种代理人 ★★★★

知识铺垫

民事诉讼中的当事人，是指因民事权利义务发生争议，以自己的名义进行诉讼，请求法院行使民事裁判权的主体。

民事诉讼法中，原告、被告、共同诉讼人、诉讼代表人、诉讼第三人都属于当事人范畴。注意：诉讼代理人不属于当事人范畴，但和当事人联系非常密切。

专题 04 原告与被告

核心考点 012 诉讼权利能力与诉讼行为能力 ★★★

一、民事诉讼权利能力

（一）含义

民事诉讼权利能力，是指成为民事诉讼当事人必须要具备的资格，也称为当事人能力。

> **注意**
> 想做当事人，必须有当事人能力；只要具备了当事人能力，就可以做当事人。

（二）分类

我国具备民事诉讼权利能力的主体有三类：公民、法人和其他组织。

公民，也叫自然人。

法人，是指具有民事权利能力和民事行为能力，依法独立享有民事权利和承担民事义务的组织。法人分为营利法人、非营利法人和特别法人三种。

其他组织，是指不具有法人资格，但是能够依法以自己的名义从事民事活动的组织。常见的有个人独资企业、合伙企业、不具有法人资格的专业服务机构等。

（三）划分标准

公民的民事诉讼权利能力始于出生，终于死亡。

但《最高人民法院关于适用〈中华人民共和国民法典〉总则编若干问题的解释》第4条的规定突破了这一基本原则，成为立法中的一个例外规定，即"涉及遗产继承、接受赠与等胎儿利益保护，父母在胎儿娩出前作为法定代理人主张相应权利的，人民法院依法予以支持"。这就意味着，胎儿在涉及遗产继承、接受赠与等胎儿利益保护的诉讼中，具备作为原告的资格。

法人和其他组织的民事诉讼权利能力始于登记注册，终于注销。所谓注销，以公司为例，是指当一个公司存在被宣告破产、被其他公司收购、规定的营业期限届满不续或内部解散等情形时，公司需要到登记机关申请终止公司法人资格的过程。

二、民事诉讼行为能力

（一）含义

民事诉讼行为能力，是指当事人能够自己实施民事诉讼行为的资格。当事人只有具备了民事诉讼行为能力，才能自己行使民事诉讼权利、承担民事诉讼义务。

> **考点提示**
>
> ○ 有了诉讼权利能力，就能做当事人。
> ○ 有了诉讼行为能力，这个当事人才能自己参加诉讼，自己行使诉讼权利。

（二）分类

民事诉讼行为能力分为有民事诉讼行为能力和无民事诉讼行为能力两种，无民事诉讼行为能力人参加民事诉讼需要法定代理人代为实施诉讼行为。

（三）划分标准

1. 公民的民事诉讼行为能力有两个判断标准：

（1）年龄标准。原则上，18周岁以下的未成年人无民事诉讼行为能力（劳动成年人[1]除外），18周岁以上的成年人有民事诉讼行为能力（精神病人除外）。

（2）精神标准。有精神病的公民为无民事诉讼行为能力人，无精神病的成年公民为有民事诉讼行为能力人。

2. 法人和其他组织一般不存在这种区分（不存在年龄和精神问题）。

三、二者关系

有诉讼权利能力不一定有诉讼行为能力，有诉讼行为能力一定有诉讼权利能力。

有诉讼权利能力但没有诉讼行为能力的主体可以做当事人，但自己无法行使诉讼权利，需要法定代理人代为行使。

```
     有诉讼行为能力的      有诉讼权利能力的
        （外延小）            （外延大）
```

[1] 关于劳动成年人的含义，《民法典》第18条第2款规定："16周岁以上的未成年人，以自己的劳动收入为主要生活来源的，视为完全民事行为能力人。"这种未成年人视为具备民事诉讼行为能力。

核心考点 013　公民做原、被告的确定 ★★★★

一、个体工商户

个体工商户是依法登记、领取个体工商户营业执照的公民。[1]

1. 有字号的情形

以营业执照上登记的字号为当事人，但应同时注明登记的经营者的基本信息。

2. 无字号的情形

以营业执照上登记的经营者为当事人，登记的经营者和实际经营者不一致的，二者为共同诉讼人。

模拟训练

甲是领取了营业执照的个体工商户，出售馄饨。后甲将营业执照转让给了乙，但未办理登记。乙出售给丙的馄饨里有一个烟头，被丙起诉。

Q：谁是被告？

A：题目中没有说有字号，就认为没有字号。没有字号的，经营者为被告，登记的经营者和实际经营者不一致的，二者为共同诉讼人，故甲和乙为共同被告。

二、提供劳务的人

（一）一般原则

提供劳务一方因劳务造成他人损害，受害人提起诉讼的，以接受劳务一方为被告。

注意

接受劳务的人承担的是无过错的替代责任。不管接受劳务的人有没有过错，都要承担责任。[2]

---

[1]《民法典》第 54 条规定："自然人从事工商业经营，经依法登记，为个体工商户。个体工商户可以起字号。"《民法典》第 56 条第 1 款规定："个体工商户的债务，个人经营的，以个人财产承担；家庭经营的，以家庭财产承担；无法区分的，以家庭财产承担。"

[2]《民法典》第 1192 条第 1 款规定："个人之间形成劳务关系，提供劳务一方因劳务造成他人损害的，由接受劳务一方承担侵权责任。接受劳务一方承担侵权责任后，可以向有故意或者重大过失的提供劳务一方追偿。提供劳务一方因劳务受到损害的，根据双方各自的过错承担相应的责任。"

(二) 劳务派遣期间发生侵权的被告

劳务派遣，又称人才租赁、劳动派遣，是指由劳务派遣机构（派出单位）与派遣劳工订立劳动合同，把劳动者派向其他用工单位，再由该用工单位向劳务派遣机构支付服务费用的一种用工形式。

劳动力给付的事实发生于派遣劳工与实际用工单位之间，用工单位向劳务派遣机构支付服务费，劳务派遣机构向劳动者支付劳动报酬。

在劳务派遣期间，被派遣的工作人员因执行工作任务造成他人损害的，以接受劳务派遣的用工单位为被告，并由其承担侵权责任。

劳务派遣单位有过错，当事人主张劳务派遣单位承担责任的，可以将劳务派遣单位和用工单位作为共同被告。此时，劳务派遣单位和用工单位按照过错比例承担相应的责任，即民法上规定的按份责任。（注意，这里旧法——《侵权责任法》中规定的是劳务派遣单位承担补充责任，但新法——《民法典》中规定的是二者承担按份责任）

在按份责任的情况下，当事人可以单独起诉任何一个按份责任人，也可以同时起诉所有按份责任人。

但如果当事人只起诉部分按份责任人，该责任人就只承担自己责任范围内的责任。

[例] S是单位A派遣到单位B工作的员工，则A是派遣单位，B是用工单位，S是派出的劳动者。若S在给B工作中造成了M的损害，M起诉：

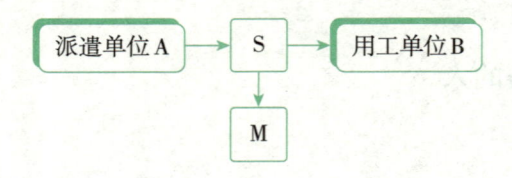

```
派遣单位A ——→ S ——→ 用工单位B
                ↓
                M
```

1. 可以以B为被告。
2. A有过错的，可以以A为被告，要求A承担其过错份额内的责任。
3. 可以以A、B为共同被告。A、B按照各自的过错比例承担按份责任。

这样，若M仅仅起诉A，则不需要追加B作为共同被告；若M仅仅起诉B，也不需要追加A作为共同被告。

(三) 劳务派遣期间发生劳动仲裁的被申请人

在劳务派遣期间，劳动者申请劳动仲裁的，用工单位和劳务派遣单位作为共同被申请人。此时，在民法上，二者承担连带责任。

[例] S是派遣单位A派遣到用工单位B工作的员工，若S申请劳动仲裁：

派遣单位A → S → 用工单位B

1. S只和A之间存在劳动合同，但是S给B干活。
2. 所以，应以A、B为共同被申请人。

背诵要点

在劳务派遣中，要看明白是谁起诉：

劳动者伤害他人，受害人起诉的，派出单位和用工单位承担按份责任，择一起诉或一并起诉都可以；劳动者自己起诉的，派出单位和用工单位承担连带责任，必须将其一并起诉或申请劳动仲裁。

解题技巧

这类题目有一种常用模型，大家需要掌握：

案情一般为：未成年人（也可以是精神病人）A（其监护人是大A）在公共场合B活动（B未尽到安保义务），未成年人C（其监护人是大C）的行为造成A受伤。

题目让你分析本案中谁是当事人：

一般做这种题，要先判断原告，再判断被告，然后判断法律关系，最后再加入第三人。

1. 原告：A，大A为其法定代理人。
2. 被告：C，其监护人大C必须做共同被告；B未尽到安保义务，必须做共同被告，不能列为无独三。
3. 本案中的法律关系就是标准的侵权关系。
4. 若现场还有其他人，可以作为证人出庭。

核心考点 014 法人做原、被告的确定 ★★★★

一、职务行为

从程序法的效果来看，法人的工作人员执行工作任务造成他人损害的，该法人为当事人；其他组织的工作人员执行工作任务造成他人损害的，该组织为当事人。

从实体法的效果来看，用人单位的工作人员因执行工作任务造成他人损害的，由用人单位承担侵权责任。用人单位承担侵权责任后，可以向有故意或者重大过失的工作人员追偿。

二、清算与注销

1. 若法人尚未注销，法人为当事人，由法定代表人代表其参加诉讼。
2. 法人尚未注销，但进入清算阶段的，法人为当事人，由清算组负责人代表其参加诉讼（相当于法人诉讼权利能力还在，但诉讼行为能力受限）。
3. 法人未经清算即被注销的，以法人的股东、发起人或者出资人为当事人。
4. 法人经过清算才被注销的，就不得对法人提起诉讼了。

口　诀

注销前告法人
注销后告老板

三、公司直接诉讼和股东代表诉讼

（一）公司直接诉讼

公司可以起诉违反法律、行政法规或者公司章程的规定，执行公司职务时给公司造成损失的董事、监事、高级管理人员。以公司为原告对董事、高级管理人员提起诉讼的，由监事会主席或者监事代表公司参加诉讼；监事作为被告的，由董事长或者执行董事代表公司参加诉讼。

（二）股东代表诉讼

有限责任公司的股东、股份有限公司连续 180 日以上单独或者合计持有公司 1% 以上股份的股东，可以书面请求监事会或者不设监事会的有限责任公司的监事（董事会或者不设董事会的有限责任公司的执行董事）代表公司向法院提起诉讼；若公司不起诉，上述股东可以以自己的名义向法院起诉董事、监事、高级管理人员。股东代表诉讼提出后，符合条件的其他股东起诉的，列为共同原告。

> **考点提示**
> - 公司可以起诉董、监、高来索赔。
> - 公司不起诉的，符合条件的股东可以代表公司起诉。

四、居民委员会与村民委员会

居民委员会（以下简称"居委会"）、村民委员会（以下简称"村委会"）属于特别法人，可以作为当事人。

居委会、村委会与他人发生民事纠纷的，居委会、村委会为当事人。

居委会，为中国大陆地区城市街道、行政建制镇的分区，即"社区"的居民组织，是城镇居民的自治组织，地位类似于农业区的村委会，工作服务的对象以城市、镇非农业居民为主。

村委会，为中国大陆地区乡（镇）所辖的行政村的村民选举产生的组织。村委会是村民自我管理、自我教育、自我服务的基层群众性自治组织。

核心考点 015 其他组织做原、被告的确定 ★★★★

其他组织，是指合法成立、有一定的组织机构和财产，但又不具备法人资格的组织。考试中需要掌握的其他组织包括：[1]

一、个人独资企业[2]

依法登记领取营业执照的个人独资企业，可以作为当事人。个人独资企业，是指一人投资经营的企业。个人独资企业不是法人，投资者对企业债务负无限责任，企业负责人是投资者本人。

模拟训练

A 经营的甲企业与乙发生合同纠纷。甲企业依法登记，领取了个人独资企业的营业执照。

Q：（1）乙起诉，谁做被告？
（2）最终谁承担民事责任？

A：（1）甲企业满足了个人独资企业的法定要求，甲企业做被告。
（2）A 作为经营者，对个人独资企业承担无限责任。若企业财产不足以清偿，可以执行 A 的个人财产。具体表现为：在执行程序中，本来被执行人是甲企业，若甲企业无财产可供执行，法院应当裁定追加经营者 A 作为被执行人。

---

[1] 除了正文中列出的几种需要掌握的其他组织，根据《民诉解释》第 52 条的规定，其他组织还包括：①依法登记领取我国营业执照的中外合作经营企业、外资企业；②依法成立的社会团体的分支机构、代表机构；③经依法登记领取营业执照的乡镇企业、街道企业；等等。这些类型的其他组织大家仅作一般了解就可以。

[2] 个人独资企业，即个人出资经营、归个人所有和控制、由个人承担经营风险和享有全部经营收益的企业。

二、合伙企业

依法登记领取营业执照的合伙企业，可以作为当事人。

合伙企业，是指由各合伙人订立合伙协议，共同出资、共同经营、共享收益、共担风险，并对企业债务承担无限连带责任的营利性组织。

合伙企业一般无法人资格，分为普通合伙企业和有限合伙企业。

1. 若无营业执照则为个人合伙[1]，以合伙人作为当事人。

2. 若有营业执照则为合伙企业，以企业作为当事人。

> **口诀**
> 个体户看字号
> 合伙看执照
> 法人看注销

注意

合伙企业本身虽然可以作为当事人参加诉讼，但一般而言，承担最终民事责任的是合伙企业的合伙人。

其表现为：在企业财产无法满足执行时，执行法院会裁定追加合伙人作为被执行人，执行合伙人的个人财产。

模拟训练

甲、乙、丙三人合伙开办电脑修理店，店名为"一通电脑行"，依法登记。甲负责对外执行合伙事务。顾客丁进店送修电脑时，被该店修理人员戊的工具碰伤。

Q：丁拟向法院起诉，谁做被告？

A：虽然戊造成了丁的损害，但戊是提供劳务的人，应由接受劳务的一方作被告。甲、乙、丙三人合伙，是接受劳务的一方。

三人合伙，只登记而未领取营业执照（题目中没有说明就视为没有执照），属于典型的个人合伙，而非合伙企业。

个人合伙应由合伙人作为被告，所以应由甲、乙、丙作为共同被告，同时注明字号"一通电脑行"。

---

[1] 个人合伙，是指2个以上的公民按照协议，各自提供资金、实物、技术等，合伙经营、共同劳动的民事主体。个人合伙可以起字号，依法经核准登记，在核准登记的经营范围内从事经营活动。个人合伙的经营活动，由合伙人共同决定，合伙人有执行和监督的权利。合伙人可以推举负责人。合伙负责人和其他人员的经营活动，由全体合伙人承担民事责任。

三、分支机构[1]

（一）有执照的法人分支机构

依法设立并领取营业执照的法人分支机构（包括银行和非银行金融机构的分支机构），可以作为当事人。

（二）分公司与某主体发生纠纷时的情形

```
        总公司
          |
         下设
          ↓
        分公司  ←发生纠纷→  某主体
```

1. 分公司可以做当事人（独立做原告或者被告）。
2. 总公司可以做当事人（分公司的行为也是总公司的行为）。
3. 总公司和分公司可以共同做当事人。

但不管谁做当事人，承担责任的都不是分公司（分公司没有法人资格，无法独立承担民事责任），而是总公司。

四、村民小组

村民小组是在村委会下设立的小组。村委会是群众自治的社会组织，村民小组不是一级组织，不具有法人资格。村民小组是村委会的组成部分，受村委会的领导和管理。有独立财产的村民小组可以作为当事人。

解题技巧 ———————————————————— 区别具体当事人的方法 ———

在题目中，先看看主体是个体工商户、合伙还是法人，区分后：

1. 若主体是个体工商户，看有没有字号：

   - 有字号 → 字号做当事人
   - 没字号 → 经营者做当事人

---

[1] 所谓分支机构，是整体企业下设的一个组成部分，它在经营业务、经营方针等各方面都要受到企业总部不同程度的控制。分支机构在不同的企业或行业有不同的名称，如有些企业称为分公司，有些企业称为分厂，商业系统称为分店，银行系统称为分行等。

2. 若主体是合伙，看有没有营业执照：（注意：合伙不看字号）

有营业执照 ┈┈→ 存在合伙企业 ┈┈→ 合伙企业本身做当事人

没营业执照 ┈┈→ 不存在合伙企业 ┈┈→ 合伙人做当事人

3. 若主体是法人，看有没有注销：

没注销 ┈┈→ 法人名义还在 ┈┈→ 法人做当事人

已注销 ┈┈→ 法人名义不在 ┈┈→ 不得以法人做当事人

专题 05 共同诉讼人

知识铺垫

共同诉讼，是指当事人一方或双方为 2 人以上的诉讼，分为必要共同诉讼和普通共同诉讼两种。

核心考点 016 必要共同诉讼 ★★★★★

一、必要共同诉讼的识别

必要共同诉讼，是指当事人一方或双方为 2 人以上，诉讼标的是同一个的共同诉讼。

[例] A、B 共同出资购买某物，与销售者 C 签订了一个销售合同，后双方发生合同纠纷。此时，双方当事人之间仅有一个买卖合同纠纷（一个诉讼标的），属于必要共同诉讼。

```
A
    买卖合同纠纷  C
B
```

虽然当事人为多人，但任何必要共同诉讼案件最终都只能作出一个判决。在必要共同诉讼中，虽然只有一个诉讼标的，但是却存在多个诉讼主体，相当于把多个诉讼主体合并在一个诉讼案件中审理，因此，必要共同诉讼也称为"诉的主体合并"。

必要共同诉讼人的内部关系按照同意原则进行判断：如果必要共同诉讼人的行为会对其他共同诉讼人产生影响，则需要其他共同诉讼人同意，才对其他共同诉讼人生效。

[例] 上例中，若 A 要撤诉，则需要 B 同意，撤诉行为才对 B 生效（两人一起撤诉）。

二、必要共同诉讼的常见类型

一般而言，由于必要共同诉讼的双方当事人之间只存在一个诉讼标的，本质上就存在合并审理和合一判决的必要性，因此，原则上，必要共同诉讼人必须一起参加诉讼，法院也必须将他们的案件合并审理，当某些必要共同诉讼人没有参加诉讼的时候，法院必须依职权将其追加进诉讼，一起审理。常见的必要共同诉讼可以分为以下情况：

（一）继承纠纷和赡养纠纷

1. 在继承遗产的诉讼中，部分继承人起诉的，法院应通知其他继承人作为共同原告参加诉讼。

2. 在追索赡养费案件中，债权人起诉部分赡养义务人的，法院应追加其他赡养义务人为共同被告。

模拟训练

王某早年丧妻，独自一人将两个儿子（大儿子王甲、二儿子王乙）和一个女儿（王丙）养大成人。王某的日常生活费用主要来自王甲每月给的 800 元，王乙以自己没有固定的工作、收入不稳定为由拒绝支付赡养费。于是，王某将王乙告到法院，请求王乙每月支付自己赡养费 500 元。

Q：本案当事人是谁？

A：从题目看，原告是王某，被告是王乙。但本案属于追索赡养费纠纷，即使王某只起诉了王乙，法院也应同时追加王甲、王丙作为共同被告一起参加诉讼。

（二）无、限制民事行为能力人侵权

无、限制民事行为能力人侵权的，应由侵权人和其监护人[1]作为共同被告。这样

---

[1] 监护人，是指对无、限制民事行为能力人（如未成年人或精神病人）的人身、财产和其他合法权益负有监督和保护责任的人。监护人必须具有完全民事行为能力，并依法律规定产生。

规定的合理性在于民法对监护责任的规范。根据《民法典》的规定，父母是未成年子女的监护人。未成年人的父母已经死亡或者没有监护能力的，由有监护能力的祖父母、外祖父母，兄、姐及经未成年人住所地的居委会、村委会或者民政部门同意的其他愿意担任监护人的个人或者组织按顺序担任监护人。监护人的职责是代理被监护人实施民事法律行为，保护被监护人的人身权利、财产权利以及其他合法权益等。监护人依法履行监护职责产生的权利，受法律保护。监护人不履行监护职责或者侵害被监护人合法权益的，应当承担法律责任。

另外，还要注意，无、限制民事行为能力人的监护人是其法定代理人。因此，此诉讼中的监护人既是无、限制民事行为能力人的法定代理人，也是本案的共同被告。

（三）侵犯共同共有财产权

共同共有财产权受到他人侵害，部分共有权人起诉的，其他共有权人应当列为共同原告。共同共有财产权受到侵害，由于各共有人平等地对共有物享受权利和承担义务，在诉讼法上就形成了不可分之诉。在程序操作方面，财产的所有共有人必须一起参加诉讼，只有部分人参加诉讼的，法院应依职权追加剩余共有人作为共同原告参加诉讼。

（四）一般保证

若保证责任为一般保证，债权人可以单独诉债务人，也可以一起诉保证人和债务人，二者此时作为必要共同诉讼人，但不可以单独诉保证人。

这是因为一般保证人享有先诉抗辩权。先诉抗辩权，是指一般保证的保证人在主债权人向其请求履行保证责任时，有权请求主债权人先就债务人的财产诉请强制执行；在主合同债权债务纠纷未经审判或仲裁，并就主债务人的财产依法强制执行仍不能履行债务前，保证人可以对主债权人拒绝承担保证责任的特殊抗辩权。

> **口诀**
> 一般保证
> 不得单独诉保证人

根据《民诉解释》第 66 条的规定，因保证合同纠纷提起的诉讼，债权人向保证人和被保证人一并主张权利的，法院应当将保证人和被保证人列为共同被告。保证合同约定为一般保证，债权人仅起诉保证人的，法院应当通知被保证人作为共同被告参加诉讼；债权人仅起诉被保证人的，可以只列被保证人为被告。

> **考点提示** ── 关于必要共同诉讼追加当事人的规则
> 1. 追加当事人，要在法庭辩论终结前完成。
> 2. 当事人可申请法院追加当事人，法院也可主动依职权追加当事人。

3. 法院追加特定主体作为共同原告时，该主体已明确表示放弃实体权利的，可不予追加；既不愿意参加诉讼，又不放弃实体权利的，仍应追加为共同原告，该当事人不到庭不影响案件审判。而法院追加被告，是不需要征求当事人意见的。

三、必要共同诉讼追加当事人的特殊情况

如前所述，在一般必要共同诉讼中，法院应依职权追加没有参加诉讼的必要共同诉讼人一并参加诉讼。但是，这一规则存在例外，即必要共同诉讼人之间承担连带责任的时候。此时，若对方当事人起诉所有共同诉讼人，则全体共同诉讼人作为共同被告；对方当事人也可以选择其中部分主体起诉，对只起诉部分主体的，法院不得依职权将剩余主体追加进入诉讼。

具体而言，包括以下常见情况：

（一）共同危险和共同侵权

共同危险行为，也称为"准共同侵权行为"，是指数人实施的行为均具有侵犯他人合法权益的危险性，其中某一人或部分人的行为导致损害结果的发生，但无法确认谁是真正的加害人的侵权行为。共同危险行为人承担连带责任。共同侵权行为，是指加害人为2人或2人以上，共同侵害他人合法民事权益造成损害，加害人应当承担连带责任的侵权行为。

1. 所有实施共同危险行为或共同侵权行为的人可以作为共同被告。
2. 共同危险行为人或共同侵权行为人承担连带责任的，被侵权人有权请求部分或全部连带责任人承担责任。

> [例] 甲、乙打伤了丙，丙起诉。因本案只有一个侵权关系，故属于必要共同诉讼。此时：
> (1) 丙可以诉甲、乙，二人作为共同被告；
> (2) 若丙只诉甲，不追加乙作为共同被告；
> (3) 若丙只诉乙，不追加甲作为共同被告。
>   这是因为甲、乙承担的是连带责任。被起诉人承担责任后，可以向另一个连带责任人追偿。这个规定是对必要共同诉讼一般原理的突破，一定要注意。

（二）连带保证合同纠纷

若保证责任为连带保证，债权人可以单独诉债务人，可以单独诉保证人，也可以一起诉保证人和债务人，二者此时作为必要共同诉讼人。

(三) 挂靠和借用

1. 挂靠

挂靠描述的是这样的法律关系：企业或个人作为挂靠方挂靠有资质的企业（被挂靠方）承接经营业务，被挂靠方提供资质、技术、管理等方面的服务，挂靠方向被挂靠方交纳管理费。挂靠方以被挂靠方名义对外经营，可以理解为一种内部的承包经营关系。

以挂靠形式从事民事活动，当事人请求由挂靠方和被挂靠方依法承担民事责任的，该挂靠方和被挂靠方为共同诉讼人。

2. 借用

借用业务介绍信、合同专用章、盖章的空白合同书或者银行账户的，出借单位和借用人为共同诉讼人。

核心考点 017 普通共同诉讼 ★★★★

一、普通共同诉讼的基本特征

普通共同诉讼，是指当事人一方或双方为 2 人以上，诉讼标的是 2 个以上且诉讼标的属于同一种类的共同诉讼。

［例］A、B 分别与 C 签订了一个合同，购买了相同的两辆自行车，后发生合同纠纷。

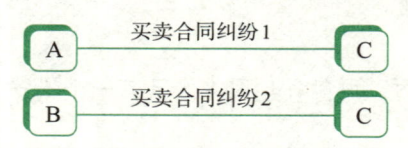

```
  A ——买卖合同纠纷1—— C
  B ——买卖合同纠纷2—— C
```

本案中，存在两个买卖合同纠纷（两个诉讼标的），但这两个标的是同一种类（均属于买卖自行车的合同纠纷），属于普通共同诉讼。从实质上看，这其实是两个案件，所以，可以分别审理；若法院认为可以合并、当事人也同意合并，也可以合并审理。只有固有必要共同诉讼才有追加的问题，类似必要共同诉讼不需要追加，普通共同诉讼可以分别诉讼，所以也不必追加，但必须分别作出判决。

普通共同诉讼的内部关系按照独立原则判断：普通共同诉讼人的行为仅对自己生效。例如，上例中，A 若要撤诉，撤诉的法律效果只对 A 自己生效，买卖合同纠纷 1 消灭，买卖合同纠纷 2 不受影响，继续进行。

> **真题小试**

张某将邻居李某和李某的父亲打伤，李某以张某为被告向法院提起诉讼。在法院受理该案时，李某的父亲也向法院起诉，对张某提出索赔请求。法院受理了李某父亲的起诉，在征得当事人同意的情况下决定将上述两案并案审理。在本案中，李某的父亲居于什么诉讼地位？（2008/3/42-单）[1]

A. 必要共同诉讼的共同原告　　　　B. 有独立请求权的第三人
C. 普通共同诉讼的共同原告　　　　D. 无独立请求权的第三人

> **解题技巧**　——区别普通共同诉讼和必要共同诉讼的方法
>
> 找到双方当事人，判断他们之间所有的法律关系：
> 1. 若原告=1，被告=1，不是共同诉讼，什么共同诉讼都不是。（共同诉讼要求原告>1或者被告>1）
> 2. 若原告>1或者被告>1，则查法律关系的个数：
> 如果法律关系>1，属于普通共同诉讼；
> 如果法律关系=1，则属于必要共同诉讼。
>
> [例] A诉B，要求B偿还借款，并赔偿医疗费。你会发现原告=A，被告=B，各自只有一个人。但他们之间有借款关系和需要赔偿医疗费的侵权关系，这是两个法律关系，所以这只是诉的合并，不是共同诉讼。
> 但如果是A、B诉C，这时候原告>1，则属于共同诉讼。
> 若A、B和C之间只有一个法律关系，如A、B的房屋被C点燃，就只有一个侵权关系，这就是必要共同诉讼；
> 若A、B和C之间有2个以上法律关系，如A、B都购买了C的产品，都认为C违约，则A-C之间有一个合同关系，B-C之间有一个合同关系，你可以在这样的案件中找到两个法律关系，这就是普通共同诉讼。

二、区别于普通共同诉讼的诉的客体合并

诉的合并，是指法院将2个以上分别提起的诉合并在一个诉讼程序中进行审理和裁

---

[1] C。本题可以通过两种方式来确定答案：①张某对李某及其父亲的人身侵害不是同一个诉讼标的，虽然侵权主体都是一样的，但是被害人是不同的，实际上存在两个侵权行为和两个侵权关系，因此，诉讼标的属于同一种类，只能是普通共同诉讼；②题干中已经明确，法院"在征得当事人同意的情况下决定将上述两案并案审理"，因此，该两案一定是普通共同诉讼，因为必要共同诉讼不需要经过当事人同意，法院就可以自行合并审理。

判的诉讼制度。诉的客体合并，也叫诉的标的合并，是指在同一个案件中，将一个单数主体对另一个单数主体提出的多个诉讼标的合并审理，目的在于简化程序，提高效率，节约资源。所以，在诉的客体合并审理案件中，虽然有多个标的，却只有一个原告和一个被告。而且，在诉的客体合并审理案件中，多个诉讼标的未必属于同一种类。因此，诉的客体合并审理和普通共同诉讼的性质并不相同。其形式如下图：

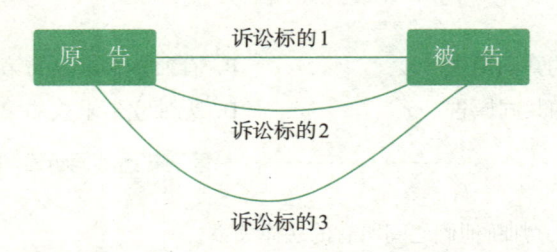

```
        诉讼标的1
原告 —————————————— 被告
   \\               /
    \\  诉讼标的2  /
     \\         /
      \\ 诉讼标的3 /
```

诉的客体合并，又可以分为下列四种具体形式，需要大家掌握：

（一）诉的单纯合并

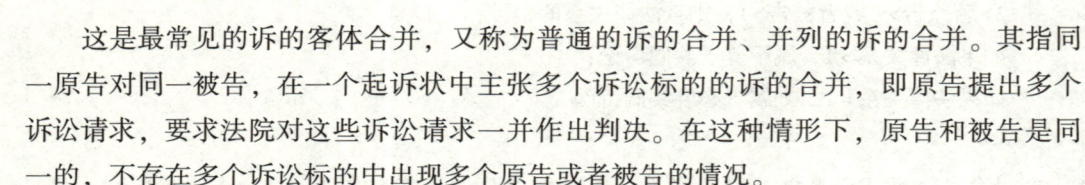

这是最常见的诉的客体合并，又称为普通的诉的合并、并列的诉的合并。其指同一原告对同一被告，在一个起诉状中主张多个诉讼标的的诉的合并，即原告提出多个诉讼请求，要求法院对这些诉讼请求一并作出判决。在这种情形下，原告和被告是同一的，不存在多个诉讼标的中出现多个原告或者被告的情况。

关于诉的客体合并审理案件的具体的审判方法是：

1. 若多个标的间有牵连关系，可以分别审理、分别判决，也可以合并审理、合并判决。

[例] 甲诉乙离婚，提出解除婚姻关系、分割财产两个诉讼请求。

分析：本案中，原告和被告都是单一的，但存在两个诉讼标的（一个人身关系，一个财产关系），所以，本案是典型的诉的客体合并。进一步分析，本案中的人身关系和财产关系显然是有牵连的，所以，可以合并审理、合并判决，也可以分别审理、分别判决。这就是离婚案件中人身部分和财产部分可以分别起诉的原因。

2. 若多个标的间无牵连关系，可以合并审理，也可以分别审理，但必须分别判决。

> **口诀**
> 审理都随便
> 判决看牵连

[例] 甲诉乙还款，同时诉乙赔偿医药费，原因是甲去乙家要债时被乙的狗咬伤。

分析：本案中，原告和被告都是单一的（都是甲诉乙），但存在两个诉讼标的（一个借贷合同关系，一个人身侵权关系），所以，本案也是典型的诉的客体合并。进一步分析，本案中的合同关系和侵权关系显然是无牵连的，所以，可以合并审理，也可以分别审理，但必须分别判决。这是因为，如果将合同案件和侵权案件写在一张判决书上，是没有办法归纳本案的案件类型，进而确定案由的。

（二）诉的重叠合并

对于诉的重叠合并，有的理论认为其就是诉的竞合合并，但也有理论认为诉的重叠合并和诉的竞合合并是两回事。我个人认为是一个意思。这个问题我们不用过多纠结。诉的重叠合并到底是什么？可以理解为请求权基础重叠了，按照我们国家的立法环境，只能主张其中的一个。例如，甲把房子租给乙，丙将乙赶了出去，不允许乙居住。此时，乙可以依据侵权责任起诉丙，也可以依据合法占有的保护起诉丙，这是两种请求权基础，但乙只能选择其中一个起诉。这就是一种诉的重叠合并。

（三）诉的选择合并

对于诉的选择合并，一般理解为一个原告在对一个被告起诉的过程中，提出了多个诉讼请求，法院要么支持甲诉讼请求，要么支持乙诉讼请求。例如，买卖合同纠纷中，原告主张合同无效，请求法院判令被告返还货物（甲诉讼请求），或者支付与货物价值相当的货款作为替代（乙诉讼请求）。

所以，诉的重叠合并是当事人有选择权，诉的选择合并是给法院选择权，二者是不同的。

（四）诉的预备合并

诉的预备合并，也叫预备的诉的合并，是指原告在起诉时一并提起两个诉讼请求，准备在第一个诉讼请求不被支持之后，请求支持第二个诉讼请求。例如，买卖合同纠纷中，原告作为出卖方，起诉买受方支付合同款。但是，原告基于买卖合同可能被确认为无效的考虑，在主张买受方支付合同款的同时，主张如买卖合同被确认为无效，买受方应当返还货物。这种就不是给法院自由选择的空间，而是有先后顺位的，不同于诉的选择合并。

总结梳理 必要共同诉讼与普通共同诉讼的区别

	必要共同诉讼	普通共同诉讼
诉讼标的	同一个	同一类
审 理	固有必要共同诉讼必须合并审理	可以分别审理，也可以合并审理
判 决	必须合一判决	必须分别判决
内部关系	同意原则	独立原则

专题 06 诉讼代表人

核心考点 018 诉讼代表人 ★★★

一、概述

诉讼代表人，是指当事人一方或双方人数众多，由当事人中数人作为代表，代表全体当事人进行诉讼活动的当事人。代表人诉讼是解决多数人诉讼的制度，扩大了司法解决纠纷的功能。类似制度有美国的集团诉讼、日本的选定代表人制度、德国的团体诉讼等。代表人诉讼是在借鉴共同诉讼制度和诉讼代理制度基础上产生的。代表人诉讼有以下特征：

1. 诉讼主体的多数性。代表人诉讼适用于当事人一方或双方人数在 10 人以上的多人诉讼。

2. 诉讼行为的代表性。诉讼不要求共同诉讼人亲历，由代表人代表进行。但是共同诉讼人并不退出诉讼程序，仍然是本案当事人。

3. 裁判效力的扩张性。对于人数不确定的代表人诉讼，法院作出的裁判，不但对参诉代表人有约束力，对于未参诉的当事人，在以后起诉的时候，也可以直接适用。

二、分类

代表人诉讼分为人数确定（人数众多且能确定多少人）的代表人诉讼和人数不确定（人数众多且不能确定多少人）的代表人诉讼两种。由于代表人诉讼本身就属于共同诉讼范畴，人数众多的必要共同诉讼中，当事人的数量一定可以确定；而人数众多的普通共同诉讼中，当事人的数量有的可以确定，有的无法确定。

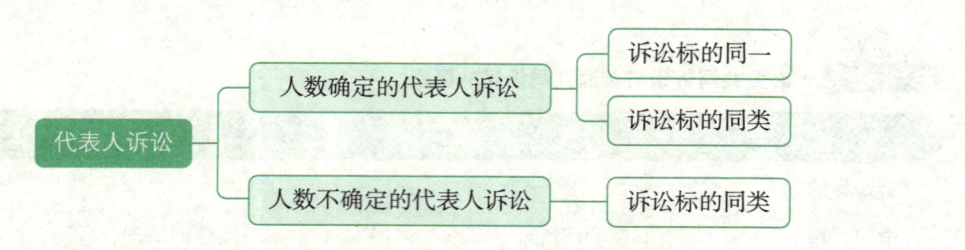

```
                    ┌─ 人数确定的代表人诉讼 ─┬─ 诉讼标的同一
代表人诉讼 ─┤                            └─ 诉讼标的同类
                    └─ 人数不确定的代表人诉讼 ── 诉讼标的同类
```

三、代表人选任程序

因为当事人人数众多，为了方便诉讼进行，立法设计由当事人选出代表人，代表当事人进行诉讼，这就是代表人诉讼。人数确定的代表人诉讼和人数不确定的代表人诉讼的代表人选任方法不同：

（一）人数确定的代表人诉讼[1]

人数确定的代表人诉讼，是指当事人一方人数众多，诉讼标的是共同的或属于同一种类型，由众多当事人推选出数人作为代表代为实施诉讼行为的诉讼形式。

1. 当事人推选代表

由当事人推选 2~5 名代表人，可以全体共同推选，也可以分成部分，由每部分人推选自己的代表人。

2. 当事人推选不出代表人的

（1）必要共同诉讼，当事人可以自己参诉。意思是说，不再推选代表人，由当事人自己参加诉讼。

（2）普通共同诉讼，当事人可以另行起诉。意思是说，当事人可以另行提起一个独立于代表人诉讼的诉。

（二）人数不确定的代表人诉讼[2]

人数不确定的代表人诉讼，是指诉讼标的属于同一种类型，当事人一方人数众多，在起诉时人数尚未确定，由权利人推选或者法院与权利人商定代表人选，由代表人进行诉讼活动的诉讼形式。

1. 由当事人推选代表人。
2. 推选不出的，由法院与当事人协商。
3. 协商不成的，由法院指定代表人。
4. 确定代表人后，当事人不服指定的，可以另行起诉。
5. 代表人诉讼中法院所作的裁判，对于另行起诉的人具有约束力。

[例] 甲、乙、丙等 12 人诉某饭店食用河豚中毒案件，众人推选甲、乙作为诉讼代表人。丙不服，另行起诉。

此时，法院应中止审理丙另行起诉的案件，先审理代表人诉讼。最终，代表人诉讼案件中，法院认定该饭店的河豚未经妥善处理，判决饭店败诉。

然后，法院再继续审理丙的另行起诉。此时，代表人诉讼判决中认定的"河豚未经妥善处理"就不再需要证明，该生效裁判认定的事实，对另行起诉的丙有约束力。

---

〔1〕 这指的是起诉的人数有多少，能够确定。这种诉讼可以是必要共同诉讼或者普通共同诉讼，因为必要共同诉讼和普通共同诉讼都存在人数能够确定的情况。

〔2〕 这指的是起诉的人数有多少，无法确定。这种诉讼只能是普通共同诉讼，因为必要共同诉讼的人数必然是确定的。

四、代表人的地位和权限

1. 地位。代表人属于本案的当事人。
2. 权限：代表人的诉讼行为对被代表人有效。但代表人①承认、放弃、变更诉讼请求，②进行和解[1]，需要被代表人同意。

模拟训练

A厂生产的一批酱油由于香精投放过多，对人体有损害。报纸披露此消息后，购买过该批酱油的消费者纷纷起诉A厂，请求赔偿损失。甲和乙被推选为诉讼代表人参加诉讼。下列哪一选项是正确的？[2]

A. 若甲和乙因故不能参加诉讼，法院可以指定另一名当事人为诉讼代表人代表当事人进行诉讼
B. 若甲因病不能参加诉讼，其可以委托1~2人作为诉讼代理人，而无需征得被代表的当事人的同意
C. 甲和乙可以自行决定变更诉讼请求，但事后应当及时告知其他当事人
D. 甲和乙经超过半数原告方当事人同意，可以和A厂签订和解协议

专题 07 诉讼第三人

知识铺垫

第三人，是指原、被告之外的利害关系人，由于与案件的审理结果有法律上的利害关系或者对原、被告之间争议的诉讼标的享有独立的请求权，因而参加到原、被告之间已经开始的诉讼中的第三方当事人。诉讼第三人是原、被告之外的第三类当事人，他们既不是原告也不是被告，从类型上看，其可以分为有独立请求权第三人和无独立请求权第三人两类。

---

[1] 未经被代表人同意，代表人能不能撤诉和进行调解呢？对此，立法没有规定。按照法理判断，都是不可以的。

[2] B。A项的说法没有法律依据，纯属杜撰，因此错误。代表人为2~5人，每位代表人可以委托1~2人作为诉讼代理人。因此，B项正确。当事人一方人数众多的共同诉讼，可以由当事人推选代表人进行诉讼。代表人的诉讼行为对其所代表的当事人发生效力，但代表人变更、放弃诉讼请求或者承认对方当事人的诉讼请求，进行和解，必须经被代表的所有当事人同意。因此，CD项错误。

核心考点 019　有独立请求权第三人 ★★★★★

有独立请求权第三人，是指因对原、被告之间争议的诉讼标的有独立的请求权而参加诉讼的人，简称"有独三"。

[例] 甲与乙对一古董所有权发生争议诉至法院。诉讼过程中，丙声称该古董属于自己所有，主张对该古董的所有权。

丙既反对原告甲，也反对被告乙，其既不是原告，也不是被告，而是典型的有独三。

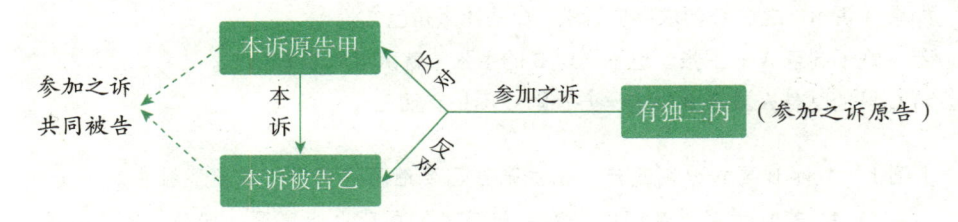

```
                 本诉原告甲  ↖
参加之诉              ↑     反    参加之诉
共同被告            本诉    对  ←──────── 有独三丙 （参加之诉原告）
                    ↓     反
                 本诉被告乙  ↙  对
```

一、参诉原因

有独三参加诉讼是为了维护自己的利益，与本诉原、被告无共同利益，其既反对原告，也反对被告。

二、参诉依据

有独三对本诉诉讼标的物有独立请求权，一般而言，有独三主张的独立请求权是基于物权或继承权产生的。

[例1] 上述古董的例子中的有独三丙，就是基于所有权产生的独立请求权而参与诉讼的。

[例2] 兄弟二人（老大和老二）争夺父亲的遗产，诉至法院，都请求按照法定继承分割遗产。本诉开始后，第三个兄弟（老三）主张老大、老二都没有继承权，父亲留有遗嘱，遗产应由自己继承。老三反对老大和老二继承父亲的遗产，属于典型的有独三，这就是基于继承权产生的独立请求权。

三、参诉方式

1. 向审理本诉的法院起诉，提起参加之诉：以有独三为原告，以本诉的原告和被

告为共同被告（法院不可以依职权追加有独三）。

2. 本案中存在两个独立的诉：本诉和参加之诉。

3. 有独三参加诉讼后，本诉原告申请撤诉的，法院在准许其撤诉后，有独三作为参加之诉原告，本诉原、被告作为参加之诉被告，诉讼另行进行。

四、地位与权利

有独三是参加之诉的原告，属于本案的当事人（本案中包括本诉和参加之诉两个诉），但其无权提出管辖权异议。

> **解题技巧**
>
> 如果 A 诉 B，之后 C 要求参加诉讼，C 是什么角色？
> 若 C 既不同意 A 的主张，也不同意 B 的主张，就认定 C 为有独三。
> 若 C 只是反对 A 或者 B 中的一方，则 C 不是有独三。
>
> [例1] A 诉 B 要求分割遗产。A 主张自己要继承一部分，B 不能独占。
> 　1. 若 C 主张，A 可以继承一部分，但自己也能继承一部分，B 不能独占。C 就不是有独三，A、C 构成共同诉讼人。
> 　2. 若 C 主张，A 不能继承一部分，B 也不能继承一部分，所有的遗产就我自己独占。C 就是有独三。
>
> [例2] A 因买卖合同诉 B 要求过户房产，C 主张自己为房子的共有人。
> 　1. 若 C 主张，B 可以将房子卖给 A，但房款要给自己一些（并不反对 B 卖房）。C 就不是有独三，A、C 构成共同诉讼人。
> 　2. 若 C 主张，B 不能卖房子，不能向 A 过户，A 也不能买更不能要求过户。C 就是有独三。

总结梳理 必要共同诉讼原告和有独三的区别

	必要共同诉讼原告	有独三
与本诉当事人的关系（最好用的判断方法）	与其他共同原告有共同利益，一起反对本案被告	既反对原告，也反对被告，和原、被告都没有共同利益
法律关系	本案中只有一个争议的法律关系	本案中存在本诉和参加之诉两个争议的法律关系
参诉方式	可以起诉或者追加	不能追加，只能自己起诉

模拟训练

赵某与刘某将共有商铺出租给陈某。刘某瞒着赵某，与陈某签订商铺买卖合同，将商铺转让给陈某，后因该合同履行发生纠纷，刘某将陈某诉至法院。

Q：(1) 若赵某得知此事后，同意卖商铺，但请求参加诉讼，主张商铺价款应分给自己一份。赵某是何诉讼地位？

(2) 若赵某得知此事后，坚决不同意刘某将商铺卖与陈某，请求参加诉讼。赵某是何诉讼地位？

A：(1) 赵某是商铺共同共有人，其要求参加诉讼，与刘某有共同的利益——一起主张价款，赵某、刘某和陈某之间只有一个诉讼标的（一个买卖合同关系），赵某属于必要共同诉讼人。

(2) 赵某反对刘某卖商铺，自然也反对陈某买商铺。因此，赵某和刘某、陈某都没有共同的利益。从这个角度看，赵某应属于有独三。

从法律关系看，本案中，刘某和陈某之间是买卖合同关系，赵某与陈某、刘某之间存在的是物权法律关系的争议（赵某不同意卖商铺，是依据物权要求返还）。所以，本案中有两个法律关系。我们知道，必要共同诉讼中只能有一个法律关系。所以，本案一定存在本诉（合同争议）和参加之诉（物权争议），赵某是参加之诉的原告，其请求返还商铺，也就是有独三。

真题小试

李立与陈山就财产权属发生争议提起确权诉讼。案外人王强得知此事，提起诉讼主张该财产的部分产权，法院同意王强参加诉讼。诉讼中，李立经法院同意撤回起诉。关于该案，下列哪些选项是正确的？（2017/3/78-多）[1]

A. 王强是有独立请求权的第三人

---

[1] AD。《民事诉讼法》第55条规定："当事人一方或者双方为2人以上，其诉讼标的是共同的，或者诉讼标的是同一种类、人民法院认为可以合并审理并经当事人同意的，为共同诉讼。共同诉讼的一方当事人对诉讼标的有共同权利义务的，其中一人的诉讼行为经其他共同诉讼人承认，对其他共同诉讼人发生效力；对诉讼标的没有共同权利义务的，其中一人的诉讼行为对其他共同诉讼人不发生效力。"李立和陈山之间发生财产权属争议，二人之间发生确权诉讼，都想获得该财产的所有权。诉讼中，案外人王强要求参加诉讼，主张该财产的部分产权，既反对李立获得全部产权，也反对陈山获得全部产权，与李立、陈山均没有共同利益，不属于共同诉讼人，其基于物权提出独立请求权，要求参加诉讼，应认定为有独三。所以，A项正确。

这道题还有一个考点，就是对本诉原告撤诉的处理。因为本诉和参加之诉是两个独立的诉，所以，两个诉彼此不影响，本诉原告撤诉导致本诉消灭，而参加之诉继续进行。参加之诉的原告是有独三王强，被告是本诉的原告李立和被告陈山。所以，D项正确。

B. 王强是必要的共同诉讼人
C. 李立撤回起诉后，法院应裁定终结诉讼
D. 李立撤回起诉后，法院应以王强为原告、李立和陈山为被告另案处理，诉讼继续进行

核心考点 020 无独立请求权第三人 ★★★★★

无独立请求权第三人，是指虽然对原、被告之间争议的诉讼标的没有独立的请求权，但因与案件的处理结果有法律上的利害关系而参加诉讼的人，简称"无独三"。

[例] 甲从乙处购买了丙生产的咸菜，食用后中毒。

甲以违约为由起诉，由于合同具有相对性，甲依据合同只能向乙追究责任。乙承担了责任后，可以向丙（生产者）追偿[1]，故丙与本案的处理结果有法律上的利害关系。所以，甲作为原告，乙作为被告，丙不是合同当事人，既不是原告，也不是被告，应作为无独三参加诉讼。

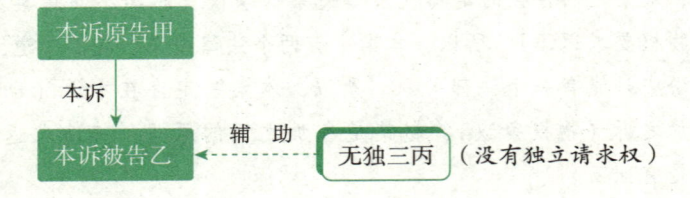

```
本诉原告甲
    │
   本诉
    ↓
本诉被告乙 ←---辅助--- 无独三丙 （没有独立请求权）
```

一、参诉原因

无独三参加诉讼是为了维护自己的利益，同时辅助原告或者被告（大多数情况是辅助被告的）。上例中，生产者丙就是辅助销售者乙的，如果销售者不用赔偿，生产者也不用赔偿，生产者当然希望销售者胜诉，他们一起对抗消费者。

二、参诉依据

无独三对本诉诉讼标的没有独立请求权，但与案件处理结果有法律上的利害关系，多数情况下是基于债权关系才产生了这种利害关系。上例中，消费者基于买卖合同可以向销售者索赔，销售者也可以基于买卖合同向生产者索赔，这就是一种债法上的利害关系。

---

[1]《民法典》第1203条规定："因产品存在缺陷造成他人损害的，被侵权人可以向产品的生产者请求赔偿，也可以向产品的销售者请求赔偿。产品缺陷由生产者造成的，销售者赔偿后，有权向生产者追偿。因销售者的过错使产品存在缺陷的，生产者赔偿后，有权向销售者追偿。"

解题技巧 　　　　　　　　　　　怎么判断有没有法律上的利害关系？

1. 先找到本案的判决结果。
2. 再看本案判决结果出现后，所谓的第三人的法律上的权利和义务是否增加、减少，如法律上的权利和义务未变，则无法律上的利害关系。

[例1]　代位权诉讼中，债权人诉次债务人，一旦债权人胜诉，次债务人向债权人清偿，债务人对次债务人的这部分债权即告消灭。这就是法律上的权利减少了，即债务人与代位权诉讼之间有法律上的利害关系。

[例2]　甲、乙都是丙的债权人，甲诉丙，不管输赢，乙的债权都不受影响，则乙和甲、丙的诉讼之间就没有法律上的利害关系。

[例3]　甲、乙作为男女朋友去逛鬼屋，甲被"鬼"吓死，乙并没有因此获得索赔的权利，其义务也未增减，则乙和本案无法律上的利害关系。

做一道题练习一下：

A、B、C、D共有某财产，A要向E转让其份额，B起诉A要求购买其份额，C表示不买，D没说买也没说不买。此时，C、D、E的诉讼地位是什么？

做这种题应该是这种思路：先看原、被告，然后确定诉讼标的，最后再把其他人一个一个加进来。

具体到本案中：

第一步 → B要求行使优先购买权，A侵害了B的优先购买权，所以，B已经成为原告，A已经成为被告，这是双方当事人的初步形式。

第二步 → 确定诉讼标的。本案属于共有关系中的优先购买权争议。

第三步 → 剩下的人里，C和D也在共有关系当中，他们也是共有人，也享有优先购买权。既然都有权，就都可以作为共同原告（这些判断是需要借助民法的知识的，民法基础不扎实会影响民诉法的做题效果）。但C放弃了权利，那就不用将C列为共同原告；D态度不明，仍要作为共同原告。

第四步 → 至于E，如果B的优先购买权被确认，则E购买的权利无从成立，这就意味着本案的判决结果——E是否能成为权利人，会直接影响到E的权利。因此，E与本案有直接的法律上的利害关系，可以作为本案的无独三存在。

所以，结论就很清楚，B、D作为共同原告，A作为唯一被告，E作为无独三，C不是本案当事人。本案属于只有一个法律关系的必要共同诉讼。

> **考点提示**
> 1. 股东代表诉讼中，股东起诉董事、监事、高管，法院应将公司列为第三人。此时的公司就属于无独三。股东代表诉讼的处理结果和公司有法律上的利害关系。
> 2. 公司解散之诉[1]中，股东作为原告，公司作为被告，其他股东可以作为共同原告或者无独三参加诉讼。公司解散之诉的处理结果和其他股东有法律上的利害关系。

模拟训练

Q：甲女诉乙男离婚，并请求追加男方的婚外情人作为无独三参加诉讼。法院应否准许？

A：不应准许。男方的婚外情人与本案并没有法律上的利害关系。

三、参诉方式

1. 无独三自己申请参加诉讼或者由法院通知其参加诉讼。
2. 本案只有一个本诉，无独三没有提起独立的诉。

四、地位权利

1. 地位：无独三是有独立地位的当事人，属于一类当事人。
2. 权利
（1）无独三在一审中无权对案件的管辖权提出异议；
（2）无独三无权放弃、变更诉讼请求或者申请撤诉；
（3）被判决承担民事责任的无独三有权提出上诉。

模拟训练

1. Q：无独三能否参与调解？

   A：能。因为无独三可以承认当事人的诉讼请求。

2. Q：无独三能否做上诉人？

   A：被判决承担责任的无独三能做上诉人。

---

[1] 公司解散之诉，是指符合法定条件的股东因法定事由请求法院解散公司的诉讼。具体事由不是民诉法考试中需要掌握的内容。

3. Q： 无独三没被判决承担责任，能否做被上诉人？

A： 能。无独三即使没被判决承担责任，也能做被上诉人。

总结梳理

1. 有独三和无独三的区别与联系

	有独三	无独三
与本诉当事人的关系	反对原告、被告	辅助原告或被告
参诉依据	有独立请求权（基于物权或继承权）	有利害关系（基于债权）
参诉方式	起诉	申请或通知
诉讼地位	都属于本案当事人范畴	

2. 必要共同诉讼被告和无独三的区别

如果原告可以在同一诉讼标的中向相关主体一起追究责任，则相关主体应作为必要共同诉讼的被告；只有原告无法通过同一诉讼标的向相关主体追究责任时，才会产生被告和无独三。

所以，能作为共同被告参加诉讼，就不能作为无独三参加诉讼。例如，共同侵权关系中，原告可以向直接加害人（主要责任）和负有安全保障义务的人（补充责任）一并追偿[1]，二者应当作为共同被告。

模拟训练

甲从乙处购买了丙生产的咸菜，食用后中毒。

Q： 若甲以侵权为由起诉乙和丙，乙和丙是何诉讼地位？

A： 若甲以侵权为由起诉，乙和丙分别为销售者和生产者，为共同侵权人，甲能够通过侵权关系一起向二者追究责任，二者为共同被告。

---

[1]《民法典》第1198条规定："宾馆、商场、银行、车站、机场、体育场馆、娱乐场所等经营场所、公共场所的经营者、管理者或者群众性活动的组织者，未尽到安全保障义务，造成他人损害的，应当承担侵权责任。因第三人的行为造成他人损害的，由第三人承担侵权责任；经营者、管理者或者组织者未尽到安全保障义务的，承担相应的补充责任。经营者、管理者或者组织者承担补充责任后，可以向第三人追偿。"《民法典》第1199条规定："无民事行为能力人在幼儿园、学校或者其他教育机构学习、生活期间受到人身损害的，幼儿园、学校或者其他教育机构应当承担侵权责任；但是，能够证明尽到教育、管理职责的，不承担侵权责任。"

真题小试

甲在丽都酒店就餐，顾客乙因地板湿滑不慎滑倒，将热汤洒到甲身上，甲被烫伤。甲拟向法院提起诉讼。关于本案当事人的确定，下列哪一说法是正确的？（2010/3/46-单）[1]

A. 甲起诉丽都酒店，乙是第三人
B. 甲起诉乙，丽都酒店是第三人
C. 甲起诉，只能以乙或丽都酒店为单一被告
D. 甲起诉丽都酒店，乙是共同被告

核心考点 021 当事人更换与无独三 ★★★★

一、当事人更换的基本原则

当事人最好保持稳定，能不更换尽量不更换。一旦更换当事人，就会导致诉讼中止，效率将受到影响。

口诀
不得不换
才必须换

二、不得不换的情况

不得不换的情况包括当事人死亡、终止和当事人分立、合并两种：

1. 诉讼中，自然人死亡或者法人终止的，应中止诉讼程序，通知其继承人或者承受其权利义务的人作为新的当事人继续参加诉讼。原告的继承人或者权利义务承受人愿意继续诉讼，被告的继承人愿意继承遗产的，更换继承人或权利义务承受人为当事人。但争议权利义务具有人身性的，则不发生承担，如离婚诉讼。

2. 企业法人分立、合并的，因分立、合并前的民事活动发生的纠纷，以分立、合并后的企业法人为当事人（分立后的企业法人为共同诉讼人）。

背诵要点 更换当事人

当事人出现死亡、终止、分立、合并事由，则分别更换为继承人（权利义务承受人）和分立、合并之后的主体。除此之外，诉讼中均不许更换当事人。

---

[1] D。《民法典》第1198条规定："宾馆、商场、银行、车站、机场、体育场馆、娱乐场所等经营场所、公共场所的经营者、管理者或者群众性活动的组织者，未尽到安全保障义务，造成他人损害的，应当承担侵权责任。因第三人的行为造成他人损害的，由第三人承担侵权责任；经营者、管理者或者组织者未尽到安全保障义务的，承担相应的补充责任。经营者、管理者或者组织者承担补充责任后，可以向第三人追偿。"本案中，乙是直接导致甲损害的侵权人，是主要侵权人，另外，丽都酒店没有尽到安全保障义务，对侵权结果也应承担一定责任。从这个意义上看，侵权结果是乙和丽都酒店共同导致的，甲通过一个侵权关系就可以向乙和丽都酒店一起追责，所以二者可以作为共同被告，就没必要将某一方作为无独三处理。只不过，从实体法角度看，乙承担主要责任，丽都酒店承担补充责任。

模拟训练

三合公司诉两江公司合同纠纷一案，法院经审理后判决两江公司败诉。此后，两江公司与海大公司合并为大江公司。在对两江公司财务进行审核时，发现了一份对前述案件事实认定极为重要的证据。

Q：本案中，应由谁作为当事人申请再审？

A：原来的当事人为三合公司与两江公司，但发生了企业合并，现在的当事人就必须更换为三合公司和大江公司。三合公司和大江公司可以申请再审。

3. 在诉讼中，争议的民事权利义务转移的，不影响当事人的诉讼主体资格和诉讼地位。法院作出的发生法律效力的判决、裁定对受让人具有拘束力。受让人申请以无独三身份参加诉讼的，法院可予准许。受让人申请替代当事人承担诉讼的，法院可以根据案件的具体情况决定是否准许；不予准许的，可以追加其为无独三。

[例] 甲、乙产生纠纷诉至法院，在诉讼中乙将实体权利义务转让给丙：

```
甲 ——产生纠纷诉至法院—— 乙
                         │
                         │ 在诉讼中将实体权利义务转让
                         ↓
                         丙
```

(1) 权利义务转让后，当事人仍是甲、乙。
这是因为乙没有死亡，不属于必须更换当事人的情况。
(2) 甲、乙案件的裁判对丙有约束力。
这是因为合同权利义务已经转让给丙，乙在裁判中被判决承担的义务、享有的权利，最终应由丙承担或享有。
(3) 丙可以请求代替乙参加诉讼，若法院同意，则当事人变更为甲和丙。
(4) 若法院不同意丙代替乙参加诉讼，丙可以作为无独三参加诉讼。

真题小试

何某依法院生效判决向法院申请执行甲的财产，在执行过程中，甲突发疾病猝死。法院询问甲的继承人是否继承遗产，甲的继承人乙表示继承，其他继承人均表示放弃继承。关于该案

执行程序，下列哪一选项是正确的？（2016/3/49-单）[1]

A. 应裁定延期执行
B. 应直接执行被执行人甲的遗产
C. 应裁定变更乙为被执行人
D. 应裁定变更甲的全部继承人为被执行人

专题 08 诉讼代理人

知识铺垫

诉讼代理人，是指以当事人的名义，在法律规定或者当事人授予的权限范围内，为当事人的利益进行诉讼活动的人。

被代理的一方当事人，称为被代理人。

诉讼代理人代理当事人进行诉讼活动的权限，称为诉讼代理权。

核心考点 022 两种代理人 ★★★★

诉讼代理人不是当事人，而是帮助当事人进行诉讼的人。根据代理权来源的不同，诉讼代理人可分为法定诉讼代理人和委托诉讼代理人。

一、法定代理人

法定代理人，是指根据法律规定行使代理权，代理无民事诉讼行为能力人进行诉讼的人。

因无民事诉讼行为能力人不能亲自进行诉讼，只能由其监护人作为法定代理人代为诉讼，所以，法定代理人的权利来源于法律的直接规定。法定代理的实质是以有代无——代理人有民事诉讼行为能力，被代理人没有民事诉讼行为能力。只有被代理人的

---

[1] C。本题中，当事人甲死亡，属于不得不更换当事人的情形。所以，只能将愿意继承甲遗产的继承人乙更换为当事人。不管是诉讼中还是执行中，当事人死亡，都会导致当事人更换。在程序操作上，当事人死亡的，应先裁定诉讼中止或者执行中止（而非延期执行，我国立法中也没有延期执行的说法），再裁定变更当事人（被执行人也属于当事人）。要注意，若没有继承人想要继承遗产，则可以选择 B 项，即直接执行遗产。但本题中显然有人愿意继承，所以，只需要将愿意继承的乙变更为新的被执行人即可。因此，C 项正确。

要注意，若执行中被执行人死亡，需要等待继承人承担义务，则裁定执行中止；若继承人愿意继承，则裁定更换被执行人；若没有继承人（包括没人愿意继承），但有遗产，则直接执行遗产；若没有继承人，也没有遗产，则裁定执行终结。

监护人可以担任其法定代理人，法定代理人的诉讼权利和当事人完全相同，诉讼地位和当事人相当（类似但不同）。

二、委托代理人

（一）权利来源

委托代理人的权利来源于当事人的委托授权。

（二）委托代理实质

以有代有——代理人有民事诉讼行为能力，被代理人也要有民事诉讼行为能力。

（三）代理人范围

1. 律师、基层法律服务工作者[1]。
2. 当事人的近亲属或者工作人员。
3. 当事人所在社区、单位以及有关社会团体推荐的公民。

> **注意**
> 外国人在中国进行民事诉讼，只能委托中国律师代理诉讼，或委托外国律师以非律师身份参加诉讼。

（四）诉讼权利和诉讼地位

1. 诉讼权利——一般授权和特别授权

（1）必须有委托人的特别授权的事项包括：诉讼代理人代为承认、放弃、变更诉讼请求，进行和解，提起反诉或者上诉。

口诀：承和反上

律师的一般授权委托范围主要包括：①代为起诉和应诉；②代为申请财产保全、证据保全和先予执行；③代为提供证据，询问证人、鉴定人和勘验人；④发表代理意见；⑤代为申请执行；等等。

> **注意**
> 一般授权的律师是可以代为接受诉讼文书的，法院向当事人的律师送达，相当于向当事人本人送达。

（2）全权代理属于一般授权，不得实施需特别授权的事项。

（3）律师代理，需要出具授权委托书、律师执业证、律所证明，但不需要出具委托合同。

---

[1] 基层法律服务工作者，是指符合《基层法律服务工作者管理办法》规定的执业条件，经司法行政机关核准取得《基层法律服务工作者执业证》，在基层法律服务所执业，为社会提供法律服务的人员。

在司法实践中，一般流程为：

在当事人和受委托代理律师双方达成一致后，需要办理正式的委托手续。

首先是订立委托代理合同。需要当事人与律师事务所签订一份书面的委托代理合同，明确双方的权利义务。

然后是签署授权委托书。当事人需要签署一份授权委托书，授予律师在代理过程中的相关权限。

2. 诉讼地位

委托代理人属于诉讼参与人范畴，不属于当事人。

> **考点提示**
>
> 代理人发生法律事件的后果与当事人发生法律事件的后果不一定相同。
>
> [例] 如果法定诉讼代理人死亡，法院可以另行指定监护人作为法定诉讼代理人继续诉讼，而不一定要中止或终结诉讼。

法定代理人与委托代理人的区别

	法定代理人	委托代理人
权利来源	法律规定	委托授权
代理实质	以有代无	以有代有
代理人范围	监护人	专业人员、特定关系人员、获得推荐的人员
权　利	与当事人相同	一般授权/特别授权

> **模拟训练**
>
> [辨析]（1）委托代理人的诉讼权利不可能多于法定代理人。
> 　　　（2）法定代理人可以是委托代理人的委托人。
> 　　　（3）法定代理人的被代理人是无民事诉讼行为能力的当事人。
> 　　　（4）委托代理人的被代理人是有民事诉讼行为能力的当事人。
>
> [回答]（1）正确。委托代理人的权利来源于当事人，所以，委托代理人的权利不可能多于当事人。而法定代理人的权利和当事人完全相同。
> 　　　（2）正确。既然法定代理人的权利和当事人完全相同，当事人可以委托代理人，法定代理人也就可以委托代理人。
> 　　　（3）正确。法定代理的实质就是以有代无，被代理人一定没有民事诉讼行为能力。
> 　　　（4）正确。委托代理的实质就是以有代有，被代理人要和代理人签订委托合同才能完成委托，所以，被代理人必须具备民事诉讼行为能力。

第三讲 管 辖　03

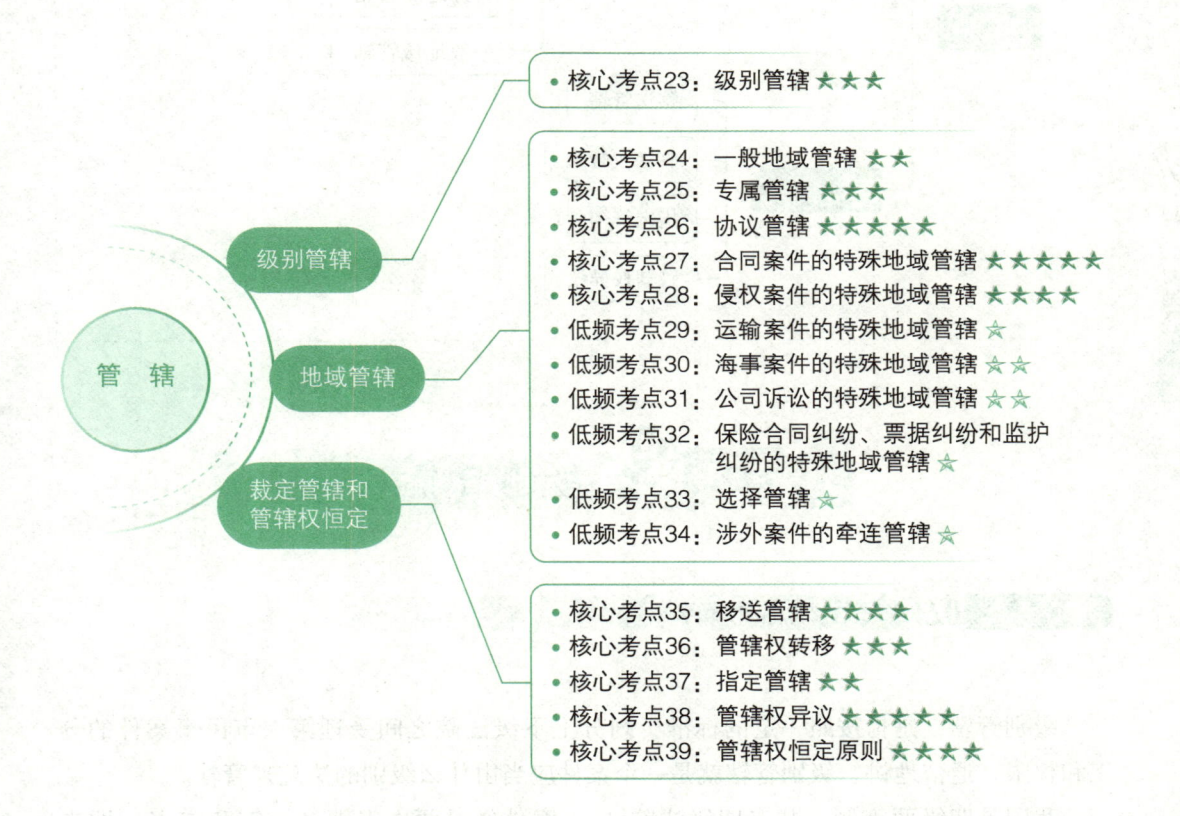

- 级别管辖
  - 核心考点23：级别管辖 ★★★
- 地域管辖
  - 核心考点24：一般地域管辖 ★★
  - 核心考点25：专属管辖 ★★★
  - 核心考点26：协议管辖 ★★★★★
  - 核心考点27：合同案件的特殊地域管辖 ★★★★★
  - 核心考点28：侵权案件的特殊地域管辖 ★★★★
  - 低频考点29：运输案件的特殊地域管辖 ☆
  - 低频考点30：海事案件的特殊地域管辖 ☆☆
  - 低频考点31：公司诉讼的特殊地域管辖 ☆☆
  - 低频考点32：保险合同纠纷、票据纠纷和监护纠纷的特殊地域管辖 ☆
  - 低频考点33：选择管辖 ☆
  - 低频考点34：涉外案件的牵连管辖 ☆
- 裁定管辖和管辖权恒定
  - 核心考点35：移送管辖 ★★★★
  - 核心考点36：管辖权转移 ★★★
  - 核心考点37：指定管辖 ★★
  - 核心考点38：管辖权异议 ★★★★★
  - 核心考点39：管辖权恒定原则 ★★★★

知识铺垫

　　管辖，是指各级法院之间和同级法院之间受理第一审民事案件的分工和权限。它是在法院内部确定具体的某一民事案件由哪个法院行使民事审判权的一项制度。

管辖部分的知识结构如下：

```
                    ┌─ 级别管辖 ─┬─ 基层法院管辖
                    │            ├─ 中级法院管辖
                    │            ├─ 高级法院管辖
          ┌─ 法定管辖┤            └─ 最高法院管辖      ─┐
          │         │                                  │
          │         │         ┌─ 专属管辖              ├─ 管辖权恒定
 管 辖 ──┤         └─ 地域管辖┼─ 协议管辖              │
          │                   ├─ 特殊地域管辖          │
          │                   └─ 一般地域管辖         ─┘
          │
          │         ┌─ 移送管辖
          │         ├─ 管辖权转移
          └─ 裁定管辖┤
                    ├─ 指定管辖
                    └─ 管辖权异议
```

专题 09　级别管辖

核心考点 023　级别管辖 ★★★

级别管辖，是指按照一定的标准，划分上下级法院之间受理第一审民事案件的分工和权限。通俗地讲，级别管辖就是一个案件应当由什么级别的法院来管辖。

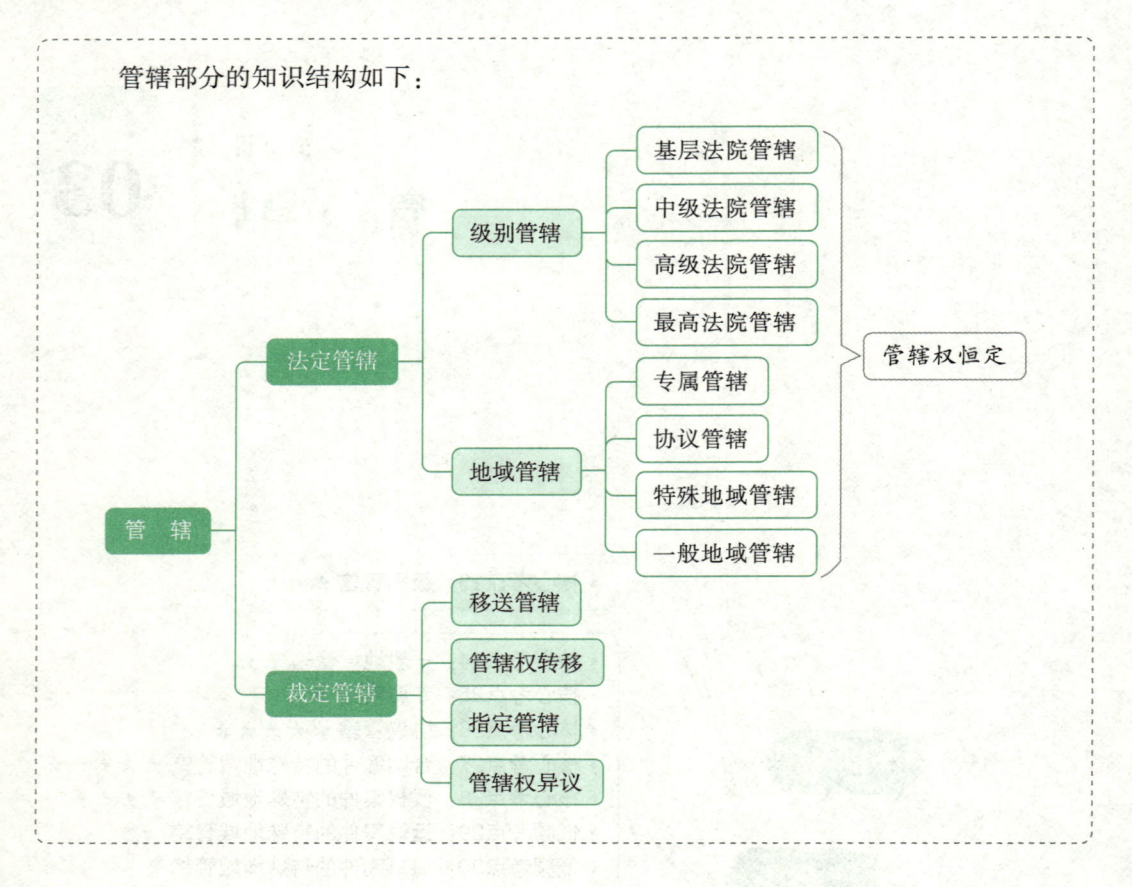

我国是四级两审制，共有四级法院[1]，案件经过两次审理（一审和二审）即告终结。

---

[1]　我国的法院分为四级，最低一级为基层法院（设在区、县），每个行政区划内必然有一个基层法院。基层法院为了审案方便，可以设置派出机构，称之为派出法庭。派出法庭只能审理民事案件，不能审理刑事案件。基层法院的上级称为中级法院，一个地级市一般只有一个中级法院。中级法院的上级称为高级法院，一个省只有一个高级法院。高级法院的上级称为最高法院，全国只有一个，在首都北京。

四级法院的具体分工为：

最高法院管辖
　　高级法院管辖
　　　　中级法院管辖
　　　　　　基层法院管辖

一、基层法院

基层法院管辖第一审民事案件，但民事诉讼法另有规定的除外。基层法院在我国分布最广、数量最多，根据民事诉讼法的立法规定，除了法律另有规定外，所有的第一审民事案件均由基层法院管辖。"法律另有规定"，是指民事诉讼法规定应当由中级法院、高级法院和最高法院管辖的第一审民事案件。一般的民事案件、按照简易程序审理的民事案件、按照特别程序审理的案件以及上一级法院指定管辖的民事案件，一律由基层法院管辖。民事诉讼法之所以规定第一审民事案件均由基层法院管辖，主要因为案件发生地、当事人住所地、争议财产所在地都在基层法院的辖区之内，由基层法院作为第一审法院既便于当事人进行诉讼，又便于法院办案，使纠纷得到及时解决。

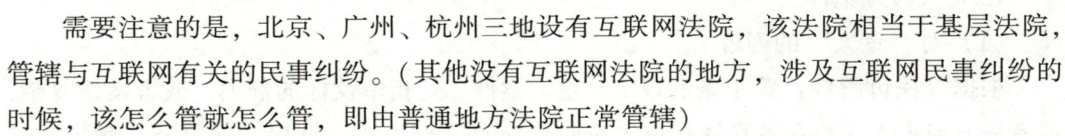

需要注意的是，北京、广州、杭州三地设有互联网法院，该法院相当于基层法院，管辖与互联网有关的民事纠纷。（其他没有互联网法院的地方，涉及互联网民事纠纷的时候，该怎么管就怎么管，即由普通地方法院正常管辖）

1. 北京、广州、杭州互联网法院集中管辖所在市的辖区内应当由基层法院受理的下列第一审案件：

（1）通过电子商务平台签订或者履行网络购物合同而产生的纠纷；

（2）签订、履行行为均在互联网上完成的网络服务合同纠纷；

（3）签订、履行行为均在互联网上完成的金融借款合同纠纷、小额借款合同纠纷；

（4）在互联网上首次发表作品的著作权或者邻接权权属纠纷；

（5）在互联网上侵害在线发表或者传播作品的著作权或者邻接权而产生的纠纷；

（6）互联网域名权属、侵权及合同纠纷；

（7）在互联网上侵害他人人身权、财产权等民事权益而产生的纠纷；

（8）通过电子商务平台购买的产品，因存在产品缺陷，侵害他人人身、财产权益而产生的产品责任纠纷；

（9）检察机关提起的互联网公益诉讼案件；

（10）因行政机关作出互联网信息服务管理、互联网商品交易及有关服务管理等行政行为而产生的行政纠纷；

（11）上级法院指定管辖的其他互联网民事、行政案件。

2. 互联网法院采取在线方式审理案件，案件的受理、送达、调解、证据交换、庭前准备、庭审、宣判等诉讼环节一般应当在线上完成。当事人对互联网法院审理的案件提起上诉的，第二审法院原则上采取在线方式审理。

3. 当事人对北京互联网法院作出的判决、裁定提起上诉的案件，由北京市第四中级法院审理，但互联网著作权权属纠纷和侵权纠纷、互联网域名纠纷的上诉案件，由北京知识产权法院审理。

当事人对广州互联网法院作出的判决、裁定提起上诉的案件，由广州市中级法院审理，但互联网著作权权属纠纷和侵权纠纷、互联网域名纠纷的上诉案件，由广州知识产权法院审理。

当事人对杭州互联网法院作出的判决、裁定提起上诉的案件，由杭州市中级法院审理。

二、中级法院

中级法院管辖以下四类案件：

1. 重大涉外案件

（1）对"重大"的理解

根据《民诉解释》第1条的规定，重大案件，是指争议标的额大，或者案情复杂，或者一方当事人人数众多等具有重大影响的案件。即人多、钱多、案复杂，满足这三个条件之一即为"重大"。

（2）对"涉外"的理解

涉外案件，是指在民事法律关系主体、客体、权利或义务上具有涉外因素的案件。这些案件一般比较复杂，往往会涉及中外两国关系及国际、外国法律的适用等问题，如果处理不当，可能影响到我国的声誉。因此，为保证涉外案件的办案质量，法律规定，对于重大涉外案件，由中级法院进行第一审，一般涉外案件仍由基层法院管辖。

从具体标准上看，其包括以下三个方面的标准：

❶当事人一方或者双方是外国人、无国籍人、外国企业或者组织的；当事人一方或者双方的经常居所地在中国领域外的。（人涉外）

❷标的物在中国领域外的。（物涉外）

❸产生、变更或者消灭民事关系的法律事实发生在中国领域外的。（事实涉外）

也就是说，诉讼中人涉外、物涉外、事实涉外三个条件满足其中之一即为涉外案件。

2. 在本辖区有重大影响的案件

在本辖区有重大影响的案件，一般是指案情复杂、涉及范围比较广、诉讼标的额大、案件本身影响大，处理结果对社会可能产生较大影响的案件。至于哪些案件属于"有重大影响"的案件，因地区不同可能有所差别，法律不宜明文规定，只能由各省、直辖市和自治区高级法院根据本地区具体情况作出规定。所以，这不是考试的重点。

3. 最高法院确定由中级法院管辖的案件

（1）海事、海商案件：由海事法院[1]管辖。

（2）重大涉港、澳、台民事案件。

（3）专利纠纷案件

❶ 如果专利纠纷发生在北京、上海和广州：必须由知识产权法院[2]管辖；

❷ 如果专利纠纷发生在其他地方：原则上应由中级法院管辖，最高法院指定的基层法院也可以管辖。

（4）公益诉讼案件。

> 口诀
> 海港专公

> 口诀
> **中院管辖**
> 重大涉外
> 重大影响
> 海港专公
> 涉及仲裁

> 注意
> 最高法院指定的中级法院才能管，不是所有中级法院都能管这些案件。

4. 大部分涉及仲裁的案件。 例外：国内仲裁中的证据保全和财产保全由基层法院管辖。

三、高级法院

高级法院管辖在本辖区有重大影响的第一审民事案件。

四、最高法院

最高法院管辖在全国有重大影响的案件和认为应当由本院审理的案件。最高法院认为应当由自己审理的案件，是指最高法院根据需要和可能，自己受理或者提审下级

---

[1] 海事法院（Maritime Court）是为行使海事司法管辖权而设立的专门审判第一审海事、海商案件的专门法院。截止到2022年9月底，中国共设有11个海事法院，分别是：北海海事法院、大连海事法院、广州海事法院、海口海事法院、宁波海事法院、青岛海事法院、上海海事法院、天津海事法院、武汉海事法院、厦门海事法院、南京海事法院。海事法院的级别相当于中级法院。

[2] 全国人大常委会颁布的《关于在北京、上海、广州设立知识产权法院的决定》中明确规定，在我国北京、上海、广州三个城市设立专门审理知识产权案件的知识产权法院（Intellectual Property Court），其级别相当于中级法院。知识产权法院综合审理知识产权方面的行政、民事案件，其审理的第一审案件，上诉至地方高级法院。

法院管辖的重大、疑难第一审民事案件。其目的在于保证审判质量，维护法律的尊严和统一实施，充分发挥国家最高审判机关的主动权。

模拟训练

关于民事案件的级别管辖，下列哪一说法是正确的？[1]

A. 第一审民事案件原则上由基层法院管辖
B. 涉外案件的管辖权全部属于中级法院
C. 高级法院管辖的第一审民事案件包括在本辖区有重大影响的民事案件和它认为应当由自己审理的案件
D. 最高法院仅管辖在全国有重大影响的民事案件

专题 10 地域管辖

知识铺垫

地域管辖，是指按照各法院的辖区和民事案件的隶属关系来划分诉讼管辖。通俗地讲，地域管辖就是一个案件应当由什么地方的法院来管辖。

核心考点 024 一般地域管辖 ★★

一般地域管辖，是法院确定地域管辖的一般原则。

一、一般地域管辖的确定方式

一般地域管辖的确定原则是"原告就被告"，即以被告所在地作为确定管辖的标准。适用这一原则确定民事案件的管辖，有利于传唤被告和促使被告参加诉讼；同时，能够在一定程度上防止原告滥用诉权，减少不必要的诉讼。

（一）公民为被告

公民为被告时，由被告住所地或经常居住地法院管辖。

---

[1] A。本题考查民事诉讼案件的级别管辖。基层法院管辖第一审民事案件，但《民事诉讼法》另有规定的除外。因此，A 项正确。重大涉外案件的第一审由中级法院管辖。据此可知，并非所有涉外案件的第一审都由中级法院管辖，只有重大涉外案件的第一审才由中级法院管辖。因此，B 项错误。高级法院管辖在本辖区有重大影响的第一审民事案件，最高法院才有权审理它认为应当由自己审理的案件。因此，CD 项错误。

1. 住所地即户籍所在地。
2. 经常居住地是公民离开住所地至起诉时已连续居住1年以上的地方，但公民住院就医的地方除外。
3. 住所地与经常居住地不一致时，以经常居住地为准。
4. 户籍迁出未落户的，经常居住地法院管；又无经常居住地的，原住所地法院管。

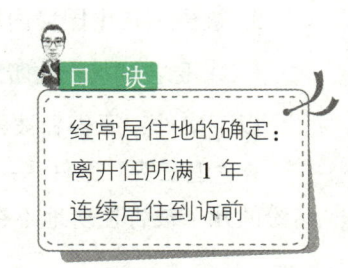

> **口诀**
> 经常居住地的确定：
> 离开住所满1年
> 连续居住到诉前

考点提示

1. 若既有经常居住地又有住所地，则只有经常居住地法院有管辖权，此时，住所地法院就没有管辖权了。
2. 考试中，只要主体有经常居住地，永远都是经常居住地优先，在我们后续讲的其他管辖方式中也适用这个规则。

模拟训练

甲的户口在A市，但甲近10年来长期居住在B市，现乙以甲为被告提起离婚民事诉讼。

Q：哪里的法院有管辖权？

A：A市是甲的住所地，B市是甲的经常居住地，应由B市法院管辖。

（二）法人或其他组织为被告

法人或其他组织为被告时，由其主要办事机构所在地法院管辖，无法确定主要办事机构所在地的，则由其注册地或者登记地法院管辖。

二、一般地域管辖的例外

在有些情况下，机械地由被告住所地法院管辖，不但会给原告行使诉权带来许多不便，而且还不便于受诉法院行使审判权。在这种情况下，则以原告所在地或者原、被告住所地作为管辖地，这是一般地域管辖的例外或补充。

（一）以原告所在地作为管辖地的情况

1. 被告被采取强制性教育措施[1]或被监禁[2]。
2. 被告被注销户籍。

> **口诀**
> 强监黑户找不到
> 此时被告就原告

---

[1] 强制性教育措施是一种行政处罚，适用的对象主要包括卖淫嫖娼人员、吸毒成瘾人员、因不满16周岁不予刑事处罚的未成年人等，措施的内容包括劳动教养（目前已被废止）、收容教育（针对卖淫嫖娼人员）、强制隔离戒毒（针对吸毒人员）、收容教养（针对未成年人）等。

[2] 监禁属于限制人身自由的刑事处罚措施。

3. 被告不在中国境内居住、下落不明或被宣告失踪的身份诉讼[1]。

（二）原告和被告住所地法院都可以管辖的情况

以下案件，原告和被告住所地法院都可以管辖：

1. "追三费"案件——追索抚养费、扶养费、赡养费纠纷的几个被告住所地不在同一辖区。

> 口诀
> 被告异地抚扶赡
> 离家1年离婚案
> 原、被告地都可管

[例] 王老汉住在A区，他的三个儿子分别居住在B区、C区和D区。王老汉起诉三个儿子追索赡养费，则A、B、C、D四个区的法院都可以管辖。

2. 被告离开住所地超过1年的离婚诉讼。

[例] 孙老汉住在A区，他的老伴高老太和隔壁王老头私奔了30年，不知去向。此时，孙老汉可以在自己的住所地A区法院起诉离婚。若他得知了高老太30年来的经常居住地，也可以到那里的法院起诉。

三、仍然由被告所在地法院管辖的情况

1. 双方都被采取强制性教育措施或被监禁（若被告被采取强制性教育措施或被监禁1年以上，由被告被采取强制性教育措施或被监禁地法院管辖）。
2. 双方都被注销户籍（由被告居住地法院管辖）。
3. 双方都离开住所地超1年的离婚诉讼（由被告经常居住地法院管辖）。

模拟训练

李平与王坚于2013年在甲区结婚，婚后二人一直居住在乙区。2015年，李平与王坚在丙区从事假烟生产被公安机关查获，丙区法院于同年12月以生产伪劣产品罪判处李平与王坚有期徒刑5年。判决生效后，李平与王坚被关押在位于丁区的监狱。2017年5月，李平拟向法院起诉离婚。

Q：哪个法院对本案有管辖权？

A：本案属于离婚案件，应按照一般地域管辖确定管辖法院。本题中，存在特殊情形，即双方当事人均被监禁，那么就不需要特殊保护原告，依然采取"原告就被告"原则确定管辖。被告于2015年12月被监禁，到2017年5月，已

---

[1] 身份诉讼，包括离婚纠纷、收养纠纷、赡养纠纷等与身份关系有关的诉讼。

经被监禁1年以上，应由被告被监禁地法院管辖。所以，丁区法院对本案有管辖权。

核心考点 025 专属管辖 ★★★

专属管辖，是指法律规定某些特殊类型的案件专门由特定的法院管辖。专属管辖是排他性管辖，它排除了诉讼当事人以协议方式选择国内的其他法院管辖。专属管辖具有排他性和强制性，目的是方便诉讼，便于执行。

一、专属管辖的三种案件

（一）不动产纠纷的管辖

不动产纠纷只能由不动产所在地法院管辖。

1. 不动产纠纷

不动产，是指不能移动其位置的财产，或者移动其位置以后，会引起性质、状态、价值改变的财产，如山林、土地、房屋等。但并非所有和不动产有关的纠纷都属于不动产纠纷的范畴。不动产纠纷，仅仅指因不动产的权利确认、分割、相邻关系等引起的物权纠纷。农村土地承包经营合同纠纷、房屋租赁合同纠纷、建设工程施工合同纠纷、政策性房屋买卖合同纠纷，只有这四种合同纠纷按照不动产纠纷确定管辖，目的在于便利法院查明事实、分清责任，便于执行。

2. 不动产所在地

不动产所在地，指的是不动产的登记地。不动产未登记的，以不动产实际所在地为准。

[例] Q：某不动产坐落在A地，但是登记在B地，哪里是不动产所在地？

A：以登记地为准，B地是不动产所在地。

（二）港口作业纠纷的管辖

港口作业纠纷只能由港口所在地法院管辖。

（三）遗产继承纠纷的管辖

遗产继承纠纷只能由被继承人死亡时住所地或者主要遗产所在地法院管辖。这样规定，便于法院查明继承人和被继承人的关系、继承开始的时间、遗产的范围和分配等问题，有利于正确处理继承案件。

[例] Q：老王户口在 A 地，但其出差时在 B 地去世，哪里是老王死亡时的住所地？

A：住所地是户口所在地，所以，老王死亡时的住所地依然是 A 地。B 地称之为"死亡地"。

二、涉外专属管辖

下列民事案件，由中国法院专属管辖：

1. 因在中国领域内设立的法人或者其他组织的设立、解散、清算，以及该法人或者其他组织作出的决议的效力等纠纷提起的诉讼。（设立、解散、清算、决议）

2. 因与在中国领域内审查授予的知识产权的有效性有关的纠纷提起的诉讼。（知产有效性）

3. 因在中国领域内履行中外合资经营企业合同、中外合作经营企业合同、中外合作勘探开发自然资源合同发生纠纷提起的诉讼。（合资、合作、合作勘探开发）

> **考点提示**
>
> 1. 立法只是明确了这些案件外国法院不能管，应由中国法院管，但具体由中国哪个法院管，应按照正常的级别管辖和地域管辖确定。
>
> 2. 上述第 3 点中属于涉外专属管辖的三种合同纠纷，指的是中方和外方在中国履行中外合资经营企业合同、中外合作经营企业合同、中外合作勘探开发自然资源合同过程中产生的纠纷，而这些中外合资经营企业、中外合作经营企业和其他主体产生的纠纷则不属于涉外专属管辖的范围。
>
> 3. 除了以上三种情况，只要中国法院对于涉外纠纷有管辖权，就可以受理。
>
> [例] Q：中外合资经营企业 A 与中国企业 B 发生的合同纠纷，是否属于涉外专属管辖？
>
> A：不属于。

三、专门管辖[1]

专门管辖，是指特殊类型的案件，必须由具有专门功能的法院管辖。

专门管辖具体包括：

---

[1] 除了正文列举的专门法院外，我国还设有金融法院。2018 年 4 月 27 日，第十三届全国人民代表大会常务委员会第二次会议通过了《关于设立上海金融法院的决定》。上海金融法院专门管辖上海金融法院设立之前由上海市的中级法院管辖的金融民商事案件和涉金融行政案件（相当于中级法院）。管辖案件的具体范围由最高法院确定。案件主要类型涵盖证券虚假陈述责任纠纷、金融借款合同纠纷、公司债券交易纠纷、质押式证券回购纠纷、融资租赁合同纠纷、营业信托纠纷等。上海金融法院第一审判决和裁定的上诉案件，由上海市高级法院审理。其后，我国又设立了北京金融法院和成渝金融法院。截至 2024 年，我国共有三家金融法院。

1. 双方均为军人的案件，只能由军事法院[1]管辖。
2. 海商、海事案件，只能由海事法院管辖。

核心考点 026 协议管辖 ★★★★★

协议管辖，是指当事人用协议的方式确定管辖的法院。规定协议管辖的立法目的是方便当事人诉讼，体现对当事人诉讼主体的尊重，有利于纠纷得到及时解决。协议管辖要满足以下条件：

一、审级

只能协议选择第一审案件的管辖法院。

二、案由

只有合同或其他财产权益纠纷可以协议管辖，如因同居或离婚、解除收养关系发生的财产争议可协议管辖。

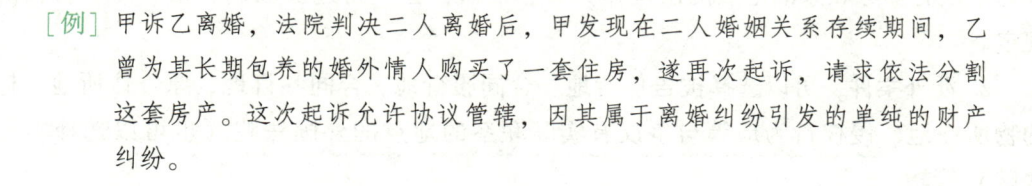

[例] 甲诉乙离婚，法院判决二人离婚后，甲发现在二人婚姻关系存续期间，乙曾为其长期包养的婚外情人购买了一套住房，遂再次起诉，请求依法分割这套房产。这次起诉允许协议管辖，因其属于离婚纠纷引发的单纯的财产纠纷。

三、形式

必须采用书面协议，口头协议无效。
用格式条款订立管辖协议，必须采用合理方式提醒消费者注意，否则该管辖协议无效。

[例] 孙某某因在某购物网站购买彩色激光打印机，与某电子商务公司产生纠纷。因收货地位于张家港市法院辖区，孙某某以该电子商务公司为被告向张家港市法院提起诉讼。该电子商务公司提出管辖权异议，认为孙某某在该购

---

[1] 军事法院（Military Court）是国家设立在军队中的审判机关。我国在中国人民解放军中设立的审判机关，属于国家审判体系中的专门法院。我国的军事法院分三级设置，从高到低依次是：中国人民解放军军事法院、五大战区和总直属军事法院、区域军事法院。

物网站注册用户时，点击同意了该网站的《会员章程》及网站规则，而《会员章程》第 13 条约定"若您和本网站就《会员章程》的订立和履行等事宜产生争议，您和本网站一致同意将相关争议提交本网站所在地（江苏省南京市玄武区）相应级别的法院管辖"（该部分字体加黑），故本案应移送至其所在地法院审理。法院经审理认为，在《会员章程》中存在大量其他加黑条款的情况下，该电子商务公司对管辖权条款仅采用字体加黑方式处理，管辖权条款与其他加黑条款并无明显区别，加之网站页面与纸质介质相比，字体加黑的提示注意功能降低，尚不足以引起消费者的合理注意，应当认定经营者未尽到合理提请消费者注意的义务，该管辖条款无效。

四、对象

只能协议选择地域管辖，不能协议选择级别管辖。

五、范围

1. 可以选择被告住所地、合同履行地、合同签订地、原告住所地、标的物所在地等与争议有实际联系的地点的法院作为管辖法院，但不得违反级别管辖和专属管辖的规定。

2. 涉外案件，可以选择被告住所地、合同履行地、合同签订地、原告住所地、标的物所在地、侵权行为地等与争议有实际联系的地点的外国法院（也可以选择本国法院）管辖。

需要注意的是，若双方当事人协议选择了由国内的法院管辖相关纠纷，则国外的法院对此纠纷就不可以再管辖。

考点提示

涉外协议管辖可选择的法院的范围比国内协议管辖要广，其他方面和国内协议管辖的规定是一致的。

3. 约定由住所地法院管辖，而当事人住所地变更的，应以原住所地为准；另有约定的除外。

模拟训练

住在 A 地的甲和住在 B 地的乙约定，将来发生纠纷由甲住所地法院管辖。后来甲的户籍迁

到了 C 地。

Q：哪个法院对本案有管辖权？

A：本案存在协议管辖，订立协议时，甲的住所地为 A 地，当事人当时的真实意愿是由 A 地法院管辖，在没有新协议的情况下，仍应由 A 地法院管辖。

六、方式

协议中应明确选择一个管辖法院。如选择了 2 个以上法院，协议也有效，原告起诉时可以再自由选择。

七、效力

1. 协议管辖违反专属管辖和级别管辖的无效。
2. 主合同转让，协议管辖对受让人有效。但转让时受让人不知道有管辖协议或者另有约定且原合同相对人同意的除外。

[例] 住在 A 地的甲和住在 B 地的乙签订买卖合同，同时约定，将来发生纠纷由甲住所地法院管辖。后来，乙将合同权利转让给了丙。此时，"将来发生纠纷由甲住所地法院管辖"的这个协议，原则上对丙依然有效。

真题小试

主要办事机构在 A 县的五环公司与主要办事机构在 B 县的四海公司于 C 县签订购货合同，约定：货物交付地在 D 县；若合同的履行发生争议，由原告所在地或者合同签订地的基层法院管辖。现五环公司起诉要求四海公司支付货款。四海公司辩称已将货款交给五环公司业务员付某。五环公司承认付某是本公司业务员，但认为其无权代理本公司收取货款，且付某也没有将四海公司声称的货款交给本公司。四海公司向法庭出示了盖有五环公司印章的授权委托书，证明付某有权代理五环公司收取货款，但五环公司对该授权书的真实性不予认可。根据案情，法院依当事人的申请通知付某参加（参与）了诉讼。对本案享有管辖权的法院包括：（2015/3/95-任）[1]

---

[1] AC。本案属于典型的合同争议，属于财产纠纷。题目中表明"若合同的履行发生争议，由原告所在地或者合同签订地的基层法院管辖"，说明存在协议管辖。而原告住所地和合同签订地都是法定可以协议管辖的法院范围，且同时选择两个法院的协议管辖也是有效的，说明本案的协议管辖有效。

协议管辖优先于合同案件的特殊地域管辖适用。所以，本案应由原告所在地或者合同签订地法院管辖。本案中，五环公司起诉，故 A 县法院为原告所在地基层法院。另外，C 县法院为合同签订地基层法院。故 AC 项当选。

A. A县法院　　　　　　　　　B. B县法院
C. C县法院　　　　　　　　　D. D县法院

核心考点 027　合同案件的特殊地域管辖[1] ★★★★★

一、原则

应由**合同履行地**或**被告住所地**法院管辖。

（一）合同履行地确定规则

1. 有约定，从约定。
约定了合同履行地的，以约定地作为合同履行地。

[例] Q：甲、乙签订合同，约定在 A 地履行，结果实际在 B 地完成了履行。履行地是哪里？

A：A 地。有约定，从约定。

2. 无约定，从法定。
无约定或约定不明时，能够即时结清的合同，以**交易行为地**作为履行地。
但多数合同纠纷都是由不能即时结清导致。不能即时结清的合同，按照如下规则确定合同履行地：
（1）给付货币的合同，以**接收货币**一方所在地作为履行地。
（2）给付不动产的合同，以**不动产所在地**作为履行地。
（3）租赁合同，以**租赁物使用地**作为履行地。
（4）网络购物合同
❶通过网络交付的，以**买受人住所地**作为履行地；
❷通过其他方式交付的，以**收货地**作为履行地。
（5）其他合同，以**履行义务**一方所在地作为履行地。

（二）被告住所地确定规则

被告户籍所在地为被告住所地，有经常居住地的，经常居住地法院优先管辖。

---

[1] 特殊地域管辖，又称特别地域管辖，是指以被告住所地、诉讼标的物所在地、法律事实所在地为标准确定的管辖。换言之，特殊地域管辖是法律明确规定了某类纠纷的管辖法院，确定管辖的方式不是原告就被告，而是以被告住所地、诉讼标的物所在地、法律事实所在地为标准。

二、例外：由被告住所地法院管辖

合同约定了履行地，但未实际履行，当事人双方住所地又都不在合同约定的履行地的，只能由被告住所地法院管辖。

口诀：有约定+未履行+不重合

注意：只有同时满足了以上三个条件，才只能由被告住所地法院管辖。

[例] 居住在甲市的吴某与居住在乙市的王某在丁市签订了一份协议，吴某将一幅字画以 10 万元的价格卖给王某，并约定双方在丙市一手交钱一手交货，后吴某反悔，并电告王某已将字画卖给他人。

Q：王某若想追究吴某的违约责任，应向何地法院起诉？

A：本案显然属于买卖合同纠纷，故按照合同案件的管辖方法确定管辖法院。

按照特别法优先于一般法的适用方法，应先考虑是否存在合同案件管辖的例外情况。

首先，本题中，双方当事人约定在丙市履行，丙市就是合同约定的履行地，符合"有约定"的要求；其次，"后吴某反悔，并电告王某已将字画卖给他人"说明合同没有实际履行，满足"未履行"的要求；最后，合同约定的履行地丙市和原告的住所地乙市、被告的住所地甲市都不重合，满足"不重合"的要求。既然有约定、未履行且不重合，就应由被告住所地这一个地方的法院管辖。

综上，王某应向被告住所地甲市法院起诉。

考点提示

```
                    合同案件的管辖
                   /              \
         由合同履行地或          由被告住所地
         被告住所地法院管辖      法院管辖
          /          \          （要满足有约定、未履
    合同履行地     被告住所地    行、不重合三个条件）
     /    \       （经常居住地优先）
 有约定，  无约定，
 从约定    从法定
```

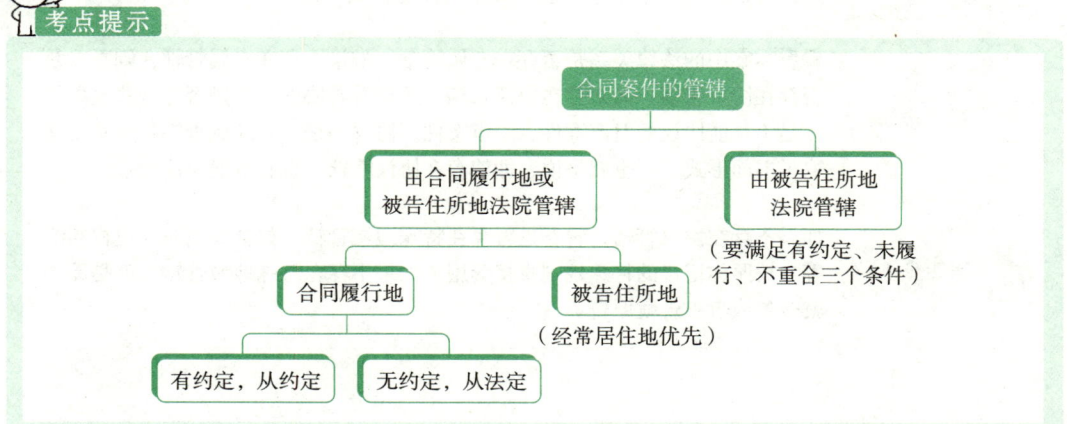

管辖问题的解题思路如下：

专属管辖 → 协议管辖 → 特殊地域管辖 → 一般地域管辖

模拟训练

甲县居民刘某与乙县大江房地产公司在丙县售房处签订了房屋买卖合同，购买了大江房地产公司在丁县所建的住房一套。双方约定若因合同履行发生纠纷，可以向甲县法院或者丙县法院起诉。后双方因房屋面积发生争议，刘某欲向法院起诉。

Q：哪里的法院有管辖权？

A： 首先，考虑专属管辖，本案属于商品房买卖合同纠纷，不存在专属管辖。

其次，考虑协议管辖，本案属于合同纠纷，可以协议管辖，题目中也存在协议管辖，即"向甲县法院或者丙县法院起诉"的约定，其中，甲县是原告住所地，丙县是合同签订地，约定两个法院作为管辖法院是有效的。

因此，本题中，刘某可以向甲县法院或者丙县法院起诉。

既然协议管辖有效，就不需要再考虑特殊或者一般地域管辖。

解题技巧

具体到题目中：①本案中，何法院有管辖权？②本案中，××法院是否有地域管辖权？解这两类问题，要分四步：

第一步 确定当事人。（即使问的是管辖问题，也要从当事人入手，不能上来就处理管辖问题）

第二步 判断诉讼标的。本案中的法律关系具体是什么。

第三步 看看本案中的法律关系是否存在专属管辖。如果不存在专属管辖，则看看是否存在协议管辖。如果存在协议管辖，还要看看协议管辖是否符合法定条件（是不是能协议的财产案件、一审案件，协议的是不是地域管辖，是不是采取了书面形式）。也就是说，即使存在协议管辖，也有可能协议无效。

第四步 如果不存在协议管辖，看看是否存在特殊地域管辖，如合同纠纷、侵权纠纷等，按照你记忆的特殊规则直接套用。如果不存在特殊地域管辖，就是原告就被告或者被告就原告。

核心考点 028　侵权案件的特殊地域管辖 ★★★★

一、侵权纠纷

侵权纠纷，由侵权行为地或被告住所地法院管辖。侵权行为地包括侵权行为实施地和侵权结果发生地。一般情况下，侵权行为地和被告住所地是一致的，但在有的情况下，侵权行为地和被告住所地是在 2 个以上法院辖区内，此时，当事人可以选择向其中一个法院起诉。

[例] 甲司机和乙司机在公路上因剐蹭发生口角，甲司机对乙司机不停辱骂，乙司机在骂声中手舞足蹈，并对甲司机做鬼脸。甲司机被气晕，家属将其送至医院，后抢救无效，心梗死亡。家属以侵权纠纷为由将乙司机诉至法院。本案中，剐蹭发生的公路所在地为侵权行为实施地，医院所在地为侵权结果发生地。

二、产品质量侵权纠纷

产品质量侵权纠纷，由产品制造地、产品销售地、侵权行为地或被告住所地法院管辖。要注意，产品质量侵权纠纷也被称为产品缺陷纠纷。产品缺陷，是指产品存在危及人身、他人财产安全的不合理的危险，具体包括存在于产品的设计、原材料和零部件、制造装配或说明指示等方面的，未能满足消费或使用产品所必需的合理安全要求的情形。在民法上，产品缺陷会引发请求权基础竞合，消费者可以选择提起违约之诉或者侵权之诉。

而产品瑕疵则不然，产品瑕疵仅指产品不具备良好的特征或特性，不符合在产品或其包装上注明采用的产品标准，或者不符合产品说明、实物样品等表明的质量状况。对由产品瑕疵引起的纠纷，消费者只能提起违约诉讼。

三、服务质量侵权纠纷

服务质量侵权，是指经营者在提供服务时因服务方式不当、服务设施不安全、服务环境恶劣或用于服务的商品存在缺陷等导致消费者人身或者财产损害的行为。

服务质量侵权纠纷，由服务提供地、侵权行为地或被告住所地法院管辖。

四、网络侵犯人身权纠纷

网络侵权行为是指在网络环境下所发生的侵权行为。网络侵权行为与传统侵权行

为在本质上是相同的，即指行为人由于过错侵害他人的财产或人身权利，依法应当承担民事责任的行为。《民法典》第 1194 条规定，网络用户、网络服务提供者利用网络侵害他人民事权益的，应当承担侵权责任。换言之，网络侵权责任是指侵权行为人以网络为手段和工具实施侵权行为所应当承担的民事责任。网络侵权行为的责任主体多涉及网络用户和网络服务提供者。

其中，利用网络侵害他人的人身权又以侵犯人格权为主，主要表现为：①盗用或者假冒他人姓名，侵害姓名权；②未经许可使用他人肖像，侵害肖像权；③发表攻击、诽谤他人的文章，侵害名誉权；④非法侵入他人电脑、非法截取他人传输的信息、擅自披露他人个人信息、大量发送垃圾邮件，侵害隐私权；等等。

网络侵犯人身权纠纷，由侵权行为实施地（包括实施侵权行为的设备所在地）、侵权结果发生地（包括被侵权人住所地）或被告住所地法院管辖。

低频考点 029　运输案件的特殊地域管辖 ☆

一、运输合同纠纷

因铁路、公路、水上、航空运输和联合运输合同纠纷提起的诉讼，由运输始发地、目的地或者被告住所地法院管辖。铁路、公路、水上、航空运输和联合运输合同纠纷，主要是指货物运输或旅客运输过程中发生事故造成财产或人身损害而引发的纠纷，如运输过程中货物、行李、物品发生灭失、损毁等。

二、交通事故损害赔偿纠纷（运输侵权纠纷）

运输侵权纠纷，由事故发生地，车辆、船舶最先到达地，航空器最先降落地或被告住所地法院管辖。

车辆、船舶最先到达地，习惯上是指车辆碰撞后的最先停运地、船舶碰撞后最先靠岸的地方，和行程的目的地往往不一致。

> **口诀**
> 合同看始终
> 事故到现场

[例] 从上海前往重庆的一艘船在长江流域行驶时，在南京与某船发生碰撞事故，后该船坚持航行到了九江港，无法再继续前行，"惨叫"一声后停靠在了九江港。本例中，九江港就是船舶最先到达地。

模拟训练

王某乘坐 A 市东风公司的长途汽车从 B 市到 C 市，途经 D 市时，被 E 市胜利公司的货车撞伤。经认定，货车全责。

Q：王某若以合同纠纷起诉，何地法院有管辖权？若以侵权纠纷起诉，何地法院有管辖权？

A：合同纠纷由A、B、C市法院管辖。B市是始发地，C市是目的地，这是"看始终"，再加上被告住所地A市，三地法院都可以管。注意，合同纠纷，应起诉承运人东风公司。

侵权纠纷由D、E市法院管辖。D市是事故发生地，E市是被告住所地。注意，侵权纠纷，应起诉侵权人胜利公司。

低频考点 030 海事案件的特殊地域管辖 ☆☆

一、船舶碰撞或其他海事损害事故纠纷

船舶碰撞或其他海事损害事故纠纷，应由船舶碰撞发生地、碰撞船舶最先到达地、加害船舶被扣留地或者被告住所地法院管辖。

二、海难救助纠纷[1]

海难救助纠纷，应由救助地、被救助船舶最先到达地法院管辖。海难救助，是指由外力对遇难的船舶及船上的人员和财产的救助，而不论此种救助发生在何水域。救助人经过努力使被救财产全部或部分脱险，被救财产所有人应当支付适当的救助报酬，该救助报酬称为海难救助费用。救助地，是指实行救助（或捞救）行为或救助结果发生的地点。

海难救助纠纷，由救助地或者被救助船舶最先到达地法院管辖，这是为了便于案件的审理和执行。

三、共同海损纠纷[2]

共同海损，是指船舶在航运中发生海难或者其他意外事故，船主为了使船舶、货物脱险而采取措施（如抛弃部分货物、拆卸船舶部分设备）所造成的特殊损失和支出的特殊费用。对于共同海损所造成的损失和开支，按照海损理算规则清算后，由被抢救脱险财产的全体受益人分摊。

共同海损纠纷，由受损船舶最先到达地、共同海损理算地或者航程终止地法院管辖。

---

[1] 因海难救助合同、海难救助报酬产生的纠纷，属于海难救助纠纷的范畴。
[2] 共同海损纠纷，是指在同一海上航程中，船舶、货物和其他财产遭遇共同危险，为了共同安全，有意地合理采取措施所直接造成的特殊牺牲、支付的特殊费用，因此而产生的纠纷。

模拟训练

下列哪一类案件可以由被告住所地法院管辖？[1]

A. 专利侵权案件　　　　　　　　B. 海难救助费用案件
C. 共同海损案件　　　　　　　　D. 遗产继承案件

低频考点 031 公司诉讼的特殊地域管辖 ☆☆

一、公司诉讼

公司诉讼，应由<u>公司住所地法院</u>管辖。公司设立、确认股东资格、分配利润、解散等纠纷在民事诉讼中经常发生，多数都是公司组织方面的诉讼，涉及与公司相关的多数利害关系人的法律关系的变动，且胜诉判决对不特定人有效。为避免管辖争议，方便当事人诉讼，也为防止矛盾裁判的产生，公司诉讼被确定由公司住所地法院管辖。

二、公司诉讼包括的十种案件

01 和公司主体有关的案件
公司设立、解散、分立或合并、变更登记纠纷。

02 和公司行为有关的案件
公司决议、分配利润、增减资纠纷。

03 和公司股东有关的案件
公司确认股东资格、股东名册记载、股东知情权纠纷。

口诀
设立和解散
决议知情权
名利增减资
分合资格变

背诵要点 公司诉讼当事人的确定（这些内容是由公司法规定的，我们帮忙总结一下）

1. 规律：基本都是股东告公司。
2. 若董事、监事、高管侵害公司利益，则公司告董事、监事、高管；公司不起诉的，股东告董事、监事、高管。

---

[1] A。对公民提起的民事诉讼，由被告住所地法院管辖；被告住所地与经常居住地不一致的，由经常居住地法院管辖。因此，只要法律没有特殊规定，对于一般案件都适用被告住所地法院管辖。但是，海难救助纠纷、共同海损纠纷、海洋环境污染公益诉讼，被告住所地法院没有管辖权。遗产继承纠纷属于专属管辖，由主要遗产所在地或被继承人死亡时住所地法院管辖，因此，被告住所地法院没有管辖权。

诉讼类型	原告	被告	备注
解散公司诉讼	股东	公司	原告以其他股东为被告一并提起诉讼的，人民法院应当告知原告将其他股东变更为第三人
请求分配利润之诉	股东	公司	一审法庭辩论终结前，其他股东基于同一分配方案请求分配利润并申请参加诉讼的，应当列为共同原告
股东代表诉讼	股东	侵害公司利益的董事、监事、高管等	列公司为第三人；一审法庭辩论终结前，符合法定条件的其他股东，以相同的诉讼请求申请参加诉讼的，应当列为共同原告
撤销公司决议之诉	股东	公司	一审法庭辩论终结前，其他有原告资格的人以相同的诉讼请求申请参加诉讼的，可以列为共同原告
认定决议不成立/无效之诉	股东、董事、监事	公司	对决议涉及的其他利害关系人，可以依法列为第三人
股东知情权之诉	股东		——

低频考点 032　保险合同纠纷、票据纠纷和监护纠纷的特殊地域管辖 ☆

一、保险合同纠纷

1. 保险合同纠纷

保险合同纠纷，由保险标的物所在地或者被告住所地法院管辖。

2. 人身保险合同纠纷

人身保险合同纠纷，由被保险人住所地或者被告住所地法院管辖。

3. 保险标的物是运输工具或在途货物的财产保险合同纠纷

保险标的物是运输工具或在途货物的财产保险合同纠纷（标的物是流动的），由运输工具登记注册地、运输目的地、保险事故发生地或者被告住所地法院管辖。

二、票据纠纷

票据纠纷，由票据支付地或被告住所地法院管辖。

票据支付地，是指票据上载明的付款地。票据上未载明付款地的，支付地一般是指汇票付款人或者代理付款人的营业场所所在地、住所地或者经常居住地，本票出票人的营业场所所在地，支票付款人或者代理付款人的营业场所所在地。代理付款人，即付款人的委托代理人，是指根据付款人的委托代为支付票据金额的银行、信用合作社等金融机构。

三、不服指定监护或变更监护关系的纠纷

不服指定监护或变更监护关系的纠纷，由<u>被监护人住所地或被告住所地法院管辖</u>。

低频考点 033　选择管辖 ☆

选择管辖，是指依照法律规定，对同一个案件 2 个以上法院都有管辖权的，当事人可以选择其中一个法院作为管辖他们争议的法院。

从法院的角度看，这些有管辖权的法院可以对该案件共同管辖；从当事人的角度看，当事人可以选择其中的某个法院管辖。

选择管辖的含义如下：

1. 若多个法院对同一个案件都有管辖权，当事人可以<u>任意选择向其中一个法院起诉</u>。
2. 若当事人同时向多个法院起诉，由<u>最先立案的法院管辖</u>。
3. 后接到起诉状的法院，若知道其他法院已经在先立案，<u>不得再重复立案</u>。
4. 不知道其他法院已立案的法院，立案后发现其他有管辖权的法院已先立案的，应裁定将案件移送给先立案的法院。

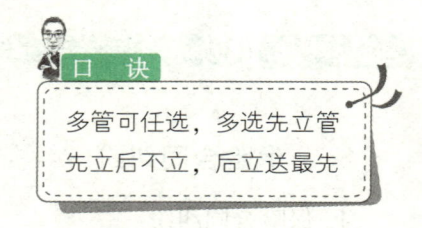

口诀

多管可任选，多选先立管
先立后不立，后立送最先

低频考点 034　涉外案件的牵连管辖 ☆

因涉外民事纠纷，对在中国领域内没有住所的被告提起除身份关系以外的诉讼，合同签订地、合同履行地、诉讼标的物所在地、可供扣押财产所在地、侵权行为地、代表机构住所地位于中国领域内的，可以由合同签订地、合同履行地、诉讼标的物所在地、可供扣押财产所在地、侵权行为地、代表机构住所地人民法院管辖。

除以上情形外，涉外民事纠纷与中国存在其他适当联系的，可以由人民法院管辖。

> **考点提示**
>
> 即便被告在中国领域内没有住所，只要财产纠纷和中国有所牵连，中国法院就可以管辖。

专题 11　裁定管辖和管辖权恒定

核心考点 035　移送管辖 ★★★★

移送管辖，是指法院受理案件后，发现自己对案件没有管辖权，依法将案件移送到有管辖权的法院审理的制度，是管辖错误的法院在受理案件后的一种纠正措施。

受理法院（已受理）──移送──→ 受移送法院
　　无管辖权　　　　　　　　　　有管辖权

一、移送前提

移送案件的法院已经受理案件；若法院未受理案件，则作出不予受理的裁定即可。

二、移送实质

从无到有——从没有管辖权的法院移送到有管辖权的法院，这样的移送管辖才是正确的。

三、移送类型

可以在不同地域的法院之间移送，也可以在不同级别的法院之间移送。

四、受移送法院的处理

受移送法院认为自己无管辖权的，不能再次自行将案件移送回原法院或移送至第三方法院，而是要报请自己上级法院指定管辖。这样规定的目的是防止案件被反复移送，拖延诉讼时间，使当事人的诉讼权利不能及时行使，致使当事人的合法权益得不到及时保护。

核心考点 036　管辖权转移 ★★★

管辖权转移，指的是上级法院有权审理下级法院管辖的第一审民事案件，也可以把本院管辖的第一审民事案件交下级法院审理。下级法院对它所管辖的第一审民事案件，认为需要由上级法院审理的，可以报请上级法院审理。管辖权转移的实质是从有到无，经过上级法院的决定或者同意，将案件的管辖权从原来有管辖权的法院转移至没有管辖权的法院，使无管辖权的法院取得管辖权。

在管辖权转移中，转移的是案件和管辖权，而不仅仅是案件，作用在于级别管辖的变通：审理下级案件一般有利于疑难新型案件的正确处理和形成普遍法律指导，将案件交下级审理可以分担工作量，便于查清事实。

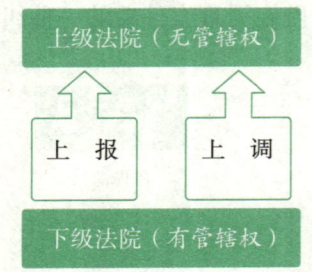

一、上报型

下级法院报请上级法院批准将应由自己审理的案件交给上级法院审理。

二、上调型

上级法院自行裁定审理应由下级法院审理的案件。

三、报批下放型

确有必要，上级法院可以在开庭前，报自己的上级法院批准后，裁定将应由自己审理的案件交下级法院审理。

可以交下级法院审理的案件包括三类：
1. 破产程序中有关债务人的诉讼案件。
2. 环境民事公益诉讼案件。
3. 当事人人数众多且不方便诉讼的案件。

> **注意**
>
> 管辖权转移只能在上下级法院之间转移,不能在同级法院之间转移。

总结梳理 移送管辖与管辖权转移的区别

	移送管辖	管辖权转移
移送实质	从无到有	从有到无
移送内容	案件	案件和管辖权
移送作用	纠正管辖错误	变通管辖
适用对象	级别、地域	级别
移送条件	直接移送	需要上级同意、决定或报自己上级批准

核心考点 037　指定管辖 ★★

指定管辖,是指上级法院以裁定的方式指定其下级法院对某一案件行使管辖权。需要指定管辖的情形有两种:

一、特殊原因导致有管辖权的法院不能行使管辖权

此时,应由上级法院指定能行使管辖权的法院来管辖。

所谓"特殊原因",既包括法律方面的原因,也包括事实方面的原因。法律方面的原因,主要是指法律规定的情形,如有管辖权的法院的审判人员被当事人申请回避或自行回避,无法组成合议庭等;事实方面的原因,主要表现为有管辖权的法院因客体原因,如发生台风、地震等,不能依法行使审判权。遇到这些原因,应当由其上级法院指定某一下级法院管辖,使无管辖权的法院通过上级法院的指定而取得管辖权。

二、处理管辖权争议

管辖权争议包括法院之间因为共同管辖或者当事人向不同的有管辖权的法院提起诉讼而引起的管辖权争议。无论何种原因引起的管辖权争议,首先应由发生争议的法院之间协商解决,确定案件由其中某一法院管辖。如经协商解决不成,再报它们的共同上级法院指定管辖。

所谓共同上级法院,是指发生争议的法院的直接上一级法院。例如,同一城市的

两个基层法院，它们的共同上级法院是市中级法院；不同省份的两个基层法院，它们的共同上级法院是最高法院。

核心考点 038 管辖权异议 ★★★★★

管辖权异议，是指当事人向受诉法院提出的该法院对案件没有管辖权的主张。

一、主体

1. 一般只能由被告提出管辖权异议；特殊情况下，原告也可以提出管辖权异议。
2. 第三人不允许提出管辖权异议。

二、对象

可以针对一审的地域管辖和级别管辖提出管辖权异议。

三、时间

原则上，应在一审诉讼程序中的答辩期内提出。

注意

- 必须在一审程序中提出，二审、发回重审和再审程序中都不能提出。
- 必须在一审答辩期（一般为15日）内提出。

（一）视为应诉管辖的情形

当事人未提出管辖异议，并应诉答辩（不异议并答辩）或者提出反诉的，视为受诉法院有管辖权，但违反级别管辖和专属管辖规定的除外。

此规定是对于应诉管辖的具体规定。应诉管辖，又称默示管辖、推定管辖，是指双方当事人无管辖协议，但对于原告选择起诉的法院，被告未就管辖权提出异议并无条件应诉，推定受理案件的法院具有管辖权。当然，应诉管辖不能违反专属管辖、专门管辖和级别管辖的规则。

2023年修正后的《民事诉讼法》增加了一类可以推定应诉管辖成立的方式，即被告针对本诉向受理法院提出反诉。该新增的方式很好理解，因为根据诉讼法理论通说，反诉的前提条件就是被告认可法院对本诉具有管辖权，当然，另外还需要满足互为原被告、诉讼标的同一或者高度关联等具体要求。

此外，正因为有应诉管辖制度的存在，在一审程序中，若当事人没有提出管辖权异议，一审法院就此取得了对案件的管辖权，所以，在二审、发回重审和再审程序中就都不能提管辖权异议了。

模拟训练

2011年7月11日，甲市升湖区法院受理了黎明丽诉张成功离婚案。7月13日，升湖区法院向张成功送达了起诉状副本。7月18日，张成功向升湖区法院提交了答辩状，未对案件的管辖权提出异议。8月2日，张成功向升湖区法院提出管辖权异议申请，称其与黎明丽已分居2年，分别居住于甲市安平区各自父母家中。甲市升湖区法院以其管辖权异议超过申请期限为由，裁定驳回了张成功的管辖权异议申请。后升湖区法院查明情况，裁定将案件移送至安平区法院。

Q： 升湖区法院驳回管辖权异议是否正确？移送管辖是否正确？

A： 升湖区法院于7月13日向被告张成功送达了起诉状副本，张成功进入答辩期。答辩期有15天，从7月14日开始算答辩期的第一天，7月28日是答辩期最后一天。所以，7月18日尚在答辩期之内。张成功于7月18日"向升湖区法院提交了答辩状，未对案件的管辖权提出异议"，符合了应诉管辖的要件，其法律效果是升湖区法院取得了管辖权。

要注意，答辩期本来到7月28日截止，但是在7月18日张成功提交了答辩状，答辩期就届满了（什么时候答辩，答辩期就什么时候结束）。所以，张成功于8月2日提出管辖权异议已经逾期，升湖区法院不应支持。

移送管辖要求从无到有，升湖区法院有管辖权，就不应再主动移送管辖，该移送管辖是错误的。

（二）不视为应诉管辖的情形

若当事人未应诉答辩，也未提管辖异议（不异议、不答辩），不能视为当事人认可了该法院的管辖权。

答辩期结束后，当事人丧失了提出管辖权异议的权利；但若法院发现管辖错误，可以依职权移送管辖。

考点提示

- 只异议+不答辩＝要处理管辖权异议
- 既异议+也答辩＝要处理管辖权异议
- 只答辩+不异议＝视为该法院取得管辖权
- 不答辩+不异议＝不能认为该法院取得管辖权（因为当事人什么都没干）

四、程序

法院对异议进行审查，应在 15 日内作出裁定。异议成立的，移送管辖；异议不成立的，裁定驳回。

五、救济

当事人不服管辖权异议裁定，可在 10 日内针对该裁定向上级法院上诉。

真题小试

法院受理案件后，被告提出管辖异议，依据法律和司法解释规定，其可以采取下列哪些救济措施？（2016/3/78-多）[1]

A. 向受诉法院提出管辖权异议，要求受诉法院对管辖权的归属进行审查
B. 向受诉法院的上级法院提出异议，要求上级法院对案件的管辖权进行审查
C. 在法院对管辖异议驳回的情况下，可以对该裁定提起上诉
D. 在法院对案件审理终结后，可以以管辖错误作为法定理由申请再审

核心考点 039 管辖权恒定原则 ★★★★

管辖权恒定原则，是指法院对某个民事案件是否有管辖权，以起诉时为标准，起诉时对案件享有管辖权的法院，不因确定管辖的因素在诉讼过程中发生变化而丧失管辖权，包括级别管辖恒定和地域管辖恒定。

口诀
地域恒定永不变
级别区分主客观

一、级别管辖恒定

起诉时对案件有级别管辖权的法院，不会因为客观原因导致确定管辖的因素变化而丧失级别管辖权，但会因为当事人主观行为导致确定管辖的因素变化而丧失级别管辖权。

1. 诉讼中客观因素发生变化导致诉讼标的额有所增减的，受诉法院不因此丧失级

---

[1] AC。本题考查的是管辖权异议的提出和救济。被告提出管辖权异议，应向受理（受诉）法院提出。所以，A 项当选，B 项不当选。管辖权异议被裁定驳回的，可以对该裁定提起上诉。所以，C 项当选。2012 年《民事诉讼法》修正生效后，管辖错误已经不再是申请再审的法定事由，也就是说，不得以管辖错误为由去申请再审，这一点在后面再审部分我还会再进行讲解。所以，D 项不当选。值得注意的是，即便违反专属管辖和级别管辖的案件，也不能以管辖错误作为法定理由申请再审。

别管辖权，原来受理案件的法院可以继续审理。

2. 当事人在诉讼中反诉、增加或变更诉讼请求（属于当事人的主观行为）的，受诉法院会丧失级别管辖权，原来受理案件的法院需要移送管辖。

二、地域管辖恒定

起诉时对案件有地域管辖权的法院，不管确定管辖的因素如何变化（包括主观和客观原因），都永远不会丧失地域管辖权。

1. 当事人在诉讼中反诉、增加或变更诉讼请求（属于当事人的主观行为）的，受诉法院不因此而丧失地域管辖权，原来受理案件的法院可以继续审理。

2. 诉讼中当事人住所地、经常居住地、行政区划变更的，受诉法院不因此丧失地域管辖权，原来受理案件的法院可以继续审理。

背诵要点

解决法院裁定管辖类的题目谨记如下重要规则即可：
按照前面讲的管辖规则，判断出法院真的没有管辖权之后：
1. 法院可以移送管辖，当事人可以提出管辖权异议。
2. 若当事人不提管辖权异议，且应诉答辩了，就视为法院有管辖权。此时，当事人不能再提管辖权异议，法院也不能移送管辖。
3. 若法院本来有管辖权，后来确定管辖的因素变了，则基于管辖权恒定原则，法院依然不需要移送管辖。
4. 若因移送管辖产生争议，就需要上级法院指定管辖。

模拟训练

2008 年 7 月，家住 A 省的陈大因赡养费纠纷，将家住 B 省甲县的儿子陈小诉至甲县法院，该法院受理了本案。2008 年 8 月，经政府正式批准，陈小居住的甲县所属区域划归乙县管辖。甲县法院以管辖区域变化而对本案不再具有管辖权为由，将本案移送至乙县法院。

Q： 甲县法院的移送管辖是否正确？

A： 移送管辖如果符合从无到有的要求就是正确的。本案是从甲县法院移送到乙县法院，所以，要讨论甲县法院有没有管辖权。

本案属于赡养费纠纷，应按照一般地域管辖的原则确定管辖法院，即应由被告住所地法院管辖。被告陈小住在甲县，所以，甲县法院有管辖权。但是，题目中又说，陈小居住的甲县所属区域的行政区划发生变更，划入了乙县。那么，甲县法院是否会丧失管辖权呢？记住我讲的"地域恒定永不变"，

你就知道答案了。受理时，甲县法院有地域管辖权，就永远不会丧失地域管辖权。故甲县法院依然可以管辖。所以，甲县法院将案件移送给乙县法院，就是从有到无，不符合移送管辖的规定，是错误的。

总结梳理

管辖类题目的解题思路

管辖问题是很多同学觉得杂乱和头疼的问题，因为管辖涉及法定和裁定、级别和地域等，非常复杂；同时，其知识脉络比较杂乱。对此，怎样形成清晰的思路，并运用科学的思路做题得分，是必须要掌握的技巧。

一、拿到题目，必须先确定法定管辖（搞清楚法律是怎么规定的）

1. 处理法定管辖问题的思路

（1）必须先考虑是否存在专属管辖；

（2）没有专属管辖，再考虑协议管辖（有协议管辖，要考虑协议是否有效）；

（3）没有协议管辖，再考虑特殊地域管辖；

（4）没有特殊地域管辖，再考虑一般地域管辖。

2. 专属管辖

不动产纠纷只有七种案件：

确权分割，施工相邻；政策买卖，承包租赁。

即：物权确权（纠纷）、物权分割（纠纷）、相邻关系（纠纷）；农村土地承包经营（合同纠纷）、房屋租赁（合同纠纷）、建设工程施工（合同纠纷）、政策性房屋买卖（合同纠纷）。

3. 协议管辖记忆要点

财产地域和书面，五个一审任意选。

4. 特殊地域管辖的重点

（1）合同案件：由合同履行地或被告住所地法院管

合同履行地：有约定，从约定；无约定，从法定。

- 能及时结清——交易行为地。
- 不能及时结清——需要还钱：接收货币一方所在地；
   网络购物：收货地/买受人住所地；
   租赁东西：租赁物使用地。

<u>但若合同没有实际履行，当事人双方住所地都不在合同约定的履行地，约定的履行地法院就不能管辖。</u>

（2）侵权案件：由侵权行为地或被告住所地法院管

侵权行为地=侵权行为实施地（生产地、销售地）+侵权结果发生地

5. 一般地域管辖

（1）原则是原告就被告。

（2）但被告出事：

❶口诀：强监黑户找不到，此时被告就原告（找不到，限于身份诉讼）；

❷口诀：离家1年离婚案，被告异地抚扶赡，原、被告地都可管。

（3）双方出事：仍然是原告就被告。

6. 特例：牵连管辖

牵连管辖在民事诉讼法中有两处应用：

（1）反诉牵连管辖：因为本诉和反诉之间有牵连关系，审理本诉的法院基于这种牵连关系可以取得对反诉的管辖权，此处不得违反专属管辖和级别管辖；

（2）涉外牵连管辖：只要涉外案件和中国有所牵连，中国法院就具有管辖权。

二、如果确定了法定管辖，但确定错了，该怎么办？

1. 法院可以主动移送管辖。

实质：从无到有——受理法院将案件移送到受移送法院，受移送法院认为自己没有管辖权的，不得再自行移送，应报自己上级法院指定管辖。

管辖恒定制约：起诉时有地域管辖权的法院，对案件一直有地域管辖权；起诉时有级别管辖权的法院，不会因为确定管辖因素因客观原因变化而丧失级别管辖权。

2. 移送后出现管辖权争议可以指定管辖。

受理法院将案件移送到受移送法院，受移送法院认为自己没有管辖权，与受理法院发生管辖权争议的，应协商，协商不成，报二者共同上级法院指定管辖。

3. 法院不主动移送，当事人可以提管辖权异议。

要求：被告一审答辩期，级别地域都能提。

管辖权异议成立，则移送管辖；异议被驳回，则可以上诉。

4. 不提管辖权异议或提出反诉，可能构成应诉管辖，反过来制约法院。

致努力中的你

路好不好走，也许你不能决定；

但走不走，却只有你能决定。

04 | 第四讲 >> 证据与证明

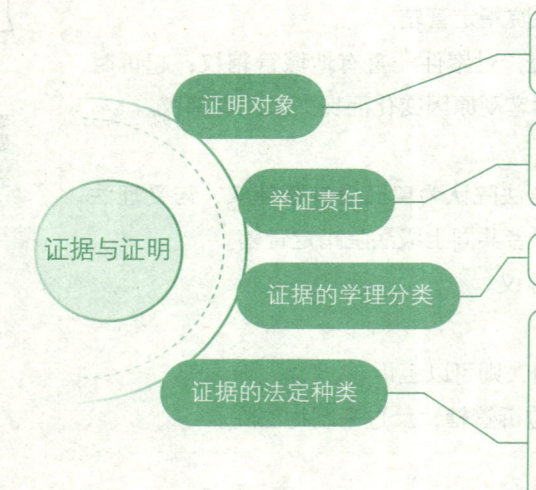

- 证据与证明
  - 证明对象
    - 低频考点40：待证事实 ☆☆
    - 核心考点41：自认 ★★★★★
  - 举证责任
    - 核心考点42：举证责任分配的基本理论 ★★★
    - 核心考点43：侵权案件的举证责任分配 ★★★★★
  - 证据的学理分类
    - 核心考点44：证据理论分类 ★★★
  - 证据的法定种类
    - 核心考点45：证据的三大基本属性 ★★
    - 核心考点46：鉴定意见和勘验笔录 ★★★
    - 核心考点47：证人证言 ★★★★
    - 核心考点48：当事人陈述 ★★
    - 核心考点49：电子数据和视听资料 ★★★
    - 核心考点50：书证和物证 ★★
    - 核心考点51：文书提出命令和最佳证据规则 ★★★★

专题 12　证明对象

低频考点 040　待证事实 ☆☆

待证事实,是指民事诉讼案件中需要证明的事实。除了不需要证明的案件事实(免证事实)外,其他事实都需要证明。根据 2019 年《最高人民法院关于民事诉讼证据的若干规定》(以下简称《民诉证据规定》)第 10 条的规定,下列事实,当事人无须举证证明:①自然规律以及定理、定律;②众所周知的事实;③根据法律规定推定的事实;④根据已知的事实和日常生活经验法则推定出的另一事实;⑤已为仲裁机构的生效裁决所确认的事实;⑥已为人民法院发生法律效力的裁判所确认的基本事实;⑦已为有效公证文书所证明的事实。前述第 2~5 项事实,当事人有相反证据足以反驳的除外;第 6、7 项事实,当事人有相反证据足以推翻的除外。

一、自然规律以及定理、定律

自然规律,是对客观事物在特定条件下所发生的本质联系和必然趋势的反映。它是人们通常所感知的客观现象及周而复始出现的具有内在必然联系的客观事物。

所谓定理、定律,是指在科学上、在特定条件下已被反复证明的客观规律和必然联系。诉讼中,当事人向法庭陈述的事实有时会涉及自然规律或科学定理、定律,如太阳东升西落、二十四节气周而复始、勾股定理、阿基米德定律等。

这些自然规律和定理、定律,都已经过生活事件或科学技术反复检验和证明,属客观存在的真理,可免除当事人提出证据的责任。对于自然规律以及定理、定律,不允许当事人提出反证推翻。

二、众所周知的事实

众所周知的事实,是指一定区域内为具有一定知识经验的一般人所共同知晓的常识性事实。例如,鸡有两条腿;中国的首都是北京;中秋节的传统习俗是吃月饼;等等。如果某事实仅为具有特定职业或地位的人知悉,而非为一般人知晓,则其不属于众所周知的事实。事实是否众所周知,应从具体社会生活是否依通常知识或经验所知悉而定。

对众所周知的事实，当事人无须提供证据加以证明，法院即应直接确认其存在与否。无须提供证明，这种认定方式在诉讼法理论中属于"法院司法认知"的范畴。司法认知，通常是指法官就某些特定的待证事实在审判上直接加以确认，从而免除当事人举证责任的一种证明方式。就司法认知的功能而言，它是指在诉讼上就众所周知的事实以及属于法官职务上所轻易了解的事实，无须当事人提供证据加以证明或就此事实无须提交法庭辩论，便由法官在审判上直接加以确认的裁判制度。

对于众所周知的事实，允许当事人提出反证对其进行反驳。

三、根据法律规定推定的事实以及根据已知的事实和日常生活经验法则推定出的另一事实

根据法律或经验法则推定出的事实是什么？

在民事诉讼法理论上，根据推定发生的依据不同，可将其分为法律推定和事实推定。

法律推定体现在《民诉证据规定》第10条第1款第3项"根据法律规定推定的事实"。法律推定是由法律明文确立的推定，当出现符合法律规范条件的事实时，就可以直接依据该法律规范推断出待推定事实。

[例]《民法典》第623条规定，当事人对检验期限未作约定，买受人签收的送货单、确认单等载明标的物数量、型号、规格的，推定买受人已经对数量和外观瑕疵进行检验，但是有相关证据足以推翻的除外。因买受人收到标的物时应当在约定的检验期限内检验，在对是否进行了检验的事实出现争议的时候，则依据《民法典》第623条的规定，若存在买受人签收了送货单、确认单等文件的前提事实，就可以直接推定买受人已经对相关标的物进行了必要的检验。

而事实推定是指法院依据经验法则进行逻辑上的演绎，由已知事实（基础事实）得出待证事实（推定事实）真伪的结论。可以看下例：

[例]未婚女士殷某通过某社交网站认识了已婚男士张某，随后，二人同居生活1年有余。当殷某将已怀孕的消息告知张某后，张某人间蒸发。后殷某之子殷某某出生，殷某诉至法院，请求确认张某与殷某某之间的父子关系。张某称其没有与殷某同居，并否认与殷某某是父子关系。一审中，张某拒绝做亲子鉴定。一审法院经审理认为，结合张某拒绝做亲子鉴定的情况及殷某

提交的私密照片，可以推定张某与殷某某之间存在父子关系。因此，对于二人为亲生父子的事实，属于推定的事实，就不再需要证明。

可以使用反证来反驳推定事实，但反证必须充分、足够，当相反证据不足以反驳和否定推定事实时，法院应依法认定推定事实。

四、预决事实

预决事实，包括已为法院发生法律效力的裁判所确认的基本事实、已为仲裁机构的生效裁决所确认的事实和已为有效公证文书所证明的事实。

已为法院发生法律效力的裁判所确认的基本事实属于预决事实的范畴。该事实之所以不需要证明，是因为：①该事实已为法院经正当证明程序所查明，客观上无再次证明的必要；②该事实已为法院裁判所认定，且该裁判具有法律约束力。

[例] 杨某向法院主张自己购买的化肥质量不好，请求化肥公司赔偿，并向法院提交了本村吴某起诉该化肥公司的化肥质量有问题的生效判决书，判决书中认定了化肥质量有问题。杨某是否还需要就化肥的质量问题提出证据加以证明呢？按照上述规定，杨某不需要就化肥质量问题再提供证据加以证明，因为生效的判决书中确认的事实属于免证事实。

已为仲裁机构的生效裁决所确认的事实也属于预决事实的一种。仲裁裁决具有确定当事人权利义务关系的作用，生效仲裁裁决禁止当事人就同一事实申请后续的仲裁或诉讼，其法律效力与生效民事裁判发生的法律效力在确定当事人实体权利义务关系及有关程序上也是一致的。所以，若事实已为仲裁机构的生效裁决所确认，则当事人不需要再提供证据加以证明。

公证，是指公证机关依当事人的申请，代表国家依照法定程序证明法律行为、法律事实和文书的真实性和合法性的非讼法律活动。经公证证明的法律事实和文书，在民事诉讼中具有证据的效力，法院可用作定案依据，无须再由当事人举证证明。只要没有相反的证据足以推翻公证文书证明的事实，法院就应当径直将其作为确定案件事实的依据。

对于众所周知的事实、根据法律规定推定的事实、根据已知的事实和日常生活经验法则推定出的另一事实、已为仲裁机构的生效裁决所确认的事实这四项事实，当事人免于提供证据加以证明，但对方当事人可以提供相反证据进行反驳。而对于已为法院生效裁判所确认的基本事实、已为有效公证文书所证明的事实，否定这两类文书确认的事实需要证据的证明力达到推翻该事实的程度，也就是说，用来证明已为法院生效裁判所确认的基本事实、已为有效公证文书所证明的事实不成立的证据的证明力，要比证明众所周知的事实、推定的事实及已为仲裁机构的生效裁决所确认的事实不成立的证据的证明力高，推翻比反驳的难度要大。而对于确为自然规律及科学定理、定律的事实，则不允许当事人以相反证据推翻。

核心考点 041 自认 ★★★★★

自认，是指在诉讼过程中，一方当事人陈述于己不利的事实，或者对于己不利的事实明确表示承认。（《民诉证据规定》第3条第1款）

注意

自认承认的对象必须是事实，承认请求的，不是自认，而叫作"认诺"。

［例］原告：被告欠我5块钱（事实），我请求他还我钱（请求）。

被告A：我是欠原告钱。（这属于自认，承认事实）

被告B：我愿意给付原告钱。（这属于认诺，承认请求）

模拟训练

Q：夫妻离婚诉讼中，男方请求平均分割财产，女方同意。这属于自认还是认诺？

A：女方承认的是对方的请求而非事实，属于认诺。

一、效力

1. 免除对方当事人对于自认事实提出证据的责任。
2. 原则上，法院应以当事人自认的事实作为裁判的依据。（这是辩论原则的要求）

［例］甲诉乙还款，乙已经承认借款存在，法院却认为证据不足，要求甲继续举证。

Q：法院的行为是否合法？

A：不合法。当事人已经自认，法院应将此没有争议的事实作为裁判依据。

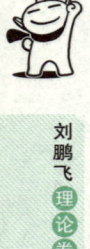

二、形式

1. 可以书面自认，但在起诉状、答辩状、代理词[1]中的书面承认才构成自认。
2. 也可以口头自认，但需在证据交换、询问、调查等诉讼过程中口头承认。

> **考点提示**
> 自认只能发生在诉讼过程中，且必须对法官作出。

三、方式

（一）明示自认和默示自认

1. 明示自认：当事人明确承认不利于自己的事实。
2. 默示自认：一方当事人对于另一方当事人主张的于己不利的事实既不承认也不否认，经审判人员说明并询问后，其仍然不明确表示肯定或者否定的，视为对该事实的承认。

（二）亲自自认和代理人自认

1. 亲自自认：当事人自己承认不利于自己的事实。
2. 代理人自认（《民诉证据规定》第5条）

诉讼代理人的自认视为当事人的自认，但有两个例外：

（1）授权委托书明确排除的事项除外；
（2）当事人在场对诉讼代理人的自认明确否认的除外。

[例] 甲诉乙还款，若乙承认借款存在，则直接导致自己承认了甲的诉讼请求——还款（借款当然要还款）。

Q：若丙是乙一般授权的委托代理人，其是否有权承认这一事实？

A：有权承认。代理人的自认相当于当事人的自认，本案中，当事人没有明确在授权书中排除代理人对此事项自认的权利，也没有在场进行明确反对，所以该自认产生法律效力。

---

[1] 代理词是诉讼代理人在庭审过程中自己使用的非正式文书。代理词最重要的部分是质证和辩论的观点和依据。代理词的写法比较灵活，并没有统一的格式，大体上仍然是由首部、正文和尾部三部分组成。通俗地讲，代理词就是代理人所准备的在法庭发言基础上的更详尽、更充分的文字版本（发言稿）。

（三）普通共同诉讼人自认和必要共同诉讼人自认（《民诉证据规定》第6条）

1. 普通共同诉讼中，部分人自认的，只对自认人自己有效。
2. 必要共同诉讼中，部分人自认的：
（1）其他共同诉讼人予以否认的，不发生自认的效力；
（2）其他共同诉讼人既不承认也不否认，经审判人员说明并询问后仍然不明确表示意见的，视为全体共同诉讼人的自认。

（四）附条件自认

一方当事人对于另一方当事人主张的于己不利的事实有所限制或者附加条件予以承认的，由法院综合案件情况决定是否构成自认。例如，被告可以承认自己和原告订有合同，但不承认合同中存在附件。这就相当于对承认签订合同的事实加以了限制。

四、不成立自认的情况

1. 为达成调解协议或者和解协议进行的自认，不得在其后的诉讼中作为对其不利的证据，但法律另有规定或当事人都同意的除外。
2. 自认的事实与法院已经查明的事实不符的，自认不成立。
3. 涉及身份关系的事实，不允许自认。
4. 涉及国家、社会公共利益的事实，当事人有恶意串通损害他人合法权益可能的，不允许自认。
5. 程序性事项，不允许自认。

[例] Q：甲诉乙还款，乙已经承认借款存在，法院却发现不存在这笔借款，认为甲、乙有可能属于恶意串通，不认可自认。法院的做法是否合法？

A：合法。自认的事实与法院已经查明的事实不符的，自认不成立。

五、撤销自认的条件

要同时满足以下两个条件，法院才可以作出准予撤销自认的裁定：（《民诉证据规定》第9条第1款）

1. 法庭辩论终结前提出撤销申请。
2. 经对方当事人同意，或者自认是在受胁迫或重大误解情况下作出的。

背诵要点 自认的三种常见出题角度

1. 自认必须对法官作出（要么当着法官的面口头自认，要么向法官提交文件书面自认）。

2. 自认后轻易不可以撤回，如自认后又反悔，以第一次自认的内容来认定事实。（多次陈述的，以第一次为准）

3. 一旦自认，对方当事人就不用对此事实再提出证据加以证明。

专题 13　举证责任

核心考点 042　举证责任分配的基本理论 ★★★

一、适用前提

举证责任（也叫证明责任）适用的基本理论前提：

1. 双方当事人对于自己主张的事实，都应提出证据加以证明。这叫做主观意义上的举证责任，也叫行为责任。这就是常说的"谁主张，谁举证"。但是，在诉讼中存在自认、被生效法律文书认定的事实等免证事实的情况下，对于该事实，则免除了当事人提出证据加以证明的责任。

2. 当事人如果不举证，或者虽然举证，但是达不到必要的标准（证明标准），则相当于当事人没有尽到"谁主张，谁举证"的举证责任，依然会败诉。

3. 原告就其主张举证后，被告也要就其反驳的主张或者抗辩的主张提出自己的证据，也需要"谁主张，谁举证"。

4. 双方各自举证后，法官能判断谁举出的证据的证明力明显更大（盖然性占优），谁就将胜诉。此时真伪明确，法官认为主张为真的一方将胜诉。

5. 但若法官无法判断谁提供的证据的证明力大，案件事实就会陷入真伪不明的状态。

6. 案件事实真伪不明的，只能运用举证责任裁判。此时的举证责任，指的是案件败诉风险的负担。这叫做客观意义上的举证责任，也叫结果责任。谁负担举证责任，谁就负担败诉的风险（此时，举证责任的含义就是败诉风险）——案件一旦真伪不明，法院就判谁败诉。

也就是说，举证责任有两层含义："谁主张，谁举证"的提出证据的责任和败诉风险的负担。真伪不明是举证责任（败诉风险）适用的前提，适用举证责任（败诉风险）是在真伪不明的情况下作出裁判的手段。

二、举证责任的特点

举证责任由立法明确规定，由单方当事人负担（对于一个事实，只有一方当事人负

举证责任）。由于举证责任分配问题是由法律预先规定的，所以，举证责任<u>不可转移</u>。

[例] 甲诉乙借款纠纷，双方当事人都举出了很多证据。法官无法判断谁的主张为真，难以确定借款关系是否真的存在。这种状态就称之为"真伪不明"。

此时，应运用举证责任判决。对于借款事实，甲负担举证责任，就判甲败诉；乙负担举证责任，就判乙败诉。不可能同时判双方败诉，所以，只能由单方负担举证责任。举证责任由甲负担还是由乙负担，是由法律明确规定的，分配给谁就确定由谁负担，不可能转移给对方负担。

Q：甲、乙可以约定举证责任如何分配吗？法官可以通过自由裁量分配举证责任吗？

A：均不可以。因为举证责任是由法律明确规定的，不可约定。

三、举证责任分配的一般规则

谁主张有利于他的<u>待证事实成立</u>，谁就对该待证事实负担举证责任。

> **口诀**
> 谁主张事实成立
> 谁负担举证责任

解题技巧

1. Q：甲诉乙借款纠纷，乙承认借款事实。法官应如何认定借款事实？

   A：法官应直接认定借款事实成立（构成自认）。

2. Q：甲诉乙借款纠纷，乙否认借款事实，法院让甲提出证据证明借款事实成立，甲无法提出证据。法官应如何判断？

   A：法院应直接判决甲败诉。

3. Q：甲诉乙借款纠纷，乙否认借款事实，法院让甲提出证据证明借款事实成立，甲提出了证据，但证据不充分。法官应如何判断？

   A：法官也应直接判决甲败诉。

4. Q：甲诉乙借款纠纷，乙否认借款事实，法院让甲提出证据证明借款事实成立，甲提出了证据，法院认为该证据足以证明借款事实成立。此时，应由谁提出证据？

   A：此时应由乙提出证据证明借款事实不成立。

5. **Q**：甲诉乙借款纠纷，乙否认借款事实，法院让甲提出证据证明借款事实成立，甲提出了证据，法院认为该证据足以证明借款事实成立。此时，乙未提出证据证明借款事实不成立，或者提出的证据不够充分。法官应如何判断？

A：法官应直接判决乙败诉。

6. **Q**：甲诉乙借款纠纷，乙否认借款事实，法院让甲提出证据证明借款事实成立，甲提出了证据，法院认为该证据足以证明借款事实成立。此时，乙提出了证据证明借款事实不成立，法官对借款事实无法认定，认为借款事实陷入真伪不明。法官应如何判断？

A：因法官无法判断谁的主张为真，难以确定借款事实是否真的存在，此时，法官应运用举证责任判决，甲主张借款事实成立，故应由甲负担对借款事实的举证责任（败诉风险），直接判决甲败诉。

核心考点 043 侵权案件的举证责任分配 ★★★★★

一、一般原理

1. 在侵权案件中，侵权成立的事实对原告有利，主张侵权成立事实的原告对该事实应负担举证责任；免责事由[1]成立对被告有利，主张免责事由成立的被告对该事实应负担举证责任。

2. 侵权案件的归责原则大致分为过错责任原则[2]（过错推定责任原则也属于过错责任原则范畴）和无过错责任原则[3]两大类：

（1）适用过错责任原则的侵权责任成立，需要四个成立要件：违法行为、损害结果、因果关系、主观过错。

（2）适用无过错责任原则的侵权责任成立，需要三个成立要件：违法行为、损害结果、因果关系（被告的过错不再是侵权责任成立要件）。无过错责任侵权具体包括高

---

[1] 侵权责任的免责事由，是指免除或减轻加害人责任的事由。其一般包括依法执行职务的行为、正当防卫行为、紧急避险行为、受害人同意的行为、不可抗力、受害人的过错、第三人的过错（即原、被告之外的第三人对造成原告的损害具有过错）等。免责事由都是由被告主张，所以，在任何情况下，免责事由都是由被告证明。

[2] 过错责任原则，是指行为人违反民事义务并致他人损害时，应以过错作为责任的要件和确定责任范围的依据的归责原则。可见，依过错责任原则，若行为人没有过错，则虽有损害发生，行为人也不负责任。

[3] 无过错责任原则，是指依照法律规定不以当事人的主观过错为构成侵权行为的必备要件的归责原则。即不论被告在主观上有没有过错，侵权都可以成立，被告都应当承担民事责任。

危作业侵权[1]、产品质量侵权[2]、饲养的动物侵权[3]、医疗产品侵权[4]等。

不管是四个成立要件还是三个成立要件，这些要件事实都应由原告负担举证责任，而被告只需要对免责事由负担举证责任。

真题小试

夏某在回宿舍的楼道里被季某堆放在楼梯过道的衣柜不小心绊倒受伤。关于本案举证责任的分配，下列说法正确的是：（2019-模拟题-单）[5]

A. 由法院承担举证责任
B. 过错不是本案的证明对象
C. 由季某证明自己没有过错
D. 由夏某证明季某有过错

---

[1] 高危作业，是指从事高空、高压、易燃、易爆、剧毒、放射性、高速运输工具等对周围环境有高度危险的作业。高危作业侵权的法条依据是《民法典》第1236条的规定："从事高度危险作业造成他人损害的，应当承担侵权责任。"高危作业侵权属于典型的无过错责任。

[2] 产品质量侵权的法条依据是《民法典》第1202条的规定："因产品存在缺陷造成他人损害的，生产者应当承担侵权责任。"产品质量侵权属于典型的无过错责任。

[3] 所谓饲养的动物，是指人工喂养、放养和管束的动物。《民法典》第1250条规定："因第三人的过错致使动物造成他人损害的，被侵权人可以向动物饲养人或者管理人请求赔偿，也可以向第三人请求赔偿。动物饲养人或者管理人赔偿后，有权向第三人追偿。"饲养的动物侵权，动物饲养人或管理人承担无过错责任。

[4] 医疗产品侵权，是指医疗机构在医疗过程中使用有缺陷的药品、消毒药剂、医疗器械、血液及血液制品等医疗产品，因此造成患者人身损害的侵权类型。医疗产品侵权的法条依据是《民法典》第1223条的规定："因药品、消毒产品、医疗器械的缺陷，或者输入不合格的血液造成患者损害的，患者可以向药品上市许可持有人、生产者、血液提供机构请求赔偿，也可以向医疗机构请求赔偿。患者向医疗机构请求赔偿的，医疗机构赔偿后，有权向负有责任的药品上市许可持有人、生产者、血液提供机构追偿。"医疗产品侵权，适用无过错责任的归责原则。

[5] D。本题其实难度不大，但是具备迷惑性。有些同学刚看到题目，可能会觉得本题考查的是堆放物侵权致人损害纠纷中的举证责任问题。《民法典》第1255条规定："堆放物倒塌、滚落或者滑落造成他人损害，堆放人不能证明自己没有过错的，应当承担侵权责任。"由此可知，堆放物倒塌致人损害，属于典型的过错推定归责原则，因此，过错要件事实和相关的免责事由应当由被告证明；其他的侵权成立要件，具体包括违法行为、损害结果和因果关系，应当由原告负担举证责任。但在本题中，你仔细看可以发现，案情并非如此，夏某是"被季某堆放在楼梯过道的衣柜不小心绊倒受伤"，而不是堆放物倒塌、滚落或者滑落造成其损害。那有些同学又会考虑《民法典》第1256条的规定："在公共道路上堆放、倾倒、遗撒妨碍通行的物品造成他人损害的，由行为人承担侵权责任。公共道路管理人不能证明已经尽到清理、防护、警示等义务的，应当承担相应的责任。"但本题中，宿舍楼道显然不属于"公共道路"的范畴。公共道路，一般指的是对社会一般人开放、可以同时供不特定的多数无轨车辆和行人通行的基础设施。按行政等级划分，公共道路可以分为国家公路、省公路、县公路、乡公路、村公路（简称为国、省、县、乡、村道）以及专用公路六个等级。一般把国道和省道称为干线，县道和乡道称为支线。所以，宿舍楼道并不在此列。

回到本案当中来，思路就很清楚了，题中的纠纷并非《民法典》侵权责任编中的建筑物和物件损害责任，而是普通的一般侵权纠纷，应该由原告证明侵权要件成立，而非由被告对侵权要件不成立负担举证责任。在原告不能证明被告存在过错的情况下，则由法院推定被告不存在过错。

首先可以排除A项，A项实在是太离谱了，举证责任只能由双方当事人之一承担，法院是不会承担举证责任的。本案适用过错责任原则，所以，过错当然是本案的证明对象，B项是错误的。C项和D项是矛盾项，本题应当选择由原告夏某证明被告存在过错，所以，D项是正确的，C项是错误的。

二、特殊规则

1. 以过错推定责任原则[1]作为归责原则的侵权诉讼中，过错事实成立本来对原告有利，正常情况下应由原告对过错事实负担举证责任，但是，立法却规定由被告对过错事实负担举证责任，若过错事实是否存在真伪不明，应判决被告败诉。典型的例子是建筑物及其搁置物、悬挂物脱落、坠落伤人导致的侵权[2]，堆放物倒塌伤人导致的侵权[3]和特定医疗行为侵权等。

此处的特定医疗行为侵权，指的是满足《民法典》第1222条规定情形的医疗行为侵权，即患者在诊疗活动中受到损害，有下列情形之一的，推定医疗机构有过错：①违反法律、行政法规、规章以及其他有关诊疗规范的规定；②隐匿或者拒绝提供与纠纷有关的病历资料；③遗失、伪造、篡改或者违法销毁病历资料。此时，医疗机构的过错要件就由医疗机构自己负担举证责任。[4]

2. 环境污染侵权诉讼和共同危险行为侵权[5]诉讼中，违法行为和损害结果之间的因果关系事实成立本来对原告有利，正常情况下应由原告对因果关系事实负担举证责任，但是，立法却规定由被告对因果关系事实负担举证责任，若因果关系事实是否存在真伪不明，应判决被告败诉。

需要提醒大家的是，在共同危险行为侵权诉讼中，被告须证明"谁是加害人"，即是谁的行为和损害结果之间有因果关系，才免于赔偿。若被告仅能证明"我不是加害

---

[1] 过错推定责任原则，是指在行为人不能证明他们没有过错的情况下，推定行为人有过错，应承担赔偿损害责任的归责原则。凡在适用过错推定责任的场合，行为人若想不承担责任，必须就自己无过错负举证责任。过错推定责任原则是过错责任原则的一种，和过错责任原则一样，行为人有过错，才需要承担责任。但是，过错责任原则的特点是由原告证明被告存在过错；而过错推定责任原则的特点是，由被告证明自己没有过错。

[2] 《民法典》第1253条规定："建筑物、构筑物或者其他设施及其搁置物、悬挂物发生脱落、坠落造成他人损害，所有人、管理人或者使用人不能证明自己没有过错的，应当承担侵权责任。所有人、管理人或者使用人赔偿后，有其他责任人的，有权向其他责任人追偿。"

[3] 《民法典》第1255条规定："堆放物倒塌、滚落或者滑落造成他人损害，堆放人不能证明自己没有过错的，应当承担侵权责任。"

[4] 一般医疗行为侵权，医疗机构的过错应由患者证明。其法条依据是《民法典》第1218条的规定："患者在诊疗活动中受到损害，医疗机构或者其医务人员有过错的，由医疗机构承担赔偿责任。"要注意，一般医疗行为侵权诉讼中医疗行为和损害结果之间的过错事实和因果关系事实都应由原告（患者）承担举证责任。其法条依据是《最高人民法院关于审理医疗损害责任纠纷案件适用法律若干问题的解释》第4条的规定："患者依据民法典第1218条规定主张医疗机构承担赔偿责任的，应当提交到该医疗机构就诊、受到损害的证据。患者无法提交医疗机构或者其医务人员有过错、诊疗行为与损害之间具有因果关系的证据，依法提出医疗损害鉴定申请的，人民法院应予准许。医疗机构主张不承担责任的，应当就民法典第1224条第1款规定情形等抗辩事由承担举证证明责任。"这个规定明确了因果关系的责任分配，和我一贯的观点是吻合的。而因果关系和过错事实让患者证明具有一定难度，患者可以通过申请法院委托鉴定人进行鉴定的方式证明。特定医疗行为侵权，医疗机构的过错由医疗机构自己证明，但是因果关系要件依然由患者负担举证责任。

[5] 共同危险行为的概念见核心考点16。共同危险行为侵权的法条依据是《民法典》第1170条的规定："2人以上实施危及他人人身、财产安全的行为，其中一人或者数人的行为造成他人损害，能够确定具体侵权人的，由侵权人承担责任；不能确定具体侵权人的，行为人承担连带责任。"

人"，不算是证明因果关系不成立。

[例] 甲、乙、丙三人纷纷向高铁轨道投掷石块。结果某人投掷的一枚石块正好停在轨道上，导致列车脱轨，造成严重损害结果。

若甲只能证明造成损害的石块不是自己投掷的，而无法证明石块是谁投掷的，其侵权责任仍然成立，未能免除。

若甲可以证明该石块是乙投掷的，此时，才能够认定甲的行为和本案的损害结果之间没有因果关系，其不需要承担侵权责任。

> **考点提示**
> 1. 过错推定侵权（推定被告有过错），都由被告证明自己没有过错。
> 2. 环境污染、共同危险侵权，由被告证明没有因果关系；其余事实一律是"谁主张，谁举证"。被告若能证明侵权事由不成立，则不需要再证明免责事由。只有侵权已经成立了，被告才有必要证明免责事由。

模拟训练

甲工厂的生产污水流入李某承包的鱼塘，致使鱼虾死亡，造成李某损失2万元。李某起诉，请求甲工厂赔偿。

Q：下列事实应当由谁承担举证责任？
（1）甲工厂的生产污水是否流入李某承包的鱼塘。
（2）甲工厂排污的行为存在主观过错。
（3）鱼虾死亡的原因是否为甲工厂污水所致。
（4）是否具有免责事由。

A：要解决这些问题，首先要确定纠纷的性质。本案属于典型的环境污染侵权。然后回忆我讲的举证责任分配：环境污染侵权适用无过错责任原则，因果关系推定。故本案中，谁都不需要证明被告的过错，因果关系要件由被告证明，其他要件，谁主张，谁举证。
（1）污水流入鱼塘，属于违法行为事实。没有特殊的分配规则，原告主张，原告举证。
（2）因环境污染侵权适用无过错归责原则，所以，甲工厂的主观过错不是侵权成立要件，谁也不需要证明。
（3）鱼虾死亡的原因是否为甲工厂污水所致属于因果关系要件，环境污染侵权适用因果关系推定，因果关系要件由被告证明。
(4) 没有特殊的分配规则时，免责事由由被告主张，被告举证。

专题 14 证据的学理分类

核心考点 044 证据理论分类 ★★★

一、直接证据和间接证据

根据是否能够直接独立证明案件主要事实，证据可以分成直接证据和间接证据。

能够直接独立证明案件主要事实的证据是直接证据；不能够直接独立证明案件主要事实，需要与其他证据结合形成证据链条才能证明案件主要事实的证据是间接证据。

直接证据和间接证据不是根据证明力进行的分类，尽管立法规定直接证据的证明力一般大于间接证据，但间接证据也许更可靠，只是单个间接证据不能直接独立认定案件事实，需要与其他间接证据协调一致，相互印证。一个证据可能作为间接证据，也可能作为直接证据，关键要看证明对象是什么，才能进行判断。

[例] 证明借款关系存在时，借贷合同属于直接证据，转账凭证属于间接证据（单凭转账凭证无法证明借贷关系存在，转账的原因很多）。

考点提示

1. 区分直接证据和间接证据必须要看证明对象是什么，直接证据和间接证据是相对的。

   [例] 证明书籍被损毁时，损毁的书籍就属于直接证据；证明张某损毁书籍时，损毁的书籍则属于间接证据。

2. 间接证据即使是客观与合法的，也不可以单独作为认定案件事实的依据。间接证据本身的特点决定它无法证明全部案件事实，必须通过其他证据补强。

二、原始证据和传来证据

根据是否直接来源于案件事实，证据可以分成原始证据和传来证据。

原始证据是直接来源于案件事实的证据；传来证据是经过复制、复印、传抄、转述等中间环节，间接来源于案件事实的证据。

要注意的是，复制品和复印件不一定就是传来证据。判断是原始证据还是传来证据，要看该证据是不是直接来源于案件事实，当事人有没有希望将其作为原始证据的意愿。在证据提出时，应本着优先出示原件、原物的规则。传来证据往往要适用补强证据规则，需要其他证据佐证和补强。

[例] 买卖合同在5月12日被签订，经过签字、盖章的买卖合同的原件为原始证据。若5月17日将该买卖合同复印了一份，则复印件为传来证据。

但若当事人复印后，在复印件上也签字、盖章，复印件则也可能属于原始证据。

考点提示

1. 复印件、复制品并非全是传来证据，如果复印件、复制品和案件事实同时产生，则也属于原始证据。
2. 传来证据也有可能是直接证据。

[例] 证明借款关系存在时，借贷合同属于直接证据。将该合同复印后，合同即使变成了传来证据，也是直接证据。

三、本证和反证

根据当事人对待证事实是否负举证责任，证据可以分成本证和反证。

对待证事实负举证责任的当事人提供的、证明案件事实成立的证据是本证，对待证事实不负举证责任的当事人提供的、证明案件事实不成立的证据是反证。

考点提示

1. 并非原告提供的证据都是本证，被告提供的证据都是反证。
2. 本、反证判断三步法

第1步 → 先确定该证据要证明的待证事实——待证事实（即双方争议的事实）

第2步 ← 再确定该待证事实的举证责任分配——举证责任（谁负担）

第3步 → 最后确定该证据是由谁提供的——证据来源

模拟训练

原告诉请被告返还借款5万元，为证明这一事实，原告向法院提交了被告书写的"借据"。被告则主张"借款已经清偿"，并向法院出示了原告交给他的"收据"复印件。

Q：原、被告双方提交的证据，属于本证还是反证？

A：本题按照我的三步法判断就可以：

(1) 借据要证明的待证事实是借款事实；

借款事实由原告主张，由原告举证；

借据由原告提供，属于原告提供的由原告负举证责任的证据，是本证。

(2) 收据要证明的待证事实是还款事实；

还款事实由被告主张，由被告举证；

收据由被告提供，属于被告提供的由被告负举证责任的证据，是本证。

解题技巧

考试中，关于本证和反证，有三种出题角度，有些题目令人迷惑，这里我们这样做：

本证和反证的三种出题角度

第一种角度

甲诉乙还钱，乙主张自己没有借钱。此时，双方当事人争议的是一件事，就是到底有没有借钱。一件事就只涉及一个证明责任分配，只有一方负担。甲主张的是积极事实，则甲需要就借没借钱这个事实负担证明责任。因此，针对这个事实，甲负担证明责任，乙不负担证明责任，甲提出的证明这个事实成立的证据都是本证，乙提出的证明这个事实不成立的证据都是反证。

第二种角度

甲诉乙还钱，说乙借钱不还（a事实），乙主张甲也借了自己的钱没还（b事实）。此时，双方当事人争议的并不是一件事，a事实是乙有没有向甲借钱，b事实是甲有没有向乙借钱。这两个事实本身也没有关联性，是两个不相关的事实。这时候，我们要明白，本案中争议的是a事实，而非b事实。因为原告甲只是想要回被告乙借的自己的钱，所以，b事实和本案并无直接关系。甲提出的证明a事实成立的证据才是本证，而乙提出的证明b事实成立的证据与本案无关，没有关联性，既不是本证，也不是反证。

第三种角度

甲诉乙还钱，说乙借钱不还（a事实），乙主张确实有该笔钱，但该笔钱是甲支付给自己的租金（也可以是赠与、货款等）。此时，双方当事人争议的是不是一个事实？很多同学认为，该笔钱是不是租金似乎和本案无关。这里要增加一个经验，此时乙之所以主张该笔钱是租金，就是想说明这不是借款。换句话说，双方都承认有一笔资金往来，只是甲主张属于借款，乙主张不属于借款（属于租金），这其实就还是争议同一件事，即到底双方当事人之间有没有借款。对于这个事实，还是由主张借款成立的甲负担证明责任，其提出的证明借款成立的证据就是本证，而乙提出的证明这是租金（就不是借款）的证据就是反证。

总结：

第一步
判断双方当事人争议的是不是一个事实；是的话，是什么事实。

第二步
判断对于这个事实，谁负担证明责任。

第三步
判断负担证明责任的人提出来的证据是本证，反之则是反证。

真题小试

2009年2月，家住甲市A区的赵刚向家住甲市B区的李强借了5000元，言明2010年2月之前偿还。到期后赵刚一直没有还钱。李强起诉要求赵刚返还欠款5000元，并向法院提交了赵刚书写的借条、其向赵刚转账5000元的银行转账凭证。赵刚称，其向李强借款是事实，但在2010年1月卖给李强一块玉石，价值5000元，说好用玉石货款清偿借款。当时李强表示同意，并称之后会把借条还给赵刚，但其一直未还该借条。关于赵刚向李强借款5000元的证据证明问题，下列选项正确的是：（2012/3/98 缩写-任）[1]

A. 李强提出的借条是本证
B. 李强提出的其向赵刚转账5000元的银行转账凭证是直接证据
C. 赵刚承认借款事实属于自认
D. 赵刚所言已用卖玉石的款项偿还借款属于反证

---

[1] AC。在读题的时候大家就应该注意到"赵刚称，其向李强借款是事实"，赵刚承认了借款事实，所以C项正确。B项中涉及的证据——转账5000元的银行转账凭证只能证明赵刚和李强之间有资金往来，仅凭转账凭证无法证明该款项就是借款，即该证据无法证明案件主要事实，对于借款事实而言，转账记录属于间接证据，所以B项错误。

AD项考查的是本证和反证的区分。在上文中已经详细讲述过本证、反证判断的三步法，这里对方法不再赘述，直接来进行分析。A项的借条证明的待证事实是借款关系成立，借款关系成立由原告李强主张，应由李强对该事实负担举证责任，该证据由李强提供，故其属于本证，所以A项正确。D项"赵刚所言已用卖玉石的款项偿还借款"属于证据类型中的当事人陈述，其证明的是借款已经偿还。借款已经偿还由被告赵刚主张，应由赵刚对该事实负担举证责任，该证据由赵刚提供，故其也属于本证，所以D项错误。

专题 15　证据的法定种类

证据
├─ 书证
├─ 物证
├─ 电子数据
├─ 视听资料
├─ 证人证言
├─ 当事人陈述
├─ 鉴定意见
└─ 勘验笔录

核心考点 045　证据的三大基本属性 ★★

证据作为认定案件事实的依据，必须具备真实性（也叫客观性）、关联性和合法性。不具备真实性、关联性和合法性的证据材料不得作为认定案件事实的依据。

一、真实性

证据必须是真实的，伪造的证据材料不得作为认定案件事实的依据。

二、关联性

证据必须和案件有逻辑上的联系，无法证明案情的证据材料不得作为认定案件事实的依据。

三、合法性

证据的形式和取得都必须符合法律规定，非法证据要排除。

非法证据排除规则（适用于所有证据类型）：对以严重侵害他人合法权益、违反法律禁止性规定或者严重违背公序良俗的方法形成或者获取的证据，不得作为认定案件事实的根据。

知识产权诉讼中的取证合法性问题[1]：

1. 陷阱取证许可：权利人为发现或者证明知识产权侵权行为，自行或者委托他人以普通购买者的名义向被诉侵权人购买侵权物品所取得的实物、票据等可以作为起诉被

---

[1] 2020 年 11 月《最高人民法院关于知识产权民事诉讼证据的若干规定》第 7 条。

诉侵权人侵权的证据。

2. 犯意引诱禁止：被诉侵权人基于他人行为而实施侵害知识产权行为所形成的证据，可以作为权利人起诉其侵权的证据，但被诉侵权人仅基于权利人的取证行为而实施侵害知识产权行为的除外。

核心考点 046 鉴定意见和勘验笔录 ★★★

一、识别

（一）鉴定意见

鉴定意见，是指具有专业资质的人（法医和物证技术鉴定人员）运用专门知识，根据案件材料，对案件所涉及的专业事实问题进行鉴定后出具的书面意见。鉴定意见具有专业性、生成性（通过对物证、书证等的鉴定形成了新的证据——鉴定意见）和科学性，也被称为科学证据。

（二）勘验笔录

勘验笔录，是指审判人员在诉讼过程中对与案件有关的物品或现场进行查验、测量、拍照后制作的笔录。勘验物证或者现场，勘验人必须出示法院的证件，并邀请当地基层组织或者当事人所在单位派人参加。当事人或者当事人的成年家属应当到场，拒不到场的，不影响勘验的进行。

民事诉讼中常见的勘验笔录，主要包括现场勘验笔录、物证勘验笔录和人身检查笔录。勘验笔录既具有较强的客观性和综合的证明力，也是一种重要的固定和保全证据的方法。

二、鉴定启动

1. 当事人申请鉴定

针对专门事实问题，当事人可以在法院所确定的鉴定期间内向法院申请鉴定，并由当事人协商确定具有资质的鉴定人或法院指定具有资质的鉴定人。

2. 法院依职权鉴定

法院也可以依职权委托鉴定人。

注意

法院所确定的鉴定期间，和举证期并不一定重合。法院可以根据查明事实的需要，确定在一定期间内，当事人可以启动鉴定程序。

三、承诺保证

鉴定开始之前，法院应当要求鉴定人签署承诺书。承诺书中应当载明鉴定人保证客观、公正、诚实地进行鉴定，保证出庭作证，如作虚假鉴定应当承担法律责任等内容。

鉴定人故意作虚假鉴定的，法院应当责令其退还鉴定费用，并根据情节轻重予以罚款、拘留；构成犯罪的，依法追究刑事责任。

四、作出书面鉴定意见

鉴定人应当及时、真实、勤勉地完成委托鉴定任务。鉴定人有权了解进行鉴定所需要的案件材料，必要时经法院准许可以调取证据、勘验物证和现场、询问当事人或证人。

鉴定人应当在法院确定的期限内提出书面鉴定意见，在鉴定书上签名或者盖章，并附鉴定人相应的资格证明。

鉴定人无正当理由未按期提交鉴定书的，当事人可以申请法院另行委托鉴定人进行鉴定。法院准许的，原鉴定人已经收取的鉴定费用应当退还；拒不退还的，由法院依法强制执行。

五、鉴定人出庭

当事人在法院指定期间内对鉴定书的内容有异议的，法院应当要求鉴定人作出解释、说明或者补充。法院认为有必要的，可以要求鉴定人对当事人未提出异议的内容进行解释、说明或者补充。

鉴定人解释、说明、补充后，当事人对鉴定意见仍有异议或者法院认为鉴定人有必要出庭的，鉴定人应出庭作证，其出庭费用由提出异议的当事人预交，由败诉方负担。因鉴定意见不明确或者有瑕疵及鉴定费中包含出庭费用的，出庭费用由鉴定人自行负担。

鉴定人拒不出庭作证的后果：鉴定意见不得作为认定事实的根据，支付鉴定费的当事人可以要求其返还鉴定费。

> **考点提示**
> 1. 鉴定人出庭程序的逻辑顺序是：异议——解释、说明、补充——仍异议——必须出庭。
> 2. 鉴定人拒不出庭、逾期鉴定的，当事人可以申请更换鉴定人，并请求其退还鉴定费。
> 3. 作虚假鉴定的，法院应依职权责令更换鉴定人，并责令其退还鉴定费。

六、专家辅助人

专家辅助人，是指在科学、技术、其他专业知识方面具有特殊专门知识、经验，根据当事人的聘请并经法院准许，出庭辅助当事人对诉争的案件事实所涉及的专门性问题进行说明、发表意见和评论的人。

1. 出庭方式

当事人可以申请法院通知1~2名有专门知识的人出庭。专家辅助人代表当事人就鉴定人作出的鉴定意见进行质证，或者就专业问题提出意见。经法庭准许，对方当事人可以对专家辅助人进行询问。

2. 费用负担

专家辅助人的出庭费用由申请人负担。

3. 意见性质

专家辅助人的意见视为当事人陈述，为一种法定证据。因此，专家辅助人不需要回避。

真题小试

甲公司诉乙公司专利侵权，乙公司是否侵权成为焦点。经法院委托，丙鉴定中心出具了鉴定意见书，认定侵权。乙公司提出异议，并申请某大学燕教授出庭说明专业意见。关于鉴定的说法，下列哪一选项是正确的？（2013/3/50-单）[1]

A. 丙鉴定中心在鉴定过程中可以询问当事人
B. 丙鉴定中心应当派员出庭，但有正当理由不能出庭的除外
C. 如果燕教授出庭，其诉讼地位是鉴定人
D. 燕教授出庭费用由乙公司垫付，最终由败诉方承担

核心考点 047 证人证言 ★★★★

证人证言，是指证人就其所感知的情况在民事诉讼过程中向审判人员所作的陈述。证人证言是最古老的一种证据形式，普遍地存在于各国的诉讼制度中。

---

[1] A。本题考查鉴定人和专家辅助人制度。AB项考查鉴定人的权利和义务。鉴定人有知情权以及鉴定义务和出庭义务。根据知情权，A项正确，鉴定人可以询问当事人和证人。根据出庭义务，B项错误，鉴定人原则上不需要出庭，当事人对鉴定意见有异议或者法院认为有必要的时候，鉴定人才需要出庭接受询问和质证。CD项考查专家辅助人制度。燕教授作为具有专门知识的人出庭说明专业意见，并不从事鉴定，其诉讼地位应认定为专家辅助人，C项错误。专家辅助人的出庭费用由申请方负担，D项错误。

一、范围资格

（一）证人必须了解案情

证人必须感知到案情。因为了解案情的证人的特定性和稀缺性，所以，有如下规则：

1. 证人无需回避

与一方当事人或者其代理人有利害关系的人仍然可以做证人，但该证人证言不能单独作为认定案件事实的依据。

这是因为证人证言具有极强的不可替代性。证人证言的存在以证人对案件事实的感知为基础。这种感知一般产生于案件发生、发展的过程中。而案件事实的发展过程是不可逆的，这就决定了证人对案件事实的感知具有不可替代性。即使在证人不是通过直接方式，而是通过间接方式，感知案件事实的情况下，这种感知也是发生在特定的时间、场景下的，无法再次重复。

2. 证人优先

因为证人不可替代，所以，当证人角色和其他角色冲突时，优先作为证人出庭作证。

（二）证人必须能正确表达

1. 证人应当客观、连续地陈述其亲身感知的事实，作证时不得使用猜测、推断或者评论性语言。

证人作证前不得旁听法庭审理，作证时不得以宣读事先准备的书面材料的方式陈述证言。

2. 无民事行为能力人、限制民事行为能力人作出的与其年龄、智力水平或精神健康状况不相适应的证人证言可以作为证据，但不能单独作为认定案件事实的依据。

二、出庭义务

1. 作为证人，必须出庭，无正当理由未出庭作证的证人的证言不能作为证据使用。

2. 证人确有困难不能出庭作证，申请以书面证言、视听传输技术或者视听资料等方式作证的，应当向法院提交申请书。申请书中应当载明不能出庭的具体原因。

"确有困难"是指：

困难01	困难02	困难03	困难04
因健康原因不能出庭的。	因路途遥远，交通不便不能出庭的。	因自然灾害等不可抗力不能出庭的。	其他有正当理由不能出庭的。例如，双方当事人同意证人以其他方式作证并经法院准许的，证人可以不出庭作证。

三、出庭方式

1. 举证期限届满前，当事人可以申请证人出庭作证，但需要法院许可。
2. 法院可以依职权通知证人出庭。

法院未通知，证人不得出庭作证，除非对方当事人同意并经法院准许。

四、费用负担

证人因出庭作证而支出的合理费用（交通、住宿、就餐、误工），由申请证人方当事人垫付，若法院通知证人出庭，则由法院垫付。这些合理费用最终由败诉方承担。

五、具结保证

法院应当要求证人在作证之前签署保证书，并在法庭上宣读保证书的内容。但无民事行为能力人和限制民事行为能力人作为证人的除外。证人确有正当理由不能宣读保证书的，由书记员代为宣读并进行说明。

证人拒绝签署或者宣读保证书的，不得作证，并自行承担相关费用。

证人不论是否出庭作证，都必须签保证书。以视听传输技术或者视听资料方式作证的，应当签署保证书并宣读保证书的内容。

真题小试

杨青（15岁）与何翔（14岁）两人经常嬉戏打闹，一次，杨青失手将何翔推倒，致何翔成了植物人。当时在场的还有何翔的弟弟何军（11岁）。法院审理时，何军以证人身份出庭。关于何军作证，下列哪些说法不能成立？（2017/3/79-多）[1]

A. 何军只有11岁，无诉讼行为能力，不具有证人资格，故不可作为证人
B. 何军是何翔的弟弟，应回避
C. 何军作为未成年人，其所有证言依法都不具有证明力
D. 何军作为何翔的弟弟，证言具有明显的倾向性，其证言不能单独作为认定案件事实的根据

---

[1] ABC。本题是对证人证言证据类型的综合考查。A项说法不成立，当选。未成年人只要了解案情，并且能够正确表达，就可以作为证人。B项说法不成立，当选。证人具有不可替代性，因此，证人是不需要回避的。C项说法不成立，当选。未成年人所作的与其年龄和智力状况不相当的证言不得单独作为认定案件事实的依据，但其依然具有证明力，只是证明力较弱，有待补强。注意：未成年人所作的与其年龄和智力状况相当的证言可以单独作为认定案件事实的依据。D项说法成立，不当选。何军与当事人何翔是近亲属，属于与当事人有利害关系的证人。与一方当事人或者其代理人有利害关系的证人出具的证言不能单独作为认定案件事实的依据。

核心考点 048 当事人陈述 ★★

当事人陈述,即当事人对案件事实所作的陈述。当事人陈述本身属于一种证据,其特点在于散见于各种陈述形式中,不够集中。所以,实践中,当事人陈述往往被忽视,不作为证据考虑。这种做法是不正确的。就当事人陈述而言,具体的证据规则有:

1. 当事人陈述必须是真实的、完整的。(《民诉证据规定》第63条第1款)
2. 一般案件中,代理人出庭,当事人可以不出庭。法院认为有必要的,可以要求当事人本人到庭,就案件有关事实接受询问。
3. 具结保证。法院应当在询问前责令当事人签署保证书并宣读保证书的内容。
4. 效力。当事人陈述,不得单独作为认定案件事实的依据。

总结梳理

鉴定人、专家辅助人、证人提供的言词证据

言词证据是以人的陈述证明案件事实的证据。在民事诉讼中,证人提供证人证言,鉴定人提供鉴定意见,专家辅助人提供专业意见,这三种言词证据的证据制度各有不同,需认真掌握。

	鉴定人(核心考点46)	专家辅助人(核心考点46)	证人(核心考点47)
主体资格	具有专业资质。	具备专门知识。	了解案情,能正确表达。
作证内容	及时、诚实、准确地对专业问题作出分析、评价。	(1)就鉴定意见质证;(2)就专业问题发表意见。	口头、连续陈述自己了解的案件事实,不得发表意见。
出庭要求	当事人对鉴定意见有异议或法院认为鉴定人有必要说明的,鉴定人书面说明后,当事人仍有异议,鉴定人应出庭作证。	必须出庭说明专业意见。	必须义务出庭。若因①健康原因,或②路途遥远、交通不便,或③自然灾害等不可抗力,或④其他正当理由不能出庭,经法院许可,可采用替代方式作证。

续表

	鉴定人（核心考点46）	专家辅助人（核心考点46）	证人（核心考点47）
启动方式	（1）当事人申请鉴定：①双方当事人协商确定鉴定人；②协商不成的，由法院指定。（2）法院委托鉴定，依职权确定鉴定人。	当事人单方聘请并向法院申请专家辅助人出庭。	法院可以依职权通知证人出庭，当事人也可以在举证期届满前申请证人出庭作证，但需要法院许可。
申请出庭时间	法院指定期间。	开庭前。	举证期内。
拒不出庭的后果	鉴定意见不得作为认定事实的依据；支付鉴定费的当事人可以要求其返还鉴定费。	当事人可依据委托合同主张违约责任。	证人证言不能作为认定案件事实的依据。
出庭费用的负担	鉴定费由申请方预交，一般由败诉方负担；出庭费用由异议方预交，由败诉方负担。	由申请人负担。	证人因出庭作证而支出的合理费用（交通、住宿、就餐、误工），由申请证人方当事人垫付，若法院通知证人出庭，则由法院垫付，最终由败诉方承担。
回避	应当回避。	不需要回避。	不是回避主体。
承诺保证	必须签署承诺书，虚假鉴定要退费、担责；逾期鉴定、无理由撤回鉴定、拒不出庭，可以退费、换人。	专家辅助人意见视为当事人陈述，专家辅助人不需要签保证书（当事人要签）。	有行为能力的证人必须签署保证书，否则，不得作证，不得请求必要费用。

模拟训练

[辨析]（1）王某是未成年人，因此，王某没有证人资格，不能作为证人。

（2）李某如果要在诉讼中申请证人出庭作证，应当在答辩期届满前提出，并经法院许可。

（3）甲公司的诉讼代理人乙律师是目击案件情况发生的人，对方当事人丙可以向法院申请乙律师作为证人出庭作证，如法院准许，则乙律师不得再作为甲公司的诉讼代理人。

（4）李某在法庭上宣读未到庭的证人的书面证言，该书面证言能够代替证人出庭作证。

(5) 出庭的当事人和证人都必须签保证书。

[回答] (1) 说法错误。未成年人可以附条件作为证人。未成年人所作的证言应和其年龄、智力水平相适应。

(2) 说法错误。如果要在诉讼中申请证人出庭作证,应当在举证期届满前提出。证人证言属于证据,应与"举证期"联系。答辩期内完成答辩和管辖权异议即可。

(3) 说法正确。证人优先,证人角色与其他诉讼角色冲突时,优先作为证人出庭参加诉讼。

(4) 说法错误。证人必须出庭,书面证言无法代替证人出庭,无正当理由未出庭的证人的书面证言不得作为定案依据。

(5) 说法正确。当事人和证人出庭,都必须具结保证。

核心考点 049 电子数据和视听资料 ★★★

一、识别

1. 电子数据包括下列信息、电子文件:
(1) 网页、博客、微博客等网络平台发布的信息;
(2) 手机短信、电子邮件、即时通信、通讯群组等网络应用服务的通信信息;
(3) 用户注册信息、身份认证信息、电子交易记录、通信记录、登录日志等信息;
(4) 文档、图片、音频、视频、数字证书、计算机程序等电子文件;
(5) 其他以数字化形式存储、处理、传输的能够证明案件事实的信息。

2. 视听资料,是指除电子数据外具有科技载体的录音、影像资料,典型的如录音带、录像带。

考点提示

做题时,只要一份证据材料具备了电子形式,就应认定其属于电子数据。只要这份电子数据丧失了电子形式,就绝对不能再认定为电子数据。所以,电子数据必须结合其"载体"进行观察。

二、规则

1. 有疑点(有剪辑可能、不清晰)的视听资料和电子数据,不能单独认定案件事

实，必须有其他证据佐证。

2. 偷拍、偷录的证据，只要不属于非法证据，一般可以作为认定案件事实的依据。

核心考点 050 书证和物证 ★★

一、识别

书证，是指用思想内容证明案件事实的证据，典型的如合同书、借条等。

物证，是指用外在特征、存在方式、物理或化学性质证明案件事实的证据，典型的如产品质量侵权里的产品、交通事故纠纷中的车辆等。

> **考点提示**
> 判断一份证据是书证还是物证，要具体情况具体分析。例如，就一份遗嘱而言，为了证明财产分配的方案，该遗嘱属于书证；为了证明遗嘱字迹是伪造的，该遗嘱属于物证。

二、公文书和私文书

以书证的制作主体为标准，可以将其分为公文书和非公文书。公文书，是指由国家机关或者具有公信权限的机构制作的文书，如判决书、裁定书、公证书、会计师事务所出具的验资报告等。非公文书，即私文书，是指私人制作的或国家机关、企事业单位和不具备公信力的社会团体非在其职权范围内制作的文书，如经济交往中的买卖合同书、个人开出的借款收据等。

1. 公文书真实性推定

国家机关或者其他依法具有社会管理职能的组织在其职权范围内制作的文书是公文书，公文书所记载的事项推定为真实，但有相反证据足以推翻的除外。

2. 私文书真实性证明

在一般情况下，私文书的证明力要比公文书弱。私文书的真实性，由主张以私文书证明案件事实的当事人承担举证责任，提供证据加以证明。

> **注 意**
> 关于书证的相关规定同样适用于视听资料、电子数据。

背诵要点

4 种人证
1. 勘验人是法院里的人，做的是勘验笔录。
2. 鉴定人是专家，做的是鉴定意见。
3. 证人是了解案情的人，做的是证人证言。
4. 参加诉讼的是当事人，做的是当事人陈述。

> 不是以上四种人的就不是人证

4 种实物证据
1. 有电子形式的是电子数据。
2. 有其他科技载体的是视听资料。
3. 没有特殊形式的，以内容证明事实的是书证，以外形等证明事实的是物证。

核心考点 051　文书提出命令和最佳证据规则 ★★★★

一、文书提出命令

重要的书证、视听资料、电子数据在对方当事人手中，负举证责任的当事人可以书面申请法院责令对方提交，申请费用由申请人负担。对方拒不提交的，书证内容推定为真。

下列情形，控制书证的当事人应当提交书证：

01 引用书语　控制书证的当事人在诉讼中曾经引用过的书证

02 利益书证　为对方当事人的利益制作的书证

03 权利书证　对方当事人依照法律规定有权查阅、获取的书证（实体法上应制作、保存和披露的文书）[1]

---

[1]　如病历资料。《最高人民法院关于审理医疗损害责任纠纷案件适用法律若干问题的解释》第 6 条第 1 款规定，《民法典》第 1222 条规定的病历资料包括医疗机构保管的门诊病历、住院志、体温单、医嘱单、检验报告、医学影像检查资料、特殊检查（治疗）同意书、手术同意书、手术及麻醉记录、病理资料、护理记录、出院记录以及国务院卫生行政主管部门规定的其他病历资料。另外，该类书证还出现在劳动法领域、知识产权领域等。

| 04 法律关系书证 | 账簿、记账原始凭证 |
| 05 其他情形 | 法院认为应当提交书证的其他情形 |

持有书证者为妨碍对方使用，毁坏书证或令书证不能使用的，法院可以认定对方当事人主张以该书证证明的事实为真实，并对其罚款、拘留；构成犯罪的，依法追究刑事责任。

在知识产权民事诉讼中，承担举证责任的当事人书面申请法院责令控制证据的对方当事人提交证据，申请理由成立的，法院应当作出裁定，责令其提交。[1] 也就是说，在知识产权民事诉讼中，可以要求对方提交的证据包括但不限于书证、电子数据和视听资料。

二、最佳证据规则

对于书证、物证、视听资料和电子数据，原则上应提交原件或原物，提交原件、原物确有困难的，可以提交经法院核对无异的复制品、复制件或影像资料（一般不动产只能提交影像资料）。

无法与原件、原物核对的复制品、复制件可以作为证据，但不能单独作为认定案件事实的依据。

真题小试

哥哥王文诉弟弟王武遗产继承一案，王文向法院提交了一份其父生前关于遗产分配方案的遗嘱复印件，遗嘱中有"本遗嘱的原件由王武负责保管"字样，并有王武的签名。王文在举证责任期间书面申请法院责令王武提交遗嘱原件，法院通知王武提交，但王武无正当理由拒绝提交。在此情况下，依据相关规定，下列哪一行为是合法的？（2016/3/80-单）[2]

A. 王文可只向法院提交遗嘱的复印件
B. 法院可依法对王武进行拘留
C. 法院可认定王文所主张的该遗嘱能证明的事实为真实
D. 法院可根据王武的行为而判决支持王文的各项诉讼请求

---

[1] 2020年11月《最高人民法院关于知识产权民事诉讼证据的若干规定》第24条。
[2] A（因法律变化，本题现属于单选题）。本题重点考查书证的最佳证据规则和文书提出命令。A项当选，遗嘱在对方当事人手中，属于确有困难无法提交原件的情况，可以只提交复印件。B项不当选，要对王武进行拘留的前提是王武"毁灭有关书证或者实施其他致使书证不能使用行为"，现王武仅仅是拒绝提供书证，故不可以对其进行罚款、拘留。王武拒绝提供书证的法律效果是"可以认定申请人所主张的书证内容为真实"，而并非遗嘱的内容证明的案情为真。当然，推定证据内容为真，更不是推定王文的各项诉讼请求成立，这是有显著差别的。因此，CD两项看似矛盾，其实都是错误的，都不应当选。

总结梳理

证据类型的判断思路

首先，看是不是鉴定意见或者勘验笔录。
鉴定意见由鉴定人制作，勘验笔录由勘验人（法官及其指导下的人）制作，这两种证据的制作主体最为特殊。所以，只要是鉴定人制作的或者是勘验人制作的，不论其形式，不管其内容，都应认定为鉴定意见或者勘验笔录。

其次，如果不是鉴定意见或者勘验笔录，就看是不是当事人陈述或者证人证言。
这组证据的内容特殊，是当事人说的话或者证人说的话，是典型的言词证据。只要内容是当事人或者证人的言词，则不论形式如何，均为当事人陈述或者证人证言。

再次，如果不是当事人陈述或者证人证言，就看是不是电子数据或者视听资料。
这组证据形式特殊，都具备特殊的载体。在电子设备中形成或者存储的数据资料均为电子数据，不是电子数据的视听影音资料就是视听资料。只要具备特殊的载体，不管其内容为何，都可以认定为电子数据或者视听资料。

最后，如果以上都不是，那就是书证或者物证。
书证和物证是按照其证明案件事实的方式进行的划分，书证是用其内容证明案件事实，物证是用其外在特征证明案件事实。

总结下，对证据种类的判断思路应该是这样的：

主 体 → 内 容 → 形 式 → 证明方式

证据三大特征与证据规则

真实性	最佳证据规则	为了保障证据的真实性而设立的规则
	证人、鉴定人出庭质证规则	
	证人、当事人、鉴定人具结保证规则	
关联性	证据必须与案件事实有逻辑联系（对证明案件事实有帮助）	
合法性	民事诉讼非法证据排除规则（为了保障证据的合法性而设立的规则）	

证明力判断

作为证据使用，证明力大	公文书
可以作为证据使用，但证明力小（不得单独作为认定案件事实的依据）	和当事人有利害关系的证人所作的证言
	未成年人作出的和其年龄、智力不相适应的证人证言

续表

可以作为证据使用，但证明力小 (不得单独作为认定案件事实的依据)	有疑点的视听资料
	无法和原件、原物核对的复制品、复制件
不能作为证据使用，要被排除	非法证据
	应签署而拒不签署保证书的证人所作的证言
	拒不出庭的鉴定人所作的意见
	无正当理由未出庭的证人所作的证言

致努力中的你

如果世界上真的有奇迹，
那只是努力的另一个名字。

第五讲
诉讼保障制度
05

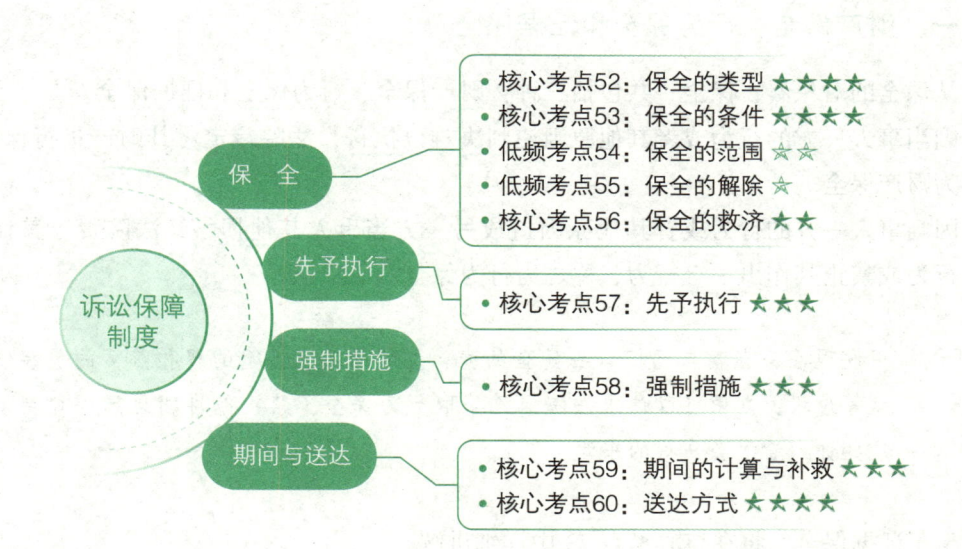

- 保全
  - 核心考点52：保全的类型 ★★★★
  - 核心考点53：保全的条件 ★★★★
  - 低频考点54：保全的范围 ☆☆
  - 低频考点55：保全的解除 ☆
  - 核心考点56：保全的救济 ★★
- 先予执行
  - 核心考点57：先予执行 ★★★
- 强制措施
  - 核心考点58：强制措施 ★★★
- 期间与送达
  - 核心考点59：期间的计算与补救 ★★★
  - 核心考点60：送达方式 ★★★★

知识铺垫

诉讼保障制度，是为了应付诉讼中出现的特殊情况或者为保障诉讼顺利进行而设置的制度，包括保全、先予执行、强制措施、期间、送达五种制度。

专题 16 保全

核心考点 052 保全的类型 ★★★★

保全，是指法院为保证将来的生效判决能切实执行，为了及时、有效避免当事人或利害关系人的合法权益受到难以弥补的损害，或者为了防止证据损毁、灭失或以后难以取得，在诉讼过程中或诉讼开始前，根据当事人或利害关系人的申请，或者必要时依职权，对当事人争议的财产、与本案有关的财产或证据，采取强制性保护措施，或者责令、禁止作出一定行为的法律制度。

一、财产保全、行为保全和证据保全

从保全的对象看，保全一共包括三种：财产保全、行为保全和证据保全。

因当事人一方的行为或者其他原因使判决难以执行，法院裁定对其财产进行保全，称之为财产保全。

因当事人一方的行为或者其他原因造成另一方当事人其他损害，法院责令其作出一定行为或禁止其作出一定行为，称之为行为保全。

[例] 甲发现乙一直朝自己门口丢鲍鱼的壳、龙虾的头、雪蟹的腿和燕窝的包装盒等垃圾，则甲可以请求法院对乙采取行为保全，禁止他再朝自己门口丢这些让人看了会伤心的东西。

至于证据保全，将在核心考点 73 中详细讲解。

二、诉前保全、诉中保全和执行前保全

从保全的时间看，保全一共包括三种：诉前保全、诉中保全和执行前保全。

1. 诉前保全，是指在法院受理案件前或者当事人申请仲裁前，当事人向法院申请的保全。

2. 诉中保全，是指在法院受理案件后、作出判决前，当事人向法院申请的保全。

3. 执行前保全，是指在法院作出判决后、执行前，在判决的履行期内，当事人向法院申请的保全。

履行期，是指判决中法院给被告指定的履行义务的期限，如 10 日内给付、5 日内

拆除等。在履行期（这是法院给被告的缓冲期）内，债权人无法执行的，为防止被告转移财产，债权人可以申请执行前保全。

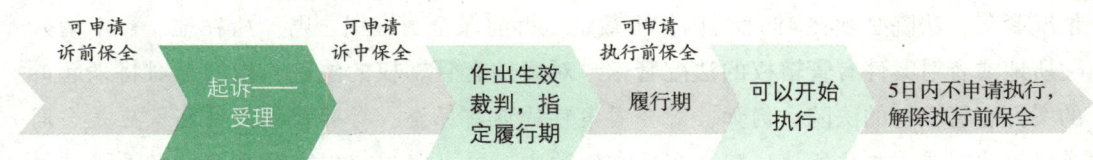

| 可申请诉前保全 | → | 起诉——受理 | → | 可申请诉中保全 | → | 作出生效裁判，指定履行期 | → | 履行期 | → | 可申请执行前保全 | → | 可以开始执行 | → | 5日内不申请执行，解除执行前保全 |

[例] 5月5日原告起诉到法院，5月10日法院受理案件。6月22日法院作出生效判决，要求被告在6月27日前给付原告10万元。

Q：（1）原告5月7日可以申请何种保全？
（2）原告5月24日可以申请何种保全？
（3）原告6月25日可以申请何种保全？

A：（1）可以申请诉前保全。此时，法院尚未受理案件。
（2）可以申请诉中保全。此时，法院已经受理案件。
（3）可以申请执行前保全。此时，判决作出但尚未执行，处于履行期（6月22日~6月27日）内。

核心考点 053　保全的条件 ★★★★

保全的条件因保全阶段的不同而不同：

1. 诉中保全

诉中保全发生在当事人提起诉讼之后，可以由法院依职权启动或依当事人申请启动。为避免保全错误，给被保全的债务人造成损失，法院可以要求申请人提供担保。若保全错误，给被保全人造成损失，将来可以用担保财产来补偿被保全人的损失。情况紧急的，法院应在48小时内作出裁定；情况不紧急的，法院可以在5日内作出裁定。诉中保全由受诉法院管辖。

司法实践的广泛需要使得我国在作为一般法的《民事诉讼法》中设立行为保全制度成为必要。近些年来，我国海事、知识产权领域以单行法的形式先后设立了具有行为保全性质的制度，但若在知识产权纠纷中申请诉中行为保全，申请人则必须依法提供担保。因为知识产权案件中的行为保全风险较大，可能对被保全人的利益产生的影响也较大，所以，立法采用了比较审慎的态度。

2. 诉前保全

诉前保全发生在起诉前或者当事人申请仲裁前，其必须是在紧急情况下依利害关系人申请启动，不允许法院依职权启动。由于诉前保全风险较高，除证据保全外，法院必须要求申请人提供担保，申请人不提供担保的，驳回其保全申请。由于诉前保全情况紧急，法院必须在48小时内作出裁定。诉前保全由被保全财产所在地、被申请人住所地或者对案件有管辖权的法院管辖。对案件有管辖权的法院，指的是对将来起诉的案件有管辖权的法院。例如，对合同案件的诉前保全，有管辖权的法院就应是合同履行地法院或被告住所地法院。在日常生活中，民事侵权与损害的突然性和不可预见性往往与诉讼的滞后性和主观人为性之间存在着一定的矛盾，因此，扩大诉讼的外延既是对民众权利保护的新要求，也是为了其后更好地发挥诉讼的功能和效用。诉前保全正是顺应了诉讼非讼化的趋势，在利害关系人起诉前或申请仲裁前便对其进行前瞻性保护，为其后的诉讼或仲裁做好基础。

> **解题技巧**
>
> 考试中经常考查保全的管辖，做这种题，分三步走：
>
> **第一步，看清楚是什么阶段**
>
> 如果是诉中，就是受诉法院管，这很简单；如果是执行前，就要找出有执行权的法院是哪个，这要依靠后面执行部分讲的知识来判断；如果是诉前，就可能由被保全财产（证据）所在地、被申请人住所地或有管辖权的法院管。
>
> **第二步，判断是哪种保全**
>
> 如果是行为保全，就没有被保全财产（证据）所在地法院，只有被申请人住所地和有管辖权的法院。
>
> **第三步，分析本案有管辖权的法院是哪个**
>
> 这主要依靠前面讲过的管辖部分的知识来判断。
>
> 把所有正确的法院汇总起来，就是正确答案。

3. 执行前保全

执行前保全发生在裁判生效后、进入执行程序前的履行期内。执行前保全必须是在紧急情况下依胜诉债权人申请启动，由执行法院管辖。在执行前一般只存在财产保全的必要。

4. 若诉讼中保全裁定未解除、保全措施期限未届满，进入执行程序后，其自动转为执行中的保全措施。

[例] Q：在诉讼中，法院查封债务人王某的房产 2 年以达财产保全的目的。3 个月后，诉讼结束，王某败诉。此时，法院是否应解除财产保全？

A：不需要解除，继续查封房产。王某的债权人申请执行后，该查封措施自动转为执行中的查封措施。

> **背诵要点**
> 1. 诉前保全必担保（证据保全除外），依申请启动。
> 2. 诉中保全可担保，依申请或者依职权启动。
> 3. 执行前保全无需担保（已经胜诉），依申请启动。

低频考点 054 保全的范围 ☆☆

保全限于请求的范围，或者与本案有关的财物。

一、保全金额

保全的标的额不能超过当事人请求的标的额。

二、保全对象

财产保全限于可供执行的财产。
1. 一般只能保全债务人的财产，不能保全案外人的财产。
2. 但当债务人的财产不能满足保全请求，且债务人对第三人有到期债权时，法院可以依债权人的申请裁定该第三人不得对本案债务人清偿。第三人要求偿付的，由法院提存财物或价款。这就是所谓的保全对第三人的到期债权。

三、对担保物的财产保全

法院可以对抵押物和留置物采取保全措施，但担保物权并不消灭，权利人可优先受偿，担保物一般仍由担保物权人保管。

> **考点提示**
> 不能超额保全，不能保全案外人的财产，保全不能对抗担保物权。

低频考点 055　保全的解除 ☆

一、解除主体

法院裁定作出的保全措施不会自动解除，只能由法院解除，保全法院及其上级法院可以解除保全。

二、解除原因

1. 保全错误的。
2. 申请人撤回保全申请的。
3. 申请人的起诉或者诉讼请求被生效裁判驳回的。
4. 财产纠纷案件，被申请人提供担保的（变更保全对象）。
5. 法院采取保全措施后 30 日内，申请人不提起诉讼或者申请仲裁的。
6. 判决履行期满 5 日内，债权人不申请执行的。

> **考点提示**
> 当保全措施没必要、有错误两种情况出现其一时，就要解除保全措施。

核心考点 056　保全的救济 ★★

一、复议

当事人不服保全裁定的，有权向作出裁定的法院申请复议，但复议期间不停止裁定的执行。

二、起诉

保全错误时，利害关系人或者被申请人可以起诉请求赔偿，由受诉法院或者保全法院管辖。

1. 当事人申请诉前保全后没有在法定期间起诉或者申请仲裁，给被申请人、利害关系人造成损失引起的诉讼，由保全法院管辖（没有受诉法院）。

2. 当事人申请诉前保全后在法定期间内起诉或者申请仲裁,被申请人、利害关系人因保全受到损失提起的诉讼,由受诉法院或者保全法院管辖。

3. 因诉中保全错误起诉索赔的,由受诉法院管辖。

[例] Q:甲住在乙家,乙经常对甲进行辱骂。甲向法院申请,要求乙不得辱骂自己。法院准许。乙可以如何救济自己的利益?

A:甲的行为属于申请诉前行为保全,乙可以向作出保全的法院申请复议。

总结梳理 诉前保全和诉中保全的区别

	诉前保全	诉中保全
对象	财产保全、行为保全、证据保全	
启动	依申请	依申请或依职权
担保	必须提供担保(证据保全例外)	可以要求提供担保(知识产权案件行为保全必须担保)
裁定	必须48小时内作出裁定	情况紧急,要求48小时内作出裁定
管辖	被保全财产(证据)所在地、被申请人住所地或者对案件有管辖权的法院	受诉法院

专题 17 先予执行

核心考点 057 先予执行 ★★★

先予执行,是指法院在诉讼过程中,为解决一方当事人生活或生产的紧迫需要,根据当事人的申请,裁定对方当事人预先给付申请一方当事人一定数额的金钱或其他财产,或者实施或停止某种行为,并立即付诸执行的法律制度。

正常情况下,应先胜诉,再执行。之所以叫先予执行,是因为此情形中是先执行,再作出判决。

一、适用的案件范围

1. 追索赡养费、扶养费、抚养费、医疗费用、抚恤金的。
2. 追索劳动报酬的。
3. 因情况紧急需要先予执行的。情况紧急，具体包括：

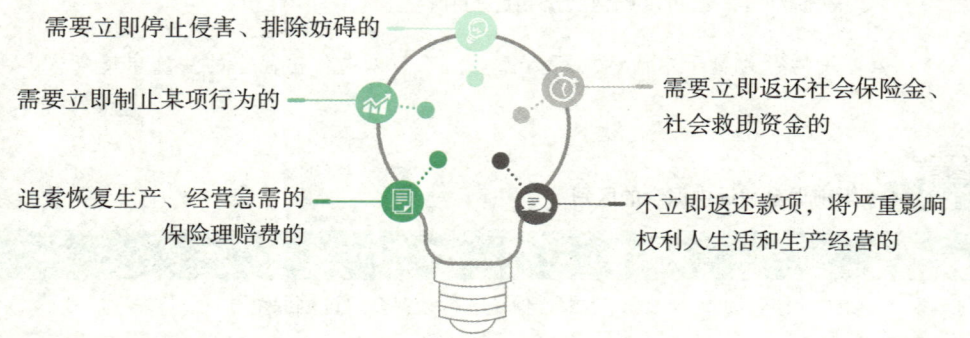

- 需要立即停止侵害、排除妨碍的
- 需要立即制止某项行为的
- 追索恢复生产、经营急需的保险理赔费的
- 需要立即返还社会保险金、社会救助资金的
- 不立即返还款项，将严重影响权利人生活和生产经营的

> **口诀**
> 四费一金
> 劳动报酬

二、适用条件

- **01 明确性**：当事人双方的民事法律关系确定，权利义务内容明确
- **02 迫切性**：不先予执行将严重影响申请人的生活或者生产经营
- **03 可能性**：被申请人有履行能力
- **04 依申请**：法院不能依职权启动，只能依申请人申请启动
- **05 可担保**：法院可以责令申请人提供担保，也可以不要求申请人提供担保
- **06 时间**：必须是在诉讼中提出申请，没有诉前先予执行
- **07 范围**：先予执行应当限于当事人请求的范围，并且是生活、生产经营所急需

三、救济

当事人不服先予执行的裁定，有权向作出裁定的法院申请复议，但复议期间不停止裁定的执行。

> **模拟训练**
>
> 邓某将其子告到法院，请求其子每月支付给自己赡养费500元。诉讼过程中，邓某急需生煤炉取暖，但已无钱买煤。另外，邓某听说其子准备把自己存折上的3000多元钱转到一个朋友的账户上。
>
> Q：此时，邓某可以向法院申请采取的措施是什么？
>
> A：邓某可以向法院申请财产保全，也可以申请法院先予执行。

专题 18 强制措施

核心考点 058 强制措施 ★★★

对妨害民事诉讼的强制措施，是指法院为制止和排除对民事诉讼的妨害，维护诉讼秩序，保障审判和执行活动的正常进行，对在民事诉讼过程中故意违反法庭规则、实施妨害民事诉讼行为的诉讼参与人及案外人，依法采取的各种强制手段的总称。

强制措施适用的对象，只能是故意实施违法行为的人。

强制措施适用的阶段，只能是诉讼中。尚未受理案件，不能适用强制措施。

根据妨害民事诉讼行为的不同类别及严重程度，强制措施共分为五种，包括训诫、责令退出法庭、拘传、拘留和罚款。其中，训诫，是指法院以口头方式训斥实施妨害民事诉讼行为的人，指出其行为的违法性，责令其改正并保证不得再犯的措施。训诫是一种较轻的强制措施。责令退出法庭，是指法院命令违反法庭纪律的人离开法庭，如其不服从命令，则由司法警察强制带离法庭的措施。

法考中，主要考查拘传、拘留和罚款三种强制措施：

一、拘传

拘传，是指法院派出司法警察，强制当事人到庭参加诉讼和到场接受询问的措施。

（一）适用对象

拘传适用于必须到庭，不到庭就无法查明案情的被告、原告、被执行人。

1. 必须到庭的被告，是指负有赡养、扶养、抚育义务的被

> **口诀**
>
> 抚扶赡、离婚案
> 被告不到要拘传

告和离婚案件的被告及其法定代理人。

考点提示
离婚案件的当事人委托了诉讼代理人时，若当事人能正确表达意志，仍需出庭；特殊情况当事人不能出庭时，需提交书面意见。

2. 必须到庭的原告，是指不到庭就无法查清案件基本事实的原告及其法定代理人。

3. 必须接受调查询问的被执行人（包括被执行人的法定代表人、负责人或者实际控制人）也可以被拘传。

（二）适用条件

经2次传票传唤，无正当理由拒不到庭的，经院长批准，发出拘传票。但对被执行人只需要传唤1次即可拘传。

口诀
一次传票传　不到把期延
二次传不到　就发拘传票

注意
需要传唤2次才拘传的案件，第一次传唤不到庭的，法院应决定延期审理。

二、罚款与拘留

罚款，是指法院决定责令妨害民事诉讼的人在规定的期间内向法院代表的国家缴纳一定数额的货币的措施。拘留，是指法院决定在一定期限内限制妨害民事诉讼的人的人身自由的措施。

1. 共同特点

（1）应当使用决定书；

（2）必须经院长批准；

（3）可向上一级法院申请复议1次。

2. 罚款数额

罚款的数额，为自然人10万元以下，单位5万元以上100万元以下。

3. 拘留时间

拘留的期限，为15日以下。拘留后，24小时内要通知家属。紧急情况下，可以先行拘留，拘留后，立即报告院长补办批准手续。

专题 19 期间与送达

知识铺垫

期间制度衔接、沟通了各民事诉讼行为，从立案到审判再到执行，从当事人之间的关系到当事人与法院之间的关系，无不通过期间和期日制度进行串联。而送达制度同样是民事诉讼中当事人之间以及当事人与法院之间信息沟通的桥梁，也是前后诉讼行为之间联结的纽带。

核心考点 059 期间的计算与补救 ★★★

民事诉讼中的期间，是指法院、当事人和其他诉讼参与人实施民事诉讼行为依法应遵守的期限。期间一般分为**法定期间**和**指定期间**两种。

法定期间

法定期间是法律规定的期间，分成可变期间和绝对不可变期间两种。

例如，上诉期由法律规定，属于法定期间，可以顺延；申请再审的期间由法律规定，也属于法定期间，却绝对不可以延长。

指定期间

指定期间是法院指定的期间，一般都可变。

例如，举证期限可由法院指定，属于指定期间，法院可以根据情况改变举证期限的长度。

一、期间计算三大法则

1. 期间开始的时和日，不计算在期间内。
2. 期间届满的最后一日是法定休假日的，以法定休假日后的第一日为期间届满的日期。
3. 期间不包括在途时间（诉讼文书的邮寄时间），诉讼文书在期满前交邮的，不

算过期。

[例] Q：9月16日，法院向当事人送达一审判决。10月8日，当事人交寄上诉状。10月11日，上诉状送达法院。当事人的上诉成功了吗？

A：上诉已经成功。上诉期从9月17日起计算，最后一日10月1日为节假日，顺延到10月8日作为最后一日，只要在10月8日前交寄，就不算过期。

二、期间的补救

当事人因不可抗拒的事由或者其他正当理由耽误期限的，在障碍消除后的10日内，可以申请顺延期限，是否准许，由法院决定。

真题小试

张兄与张弟因遗产纠纷诉至法院，一审判决张兄胜诉。张弟不服，却在赴法院提交上诉状的路上被撞昏迷，待其经抢救苏醒时已超过上诉期限1天。对此，下列哪一说法是正确的？（2015/3/41-单）[1]

A. 法律上没有途径可对张弟上诉权予以补救
B. 因意外事故耽误上诉期限，法院应依职权决定顺延期限
C. 张弟可在清醒后10日内，申请顺延期限，是否准许，由法院决定
D. 上诉期限为法定期间，张弟提出顺延期限，法院不应准许

三、期间的特殊规定

1. 在中国领域内没有住所的当事人，答辩期和上诉期均为30日，还可以向法院申请顺延。

2. 涉外民事诉讼没有审限。

审限是审理期限的简称，是法律规定的法院审结案件的时间限制，目的是防止拖延诉讼，让法院及时作出判决，提高诉讼效率。

---

[1] C。为公平起见，当事人有正当理由耽误期限的，在障碍消除后的10日内，可以申请顺延期限。本题中，张弟在去上诉的路上被撞昏迷，属于不可抗力，是典型的正当事由，当然可以申请顺延期限。所以，A项错误，并非没有途径可以补救，完全可以申请顺延期限。B项错误，只能依申请顺延，法院不会主动顺延。因为当事人耽误期限是否有正当事由，在逻辑上，法院是不知情的。法院既然不知情，怎么可能依职权顺延期限？所以，只能依据当事人的申请顺延期限。D项错误，法定期间除了绝对不可变期间，其他期间都是可以变化的，张弟有正当理由，法院应准许其顺延期限，并非法定期间就不能顺延。C项的描述符合法条规定，正确。

总结梳理 民诉法中可能考到的重要期限

管辖权异议期间	原则上为答辩期间
反诉期限	本诉存续期间
诉前保全裁定期	48 小时之内作出裁定
上诉期	判决，15 日；裁定，10 日；不在中国境内，30 日
当事人申请执行期	2 年
公告送达期限	30 日，涉外案件 60 日
支付令异议期限	支付令送达后 15 日
公示催告权利申报期	公告期间直到除权判决前
公示催告公告期	不得少于 60 日
申请撤销仲裁裁决	自收到裁决书之日起 6 个月内
申请不予执行仲裁裁决	开始执行仲裁裁决后，执行通知书送达之日起 15 日内
一审普通程序审限	6 个月，经院长批准，可以延长 6 个月
一审简易程序审限	3 个月，经院长批准，可以延长 1 个月
一审小额诉讼程序审限	2 个月，经院长批准，可以延长 1 个月
二审程序审限	对裁定上诉，30 日；对判决上诉，3 个月，经院长批准，可以延长
特别程序审限	立案之日起 30 日内或者公告期满后 30 日内
举证期限	一审普通程序≥15 日，二审程序≥10 日，一审简易程序≤15 日，一审小额诉讼程序≤7 日
确认调解协议、实现担保物权案当事人异议期	自收到裁定之日起 15 日内
申请确认调解协议	双方自调解协议生效之日起 30 日内
公益诉讼调解、和解协议公告期	不少于 30 日
绝对不变期间	
第三人撤销之诉期间	自知道或者应当知道其民事权益受到损害之日起 6 个月内
当事人申请再审期	在判决、裁定发生法律效力后 6 个月内；有《民事诉讼法》第 211 条第 1、3、12、13 项规定情形的，自知道或者应当知道之日起 6 个月内
确认调解协议、实现担保物权案利害关系人异议期	自知道或者应当知道其民事权益受到侵害之日起 6 个月内
撤销除权判决期间	自知道或者应当知道判决公告之日起 1 年内
当事人申请检察监督期间	自法院作出驳回再审申请裁定或者再审判决、裁定发生法律效力之日起 2 年内

核心考点 060　送达方式 ★★★★

送达，是指法院将法律文书送交受送达人的职权行为。送达方式有七种：直接送达、留置送达、电子送达、转交送达、委托送达、邮寄送达和公告送达。

一、直接送达

直接送达，是指法院将法律文书直接交给受送达人的送达方式，具体有两种方式：

1. 法院去送

（1）可以到受送达人住所或住所外送达。

（2）法院应送交本人。受送达的是法人的，向法定代表人送达；受送达的公民不在的，可向其代理人、代收人或者同住成年家属送达。

> 口诀
> 三代一家属

2. 告知当事人来法院领取

当事人到达法院后拒签送达回执的，视为送达。

二、留置送达

留置送达，是指法院向受送达人送达时，受送达人或者他的同住成年家属拒绝签收法律文书，送达人员留下法律文书，即视为送达。

留置送达时，若受送达人或者他的同住成年家属拒收，处理的具体方式有两种：

1. 可以邀请见证人，说明情况，在送达回证上记明拒收事由和日期，由送达人、见证人在送达回证上签名或盖章。

2. 可以用拍照、录像等方式记录送达过程。

三、电子送达

电子送达，是指通过电子方式送达诉讼文书。电子送达需要满足两个条件：

1. 受送达人同意。

2. 能够确认受送达人收悉（包括在送达地址确认书中予以确认）。

通过电子方式送达的判决书、裁定书、调解书，受送达人提出需要纸质文书的，法院应当提供。

采用电子方式送达的，以送达信息到达受送达人特定系统的日期为送达日期。

四、转交送达

转交送达，是指由有关机关、单位将法律文书转交给受送达人的送达方式。

1. 只能适用于军人、被监禁的人、被采取强制性教育措施的人。
2. 法律文书应由受送达人签收，而非由转交的机关、单位签收。

口 诀

军人坚强

五、委托送达

委托送达，是指由法院委托其他法院进行送达的送达方式。

六、邮寄送达

邮寄送达，是指以邮寄的方式送达法律文书，以送达回执上注明的收件日期为送达日期。

七、公告送达

受送达人下落不明，或者无法用其他方式送达的，发出公告经过30日（涉外案件经过60日），视为送达。

公告送达是一种拟制送达，存在无法被当事人真正接收到的可能。

八、关于送达的特殊规定

1. 当事人在纠纷发生之前约定送达地址的，法院可以将该地址作为送达诉讼文书的确认地址。
2. 当事人起诉或者答辩时应当依照规定填写送达地址确认书。

背诵要点

○下落不明公告送	○拒绝签收留置送
○军人监强转交送	○网络方式电子送

致努力中的你

大雨可以延迟我们到达的时间，
但不能阻止我们前进。

06 第六讲 诉讼调解与和解

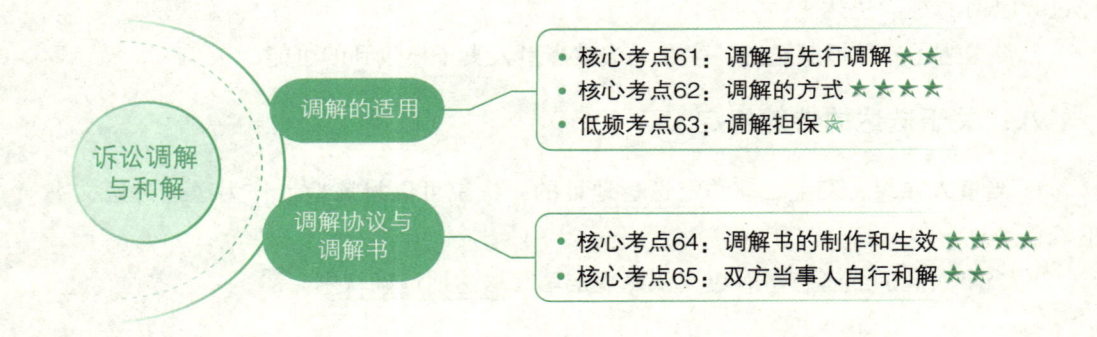

- 调解的适用
  - 核心考点61：调解与先行调解 ★★
  - 核心考点62：调解的方式 ★★★★
  - 低频考点63：调解担保 ☆
- 调解协议与调解书
  - 核心考点64：调解书的制作和生效 ★★★★
  - 核心考点65：双方当事人自行和解 ★★

知识铺垫

法院调解，是指在民事诉讼中双方当事人在法院审判人员的主持和协调下，就案件争议问题进行协商，从而解决纠纷的制度。

我国除了法院调解外，还有诉讼外调解。诉讼外调解包括人民调解、行政机关调解等。

诉讼和解，是指当事人在民事诉讼过程中通过自行协商，就案件争议问题达成协议，并共同请求法院终结诉讼的制度。

专题 20　调解的适用

核心考点 061　调解与先行调解 ★★

在民事诉讼程序的全程，都可以在遵守自愿合法原则的基础上，依职权或者依申请启动法院调解程序，这也是核心考点 8 自愿合法调解原则中讲解的主要内容。因为有法院作为第三方介入，居中斡旋，所以其区别于双方当事人的和解。

法院调解是法院行使审判权与当事人行使诉权相结合的产物。调解的本质在于双方当事人合意解决纠纷，体现了对当事人意思自治的尊重在程序中的延伸。同时，调解书具有强制执行力正是国家公权力进行确认的结果，而法院调解是法院审理民事案件、解决民事纠纷的一种结案方式。法院调解贯穿于民事诉讼程序的全过程，广泛存在于审判的各个阶段，包括立案调解、审前调解、辩论终结后的调解、二审调解等。但是执行程序中不能调解，只能由当事人和解。

在民事诉讼程序中，有两个阶段必须由法院依职权启动先行调解，这是纠纷解决的必经程序。具体而言，在民事诉讼中，如下图所示，先行调解存在于下列两个阶段：

1. 立案调解：当事人起诉到法院后，适宜调解的，先行调解。
2. 庭前调解：开庭前可以调解的，采取调解方式及时解决纠纷。

```
    先行                先行
    调解                调解
     │                  │
     ▼                  ▼
┌─────────┐ 可调解 ┌─────────┐ 可调解 ┌─────────┐ 不可调解只可和解
│起诉到法院│───────│开庭审理前│───────│ 作出判决 │──────────────
└─────────┘        └─────────┘        └─────────┘
```

需要提醒同学们注意的是，先行调解是法院作为主体依职权进行的调解。先行调解是<u>必经程序</u>，但并非强制调解，仍然要遵循自愿合法原则。如果法院启动先行调解后，当事人不同意进行调解，调解程序将无法继续进行。

核心考点 062　调解的方式 ★★★★

法院调解原则上应不公开进行。

调解过程不公开，但当事人同意公开的除外；调解协议内容不公开，但为保护国家利益、社会公共利益、他人合法利益的除外；调解员有保密义务，但为保护国家利益、社会公共利益、他人合法利益的除外。

区别于审判活动以公开为原则，调解活动以不公开为原则。法院调解不单纯是法院的审判行为，而主要是当事人的协商行为，是当事人行使处分权的行为，法院不仅没有必要给社会公众监督，反而应当对当事人行使私权的行为给予保护。

低频考点 063　调解担保 ☆

在法院调解的调解协议中，可约定由当事人一方自行提供担保或由案外人提供担保。案外人提供担保的，调解书应当列明担保人。担保应当符合我国民法规定的条件。

1. 担保人签署担保协议（担保条件成就）时，调解担保即成立。
2. 担保人不签收调解书，不影响调解书的效力。
3. 债权人可以依据调解书直接向法院申请强制执行担保人的财产，不需要再单独起诉担保人。

专题 21　调解协议与调解书

调解协议，是指在法院的主持下，当事人双方针对其争议的民事权利义务，通过协商达成的诉讼契约。调解协议要记入笔录。

调解书，是指法院根据双方当事人达成的调解协议制作的法律文书。

核心考点 064　调解书的制作和生效 ★★★★

1. 当事人达成调解协议，法院审查（审查原则：自愿合法）后，应当依据调解协议制作调解书，调解书的内容和调解协议的内容应一致。调解书与调解协议的原意不一致的，当事人可以提出异议，由法院审查后补正。调解协议的内容超出诉讼请求的，法院可以准许（不受处分原则制约）。

2. 调解书送达双方当事人签收后生效。调解书不能留置送达！注意："调解书送达后"的意思是调解书送达成功了。

3. 可以不用制作调解书的情况

（1）法定不制作调解书：①调解和好的离婚案件；②调解维持收养关系的案件；③能够即时履行的案件。

出现这三种情况，就没必要再制作调解书。

（2）协议不制作调解书

若当事人都同意在调解协议上签章后即生效，就不再制作调解书。

具体需要按照下列三步操作：①法院确认调解协议是不是自愿合法达成的；②法院应将调解协议记入笔录或者将调解协议附卷；③由当事人、审判员、书记员在调解协议上签章。

三个步骤结束后，调解协议即生效（本案就没有调解书了），该调解协议若具备给付性内容，则具备强制执行力。

> **背诵要点**
>
> 1. 正常是以调解书结案；无需制作调解书的，可以以调解协议结案。
> 2. 以调解书结案的，调解协议无任何效力（自然无合同效力），此时，若对方不履行给付内容，就申请执行调解书。
> 3. 以调解协议（有给付内容）结案的，可以申请执行调解协议（此时有执行力）。

真题小试

某借款纠纷案二审中，双方达成调解协议，被上诉人当场将欠款付清。关于被上诉人请求二审法院制作调解书，下列哪一选项是正确的？（2009/3/45-单）[1]

A. 可以不制作调解书，因为当事人之间的权利义务已经实现

B. 可以不制作调解书，因为本案属于法律规定可以不制作调解书的情形

C. 应当制作调解书，因为二审法院的调解结果除解决纠纷外，还具有对一审法院的判决效力发生影响的功能

D. 应当制作调解书，因为被上诉人已经提出请求，法院应当予以尊重

---

[1] C。二审法院审理上诉案件，可以进行调解。调解达成协议，应当制作调解书，由审判人员、书记员署名，加盖法院印章。调解书送达后，原审法院的判决即视为撤销。调解书也是二审程序中的结案方式之一，在二审程序中达成调解协议的，都应当制作调解书，调解书应由审判人员和书记员署名，并加盖法院的印章。因此，C项正确。

核心考点 065 双方当事人自行和解 ★★

自行和解，是指双方当事人在民事诉讼过程中自行协商，就争议的实体法律关系自愿达成协议，解决纠纷的活动。自行和解的主体是双方当事人，没有审判人员的参与，也不具有国家司法权的性质。自行和解不同于法院调解，调解一旦达成协议并经法院确认后，就发生法律效力，不允许当事人反悔；而和解协议达成后，如果当事人认为不公平，可以不履行，仍可以就原纠纷向法院提起诉讼。

一、双方当事人自行和解后的程序

1. 可以向法院申请撤诉。
2. 可以申请法院对和解协议确认后，制作调解书结案。
3. 若当事人既不申请制作调解书也不申请撤诉，则法院继续审理。

二、和解的效力

1. 和解没有时间限制，任何时间、任何阶段，都可以进行和解。
2. 和解协议在任何时候都不可以作为结案依据，和解协议在任何情况下都没有强制执行力。
3. 诉讼中达成的和解协议没有合同效力。若双方当事人达成和解协议后，原告申请撤诉，被告不履行和解协议，原告也不能起诉被告请求其履行和解协议或者请求其承担违约责任，只能就原纠纷重新向法院起诉。

总结梳理 法院调解与当事人和解的区别

	法院调解	当事人和解
参与主体	法院、当事人	当事人
形成协议	调解协议	和解协议
协议效力	可以作为结案文书，一般没有执行力（但以调解协议结案，且调解协议有给付内容时，有执行力）	不能作为结案文书，无执行力
调解书制作	法院主动制作调解书	当事人申请制作调解书

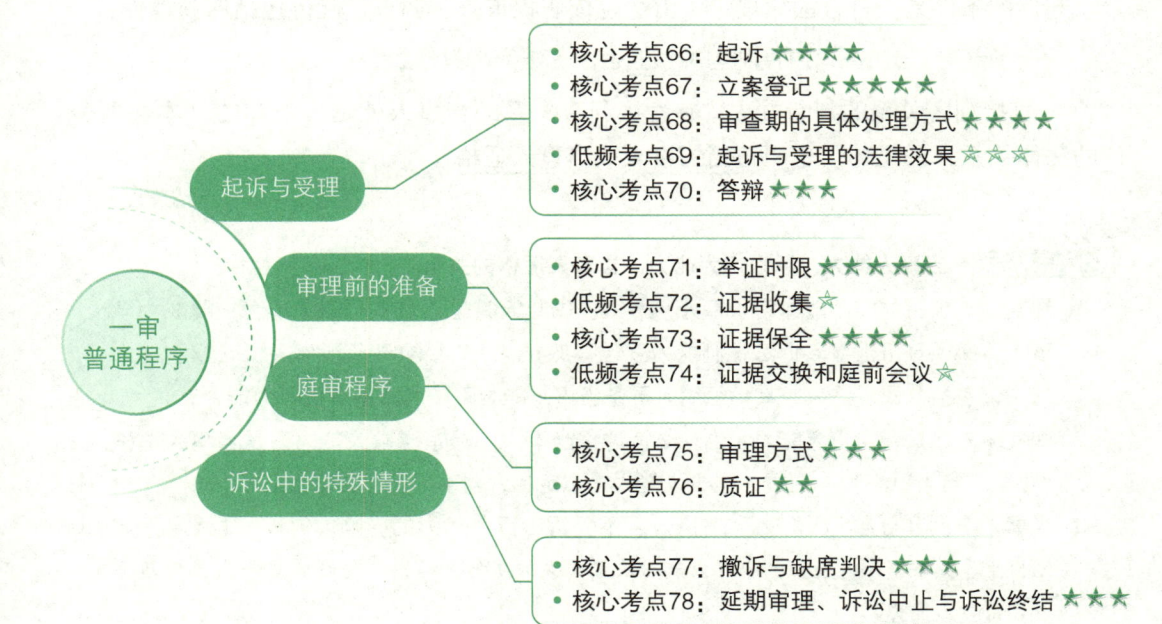

第七讲 一审普通程序 | 07

- 起诉与受理
  - 核心考点66：起诉 ★★★★
  - 核心考点67：立案登记 ★★★★★
  - 核心考点68：审查期的具体处理方式 ★★★★
  - 低频考点69：起诉与受理的法律效果 ☆☆☆
  - 核心考点70：答辩 ★★★

- 审理前的准备
  - 核心考点71：举证时限 ★★★★★
  - 低频考点72：证据收集 ☆
  - 核心考点73：证据保全 ★★★★
  - 低频考点74：证据交换和庭前会议 ☆

- 庭审程序
  - 核心考点75：审理方式 ★★★
  - 核心考点76：质证 ★★

- 诉讼中的特殊情形
  - 核心考点77：撤诉与缺席判决 ★★★
  - 核心考点78：延期审理、诉讼中止与诉讼终结 ★★★

专题 22　起诉与受理

核心考点 066　起诉 ★★★

起诉，是指当事人就民事纠纷向法院提起诉讼，请求法院依照法定程序进行审判的行为。即原告请求法院通过审判，使被告承担某种法律上的责任和义务。

民事诉讼中，起诉是唯一一种可以启动一审程序的方式。

一、起诉的条件

起诉的条件是否符合法律规定，由法院依职权审查、调查。起诉包括四项条件：

（一）原告是与本案有直接利害关系的公民、法人和其他组织

1. 直接利害关系的判断方法：有直接利害关系的当事人就是诉讼标的（本案所争议的法律关系）的主体，也叫正当当事人或当事人适格。

> **考点提示**　当事人能力、诉讼行为能力、当事人适格的关系
>
> 1. 要判断一个主体能不能作为当事人，必须优先判断其是否具备当事人能力。要成为当事人，必须具备当事人诉讼权利能力（当事人能力），我国具备当事人诉讼权利能力的主体包括公民、法人、其他组织。具备当事人能力不一定具备诉讼行为能力。
> 2. 即使该主体具备当事人能力，也未必是适格当事人，具备当事人能力只是当事人适格（也叫正当当事人）的前提，当事人能力是法定的，当事人适格要具体分析。
> 3. 当事人是否具备当事人能力、适格与否不受诉讼行为能力的影响。例如，未成年人已经出生，具备当事人能力，也可以成为法律关系的主体，可以作为适格当事人，但却没有诉讼行为能力。
>
> ［例］Q：（1）有当事人能力一定当事人适格吗？
> 　　　　（2）当事人适格一定有当事人能力吗？
> 　　　　（3）当事人适格一定有诉讼行为能力吗？
> 　　　A：（1）不一定，有当事人能力未必是具体法律关系的主体。
> 　　　　（2）一定，是法律关系的主体一定有当事人能力。
> 　　　　（3）不一定，没有行为能力的当事人也可能成为法律关系的主体。

2. 有些主体虽然与本案并无直接利害关系，但可以作为适格当事人参加诉讼（称之为"非权利义务关系主体当事人"）：

（1）失踪人的财产代管人

为了保护失踪人的利益，失踪人的财产代管人可以自己做原告或者被告参诉。

（2）著作权集体管理组织

为了保护著作权人的利益，著作权集体管理组织可以自己做原告或者被告参诉。

（3）为保护死者利益而提起诉讼的死者的近亲属

为了保护死者的利益，死者的近亲属可以自己做原告或者被告参诉。

（4）公益诉讼的原告

为了保护公共利益，法定的机关或组织可以自己做原告或者被告参诉。

此外，还需要注意，消极确认之诉的原告不是实体法律义务关系的主体。但是其具有确认利益，故可以作为适格当事人。

（二）有明确的被告

在民事诉讼的基本构造中，原告与被告的对立或冲突是不可缺少的诉讼元素，如果没有"明确的被告"，民事诉讼就无法启动与进行。因此，原告在向法院提起诉讼时，应当明确地指出侵犯其权益或与其发生争议的对方是谁，即原告应当将被告的基本情况明确、具体、无误地提交给法院。

当被告是公民时，原告应当向受诉法院明确被告的姓名、性别、年龄、民族、职业、工作单位、住所、联系方式。

当被告是法人或其他组织时，原告应当向受诉法院明确被告的名称、住所和法定代表人或者主要负责人的姓名、职务、联系方式。

相对于原告的实质性条件要求而言，法律对被告的要求仅限于"明确的被告"之形式性条件要求。

模拟训练

夏某因借款纠纷起诉陈某，法院依夏某提供的被告地址送达时，发现有误，经多方了解和查证也无法确定准确的地址。

Q：法院应公告送达吗？如不应公告送达，应如何做？

A：法院不应公告送达。若原告提供了准确地址，无法找到被告，则公告送达。但本题显然不是前述情形，而是原告提供的地址根本就不对。换言之，原告没有提供被告地址的准确信息，属于没有明确的被告，法院受理后，应驳回起诉。

考点提示

关于有明确的被告，还要注意两点：

1. 有明确的被告，但是被告不正确也应受理。起诉的条件只要求被告明确，但没有要求被告是法律关系的主体。如果被告明确，但不正确，即不是争议法律关系的主体，则法院应判决驳回原告诉讼请求。
2. 有明确的被告，但是被告下落不明也应受理。对于下落不明的被告，可以进行公告送达。例如，夫妻一方下落不明，另一方诉至法院，只要求离婚，不申请宣告下落不明人失踪或死亡的案件，法院应当受理，对下落不明人用公告送达诉讼文书。

（三）有具体的诉讼请求和事实、理由

诉讼请求，是指原告基于诉争之法律关系而向相对方提出的实体权利主张或要求。所谓"具体的诉讼请求"，是指原告所提出的实体权利主张或要求，在内容以及范围上必须明确、具体、能够确定，否则会影响到法院的主管与管辖、案由的确定、审理范围的界定、诉讼费用的计收以及举证责任及其分配等重要问题。

所谓"事实、理由"，是指原告向法院提出的借以支持其诉讼请求的依据。"事实"即原告与被告之间存在的引起民事法律关系发生、变更、消灭的事实以及由此引发纠纷的事实；"理由"即原告所提供的旨在支持其诉讼主张的证据材料与法律依据。

要注意一种情况：如果原告在同一诉讼中提起主位之诉，同时提起或追加存在相互排斥关系的备位之诉，则属于预备合并之诉。因法院在对先位之诉不支持时方才审理后位之诉，故对预备合并之诉应当合并审理。

[例] C公司与D公司签订《电子设备买卖合同》，约定由C公司出售电子设备给D公司并负责安装，合同总价为500万元。后D公司以通知函的形式告知C公司中止双方的买卖合同，双方的涉诉标的由第三方履行完毕。C公司认为D公司单方解除合同缺乏依据，故诉至法院，请求判令D公司继续履行合同；若法院认为合同无法继续履行，则请求判令解除合同、D公司支付相应违约金。

本案中，C公司向受诉法院提出两个不能同时成立的诉讼请求：主位之诉——请求法院确认D公司单方解除合同的行为无效，要求其继续履行合同；备位之诉——在合同无法继续履行的情况下，要求D公司支付违约金。若法院认为D公司应当继续履行合同，则备位之诉无需审理；反之，则应对备位之诉进行审理。

这种提出诉讼请求的方式是合法的，因此，本案属于预备合并之诉，法院应当合并审理。

（四）属于法院受理民事诉讼的范围和受诉法院管辖

就主管（法院受理案件的范围）而言，法院受理公民之间、法人之间、其他组织之间以及他们相互之间因财产关系和人身关系提起的民事诉讼，如合同、侵权、婚姻、继承、抚养、相邻关系、海事海商纠纷等。

就管辖而言，原告诉请解决争议的法院应当是依法对该争议享有管辖权的法院，此为程序正当性的必然要求。

真题小试

关于当事人能力和正当当事人的表述，下列哪一选项是正确的？（2013/3/38-单）[1]
A. 一般而言，应以当事人是否对诉讼标的有确认利益，作为判断当事人适格与否的标准
B. 一般而言，诉讼标的的主体即是本案的正当当事人
C. 未成年人均不具有诉讼行为能力
D. 破产企业清算组对破产企业财产享有管理权，可以该企业的名义起诉或应诉

二、起诉状的内容★★

1. 原告应向法院提交书面起诉状。提交书面起诉状确有困难的，可以口头起诉，法院应将口头起诉记入笔录。
2. 起诉状应当记明下列事项：
（1）当事人基本情况；
（2）诉讼请求和所根据的事实与理由；
（3）证据和证据来源，证人姓名和住所。

注 意

起诉状不写案由。

---

[1] B。正当当事人，也叫当事人适格，是指对于某一具体的诉讼案件而言，该主体作为本案当事人起诉或应诉的资格。判断其是否属于适格当事人的方法是：一般而言，正当当事人（当事人适格）应属于所争议的民事法律关系（本案诉讼标的）的主体。确认利益是什么呢？简单地说，是当事人要求确认该法律关系，对其有利益。只有在确认之诉中，要求确认法律关系的主体才具有确认利益。在变更之诉和给付之诉中，当事人并非要求确认法律关系，所以谈不上确认利益。根据是否有确认利益，无法判断变更之诉和给付之诉的当事人是否适格。因此，A项错误，B项正确。成年人与未成年人，以是否满18周岁作为判断标准。但事实上，有些不满18周岁的人也有可能有诉讼行为能力，最典型的例子是民法上的劳动成年者。因此，C项错误。法人的消灭以注销为标志。所以，虽然法人进入破产清算阶段，但法人尚未注销，就仍然应以法人的名义起诉或者应诉，法人的清算组负责人只是代表法人出庭参加诉讼。但是D项中破产清算组以企业名义起诉或应诉，这种说法是错误的，应当由清算组负责人以企业名义起诉或应诉。清算组是一个组织，本身是没办法参加诉讼、行使权利的。强调一个问题，诉讼行为能力的划分标准有两个，年龄标准和精神标准。未成年人有可能有诉讼行为能力（劳动成年者），成年人未必有诉讼行为能力（精神病人）。一般而言，只有争议法律关系的主体才是适格当事人（正当当事人）。未成年人也可以具备诉讼行为能力（劳动成年者），法人只要未注销，即便进入破产清算，也还是法人做当事人。

3. 起诉状参考范例

民事起诉状

原告：于某，女，34 岁，工作单位：北京市×××。
地址：北京市海淀区×××园 2 号楼 2 单元 222 号。
电话：13812345678
被告：杨某，男，34 岁，工作单位：北京市×××。
地址：北京市海淀区×××园 2 号楼 2 单元 902 号。
电话：15812345678

诉讼请求

一、请求人民法院判决解除原告与被告的婚姻关系。

二、请求人民法院判决婚生女儿由原告抚养，被告一次性给付原告抚养费 638 400 元（每月 3800 元，由 5 岁至 18 岁）。

三、请求人民法院依法分割两处住房（海淀区×××路颐×××园 2 号楼 2 单元 222 号，117.14 平方米；×××家园 3 号楼×××406 号，47.6 平方米）和其他夫妻共同财产（待查清）。

四、请求人民法院判决被告承担本案诉讼费用。

事实与理由

原告与被告于 2005 年 2 月在北京市××区民政局登记结婚。婚后，二人生育一女，但后因二人性格不合，感情逐渐恶化。2011 年 3 月至 8 月期间，原告与被告分居。被告每天都很晚回家，并时常夜不归宿。被告对女儿的学习和家庭生活不管不问，也不负担家庭经济支出。此外，被告与原告时常争吵、打架，并与原告的家人发生激烈冲突。原告与其多次沟通无果，夫妻感情确已破裂。依法请求人民法院解除原、被告方的婚姻关系。

证据与证据来源

一、房屋首付款支付证明复印件。

二、结婚证复印件。

此致
北京市海淀区人民法院

附：本状副本 2 份
　　证据 2 份

起诉人：×××
2012 年 1 月 5 日

核心考点 067　立案登记 ★★★★★

法院应当保障当事人依照法律规定享有的起诉权利。

一、法院认为符合起诉条件

法院应当对符合起诉条件的案件当场立案受理。

二、材料不全、法院不能当场判断是否符合起诉条件

1. 应登记，接收材料，出具书面凭证，一次性告知当事人补充材料。
2. 当事人交齐材料后，法院有 7 日审查期来审查判断是否立案。
3. 审查期内的三种处理结果

（1）立案受理

若法院经审查认为符合起诉条件，则应作出受理通知书，立案受理。

（2）不予受理或驳回起诉

若法院经审查认为不符合起诉条件，不应受理，应作出不予受理裁定书。若法院受理之后发现不应受理，则应作出驳回起诉裁定书。当事人对这两种裁定书不服的，可以在 10 日内向上一级法院上诉。

驳回起诉，是指法院收到原告的起诉书后，依法对其进行立案审查，发现原告的起诉不符合起诉条件，依照法定程序裁定对原告提起的诉讼予以驳回的司法行为。不予受理，是指法院依据《民事诉讼法》的规定审查原告的起诉后，认为不符合法定起诉条件，作出不予受理裁定的司法行为。

考点提示　不予受理和驳回起诉的区别

> 二者的核心区别在于适用阶段不同
>
> 不予受理是在当事人起诉后、法院立案受理前的"7 日审查期"内由立案庭作出的。
>
> 驳回起诉则是在立案受理后的审前准备阶段或者审理阶段由法院审判庭作出的，对于法院尚未立案的案件不适用驳回起诉。

(3) 无法判断

若无法判断是否符合起诉条件：先立案。

总结梳理 判决、裁定、决定的运用

	判 决	裁 定	决 定
解决问题	解决实体问题	主要解决程序问题（个别涉及实体问题）	解决特殊问题（罚款、拘留、回避、延期）
形 式	必须书面	可以书面、口头	可以书面、口头
执 行 力		具有给付性内容才具有强制执行力	

真题小试

关于民事诉讼的裁定，下列哪一选项是正确的？（2012/3/47-单）[1]

A. 裁定可以适用于不予受理、管辖权异议和驳回诉讼请求
B. 当事人有正当理由没有到庭的，法院应当裁定延期审理
C. 裁定的拘束力通常只及于当事人、诉讼参与人和审判人员
D. 当事人不服一审法院作出的裁定，可以向上一级法院提出上诉

核心考点 068 审查期的具体处理方式 ★★★★

一、不得再起诉的案件

1. 对实体法律关系作出生效判决的案件，当事人又重复起诉的，不予受理。

口诀
一事不再理

2. 重复起诉的认定标准

同时满足以下三个条件，即构成重复起诉：

---

[1] C。本题考查的是裁定的法理。A项问的是裁定的适用范围。我们马上就能想到裁定主要处理的是程序问题。所以，不予受理和管辖权异议确实都使用裁定处理。驳回诉讼请求是因为诉讼请求缺乏法律理由或者事实依据，属于实体问题，应用判决驳回诉讼请求（注意：用裁定的是驳回起诉）。因此，A项错误。B项当事人不到庭可以延期审理，但不是用裁定，是决定延期审理。因此，B项错误。既然裁定处理的是程序问题，那么约束的就应该是参加程序的人——包括当事人、审判人员和诉讼参与人。不参与诉讼程序的主体，不会受到处理程序问题的裁定的约束。注意：判决的约束对象，除了参加程序的人，还包括未参加程序的人。例如，确认所有权的判决导致的物权变动的法律效力，对于所有人都有约束力。因此，C项正确。对裁定不服，绝大多数情况是不能上诉的，能上诉的裁定只有三种。因此，D项错误。

(1) 当事人标准：前后诉的当事人相同。

> **注意**
>
> 甲诉乙和乙诉甲，属于当事人相同，因为都是解决二者之间的纠纷。另外，当事人相同是指同一主体行使同一权利，不要求具体的个体相同。例如，甲起诉乙要求排除妨碍。胜诉后、执行前，甲即去世。此时，丙作为甲的继承人，如再次起诉乙要求排除妨碍，则构成重复诉讼，因为丙行使的就是从甲处继承的权利。丙可以作为申请执行人，直接申请法院执行甲、乙诉讼所得之判决。类似的情况，还有企业法人分立、合并之后的新主体，也不能再起诉分立、合并前主体已经起诉过之事项等。

(2) 标的标准：前后诉的诉讼标的相同。

此处的诉讼标的，可以理解为通说的法律关系。前后诉就同一法律关系起诉的，就可能构成重复诉讼。

(3) 请求标准：前后诉的诉讼请求相同或后诉的诉讼请求实质上否定前诉的裁判结果。

需要注意的是，此处的诉讼请求相同，应作广义理解，即理解为实体法上的请求权相同。若实体法上的请求权相同，则不能先后获得两次救济。例如，民法的加害给付中，受害人只获得一个损害赔偿请求权，因此，当事人不能在其诉讼违约纠纷胜诉后，又起诉侵权纠纷。

此外，还有两个重要的应用：

| 当事人在侵权诉讼中没有提出赔偿精神损害的诉讼请求，诉讼终结后又基于同一侵权事实另行起诉请求赔偿精神损害的，法院应予受理。因为精神损害赔偿请求和之前的损害赔偿请求是基于两种不同的请求权。 | 当事人先向法院起诉主张返还本金胜诉后，又就因借贷关系产生的利息和惩罚性利息起诉的，法院应受理。此时，本金请求权、利息请求权和惩罚性利息请求权属于三种不同的请求权。 |

后诉的诉讼请求实质上否定前诉的裁判结果，则是指前后诉的诉讼请求相斥。

[例] 甲、乙两公司签订了一份家具买卖合同。因家具质量问题，甲公司起诉乙公司，要求更换家具并支付违约金3万元。法院经审理，判决乙公司败诉，乙公司未上诉。之后，乙公司向法院起诉，要求确认该家具买卖合同无效。

前后两次起诉的当事人相同，都是甲公司、乙公司；诉讼标的相同，都是同一个买卖合同。一旦后诉请求成立，合同即被确认无效，合同无效则不必支付违约金，而前诉的判决结果是乙公司支付违约金。也就是说，一旦后诉请求成立，前诉的裁判结果即被否定。

因此，前后诉满足了当事人标准、标的标准和请求标准，属于重复起诉。

二、在一定期限内不得起诉的案件

1. 判决不准离婚、调解和好、撤诉、按撤诉处理的离婚案件，判决、调解维持收养关系的案件，没有新情况、新理由，原告在6个月内又起诉的，不予受理。

立法通过给双方一定时间作为冷静期（6个月），以促使双方消除隔阂、重归于好。但是如果超出了6个月的期间，双方之间的感情反而更加恶化，或者又出现了其他冲突，原告又起诉到法院，法院应当予以受理。另外，被告在6个月内，即使没有新情况、新理由，也是可以向法院起诉并得到受理的。

2. 女方在怀孕期间、分娩后1年内或者终止妊娠后6个月内，男方不得提出离婚。

三、应予受理的案件

1. 裁判发生法律效力后，发生新的事实，可以再次起诉。

【考点提示】

赡养费、扶养费、抚养费案件，裁判发生法律效力后，因新情况、新理由，一方当事人再行起诉要求增加或减少费用的，法院应作为新案受理。

［例］甲在诉乙给付赡养费并胜诉后，突然检查出罹患急性心梗，且需每月服药。此时，甲可以再起诉乙，要求增加赡养费，用以支付新产生之医疗费。

2. 当事人超过诉讼时效期间起诉的，法院应予受理。
（1）当事人未提出抗辩，法院不得主动援引诉讼时效驳回原告的诉讼请求；
（2）法院不得主动对诉讼时效进行释明；
（3）当事人一审未以诉讼时效抗辩，原则上，二审也不得以此抗辩。

【总结梳理】

驳回起诉和驳回诉讼请求的区别

驳回起诉与驳回诉讼请求是法院常见的两种裁判行为。

驳回起诉，是指法院依据程序法的规定，对已经立案受理的案件，在审理过程中，发现原告的起诉不符合我国《民事诉讼法》规定的起诉条件和法院的立案条件，对原告的起诉以裁定的形式予以拒绝而作出的裁判行为。驳回诉讼请求，是指法院对已经立案受理的案件进行审理后，对无正当理由或法律依据的实体请求以判决的形式予以

拒绝而作出的裁判行为，是对当事人实体请求权的一种否定评价。驳回起诉与驳回诉讼请求虽然都是请求方的诉讼主张没有得到法院的支持，但是两者却有着本质的区别：

1. 两者适用法律不同。驳回起诉适用程序法；而驳回诉讼请求必须以实体法的规定为依据。

2. 两者适用的诉讼主体不同。驳回起诉适用的诉讼主体是单一的，主要适用于提起诉讼的原告；而驳回诉讼请求适用的主体是多元的，既可以针对提起诉讼的原告，也可以针对提起反诉的被告以及提出诉讼主张的有独立请求权第三人。

3. 两者采用的法律文书形式不同。驳回起诉是从程序意义上对诉权的否定，应当采用裁定形式；而驳回诉讼请求则是从实体意义上对诉权的否定，必须采用书面判决形式。

	原因	法律文书	法律效果
驳回起诉	不符合起诉条件	用裁定	驳回后还可以就原纠纷再起诉
驳回诉讼请求	缺乏事实依据或法律依据	用判决	驳回后不能就原纠纷再起诉

> **解题技巧**
>
> 1. 如法院不该审理——不符合起诉条件，就裁定驳回起诉。
> 2. 如法院该审理，但原告赢不了，就判决驳回诉讼请求。

[例1] 甲诉乙，乙抗辩称，甲的请求权已经经过诉讼时效。此时，甲的起诉符合起诉条件，但是因乙的抗辩，法院虽然可以受理，但甲不能胜诉，故法院应判决驳回甲的诉讼请求。

[例2] 甲诉乙公司，要求解散公司。法院查明，甲并非乙公司的股东。因此，甲无起诉资格。此时，法院根本就没必要审理到底要不要解散乙公司，而是根本无需受理此案件，所以，法院应裁定不予受理。如果已经受理，就要裁定驳回起诉。

低频考点 069 起诉与受理的法律效果 ★★☆

一、起诉的效果

一旦当事人起诉，诉讼时效即中断。

二、受理的效果

1. 受诉法院依法取得对本案的审判权，排斥其他法院管辖。
2. 案件的利害关系人取得了本案诉讼当事人的地位。
3. 法院的审限开始计算，一审普通程序审限为 6 个月，本院院长批准可延长 6 个月，上级法院批准可再延长。

核心考点 070　答辩 ★★★

当事人应诉答辩，是指当事人参加诉讼后，就案件的实体问题进行的答辩与陈述。
1. 受理后，法院在 5 日内将原告的起诉状副本送达给被告，被告开始答辩。
2. 普通程序中，被告答辩期为 15 日，不答辩不影响案件审理。被告答辩，必须提交书面答辩状，不允许口头答辩。

专题 23　审理前的准备

核心考点 071　举证时限 ★★★★

举证时限，也叫举证期限或者举证期，是指当事人向法院履行提供证据责任的期间。在举证期限内，当事人应当向法院提交证据材料。举证时限有防止诉讼突袭、提高庭审效率的作用。

一、时限确定

1. 法院根据当事人的主张和案件审理情况，确定当事人应当提供的证据及其期限。
2. 确定的方式包括当事人约定，法院同意和法院依职权指定两种。
3. 举证期限的时间要求
   - 普通程序不得少于 15 日；
   - 二审不得少于 10 日；
   - 简易程序不得长于 15 日；
   - 小额诉讼不得长于 7 日。

二、时限延长

当事人在该期限内提供证据确有困难的,可以在举证期届满前向法院书面申请延长期限。

三、证据收据

法院收到当事人提交的证据材料,应当出具收据,写明证据名称、页数、份数、原件或者复印件以及收到时间等,并由经办人员签名或者盖章。

四、逾期举证后果

(一)不提异议

当事人逾期举证,而对方当事人未提出异议的,视为未逾期,法院应采纳逾期提交的证据。

(二)提出异议

如果对方当事人提出异议,法院应当责令其说明理由,必要时可以要求其举证证明其理由:

1. 若理由成立(逾期举证是由于客观原因),视为未逾期,法院应采纳逾期提交的证据。

2. 若拒不说明或理由不成立(逾期举证是由于主观原因):

(1)当事人无故意或重大过失的,法院应采纳逾期提交的证据,并对当事人予以训诫。

(2)当事人有故意或重大过失的:①该证据与案件基本事实相关,法院应采纳逾期提交的证据,并对当事人予以训诫、罚款;②该证据与案件基本事实无关,法院不予采纳逾期提交的证据。

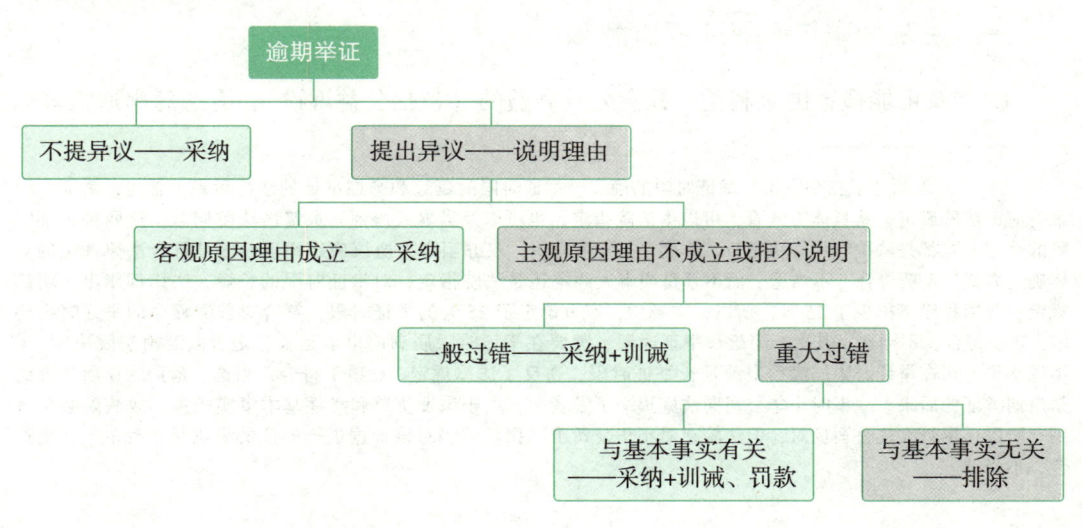

```
逾期举证
├── 不提异议——采纳
└── 提出异议——说明理由
    ├── 客观原因理由成立——采纳
    └── 主观原因理由不成立或拒不说明
        ├── 一般过错——采纳+训诫
        └── 重大过错
            ├── 与基本事实有关——采纳+训诫、罚款
            └── 与基本事实无关——排除
```

考点提示

1. 只有该证据与案件基本事实无关，才可以被排除。
2. 即便与案件基本事实无关，但是只要对方当事人对逾期举证不提出异议，该证据也必须采纳。
3. 根据当事人的主观状况不同，处理结果也不同。
4. 当事人可以要求对方赔偿其逾期举证给自己造成的必要费用和证人出庭费用。

真题小试

大皮公司因买卖纠纷起诉小华公司，适用普通程序审理，双方商定了25天的举证时限，法院认可。时限届满后，小华公司提出还有一份发货单没有提供，申请延长举证时限，被法院驳回。庭审时小华公司向法庭提交该发货单。尽管大皮公司反对，但法院在对小华公司予以罚款后仍对该证据进行质证。下列哪一诉讼行为不符合举证时限的相关规定？（2013/3/40-单）[1]

A. 双方当事人协议确定举证时限
B. 双方确定了25天的举证时限
C. 小华公司在举证时限届满后申请延长举证时限
D. 法院不顾大皮公司反对，依然组织质证

低频考点 072 证据收集 ☆

根据辩论原则，证据原则上应该由当事人自行收集和提供。但存在法院依职权调查取证和法院依申请调查取证两种例外的情形。

一、法院依职权调取证据的情形

1. 涉及可能损害国家利益、社会公共利益的（包括公益诉讼），有恶意串通损害他

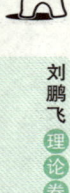

---

[1] C。本题考了三个层次：举证时限的确定、举证时限的延长和逾期举证的法律后果。首先，举证时限最终应由法院确定，从具体方式看，可以由法院指定，也可以经当事人协商，最终由法院同意。这两种举证时限的确定方式都是法院有最终决定权。本题中，A项言明，双方当事人协议确定举证时限是符合法律规定的具体确定方式。A项符合，不当选。而不管是当事人约定还是法院指定，对举证时限的长短，法律都作出了明确规定：普通程序不得少于15日。所以，本题中，双方确定了25天的举证时限，符合对普通程序的举证时限要求。B项符合，不当选。其次，要延长举证时限，需要在举证时限届满前申请延长，是否同意由法院决定。C项说小华公司在举证时限届满后申请延长举证时限，违反了法律规定。C项不符合，当选。最后，D项考查的是逾期举证的后果。庭审时小华公司向法庭提交了发货单，由于该发货单和案件基本事实相关，故法院必须采纳。所以，尽管大皮公司反对，但法院在对小华公司予以罚款后仍对该证据进行质证的做法是正确的。D项符合，不当选。

人合法权益可能的。

2. 涉及身份关系的。

3. 涉及依职权追加当事人、中止诉讼、终结诉讼、回避等程序性事项的。

> **口诀**
> 身份成功
> （身份程序公益）

二、法院依当事人申请调取证据的情形

应由当事人在举证期限届满前向法院提出书面申请。

1. 证据由国家有关部门保存，当事人及其诉讼代理人无权查阅调取的。

2. 涉及国家秘密、商业秘密或者个人隐私的。

3. 当事人及其诉讼代理人因客观原因不能自行收集的其他证据。

> **口诀**
> 客观不能

模拟训练

在民事诉讼中，下列哪些选项属于法院应当依职权进行审查的事项？[1]

A. 本院对当事人起诉的案件是否享有管辖权
B. 当事人是否具有诉讼权利能力
C. 当事人是否具有诉讼行为能力
D. 诉讼代理人是否有代理权以及代理权限的范围

核心考点 073　证据保全 ★★★★

证据保全程序，是指对那些有可能毁损、灭失，或以后难以取得的证据事先进行证据调查并将其结果加以保存以保证其证明力的诉讼子程序，它在诉讼系属中是不同于本案诉讼程序的另外一种程序。证据保全是为了防止将来作为定案依据的证据灭失或难以取得所采取的诉讼妨碍排除措施，其有利于增强当事人的举证能力，消除证明妨碍，是对当事人举证义务实现的促进，是一种前瞻性的诉讼活动。证据保全既存在于诉讼程序中，也存在于仲裁程序中。在民事诉讼中，证据保全分为诉中证据保全和诉

---

[1] ABCD。本题问的是法院是否可以依职权进行审查，审查的方式也要依靠证据开展，所以，实际上考查的是法院可以依职权调查取证的范围。法院对案件具有管辖权，是法院受理起诉的条件之一，属于法院依职权审查的事项。民事诉讼权利能力，是指能够成为民事诉讼当事人，享有诉讼权利、承担诉讼义务的资格。当事人是否具有民事诉讼权利能力，关系到当事人能否成为民事诉讼适格当事人，因而属于法院依职权审查的事项。当事人的民事诉讼行为能力影响的是当事人在民事诉讼中所进行的诉讼行为的效力，也属于法院依职权审查的事项。诉讼代理人的代理权和代理权限，影响的是代理人的诉讼行为的效力，法院也必须依职权审查。

前证据保全两种。

一、证据保全的适用条件

证据保全是以证据可能灭失或者以后难以取得为前提条件的。证据的灭失，是指证据作为客观物体灭失，不复存在；证据以后难以取得，是指其虽然作为客观物体还留存，但已脱离负有举证义务之人的控制范围，无法获取。鉴于证据保全和财产保全在程序上有许多相同之处，故对于证据保全可参照财产保全的相关规定进行处理。

二、诉前证据保全

诉前证据保全发生在诉讼开始之前，是以情况紧急为前提条件的，即证据的灭失或难以取得很可能出现在法院受理案件之前。诉前证据保全的管辖法院为证据所在地法院、被申请人住所地法院或对案件有管辖权的法院，其只能依当事人的申请启动，法院无法依职权启动。仲裁前证据保全适用诉前证据保全的相关规定。例如，证据保全错误的赔偿，即申请有错误的，申请人应当赔偿被申请人因保全所遭受的损失；又如，证据保全的救济，即当事人对保全裁定不服的，可以申请复议一次；等等。

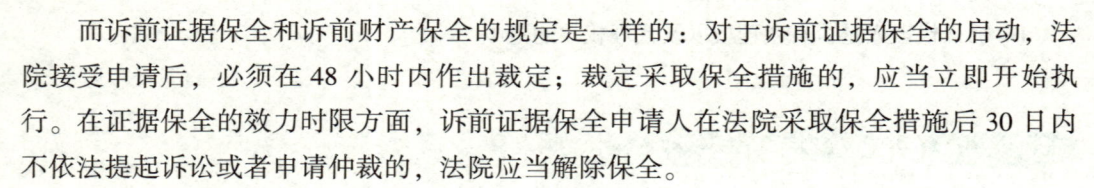

而诉前证据保全和诉前财产保全的规定是一样的：对于诉前证据保全的启动，法院接受申请后，必须在 48 小时内作出裁定；裁定采取保全措施的，应当立即开始执行。在证据保全的效力时限方面，诉前证据保全申请人在法院采取保全措施后 30 日内不依法提起诉讼或者申请仲裁的，法院应当解除保全。

三、诉中证据保全

对于诉中证据保全，其启动条件是证据可能灭失或者以后难以取得，启动方式包括法院依职权和依当事人申请两种。诉中证据保全的管辖法院为本诉的受理法院。对于诉中证据保全的启动，法院接受申请后，对情况紧急的，必须在 48 小时内作出裁定；裁定采取保全措施的，应当立即开始执行。

四、证据保全的措施

法院进行证据保全，可以根据当事人的申请和具体情况采取查封、扣押、录音、录像、复制、鉴定、勘验等方法，并制作笔录。法院进行证据保全，可以要求当事人或者诉讼代理人到场。

值得注意的是：保全制度中的担保的目的在于保证因申请错误给被申请人造成损失时赔偿责任的承担。按照前面的讲授，担保是诉前财产保全申请的必然要件，而对于证据保全的担保要求则较为特殊。采取证据保全措施，可能对他人造成损失的，法院应当责令申请人提供相应的担保；申请人不提供担保的，裁定驳回申请。这就意味着，即便是诉前证据保全，只要保全该证据不会对他人造成损失，申请人不需要提供担保就可以启动保全程序。

考点提示 三种保全的对比总结

	诉前保全（情况紧急）	诉讼中保全	执行前保全
阶 段	诉前或仲裁前	诉讼过程中	胜诉后、执行前（履行期之内）
对 象	证据、财产、行为		财 产
适 用	证据保全：证据可能灭失或以后再难取得 财产保全：因被告行为或其他原因使判决难以执行 行为保全：因被告行为或其他原因造成原告其他损害		
启 动	依申请	可以依申请，可以依职权	依申请
担 保	财产保全应当提供担保；证据保全，可能造成损失的才需要提供担保	可以责令申请人提供担保（知识产权案件，行为保全必须提供担保）	无需提供担保
管 辖	财产（证据）所在地、被申请人住所地、有管辖权的法院	受诉法院	执行法院（都有2个）
裁 定	48小时内	情况紧急的，48小时内	——

低频考点 **074** 证据交换和庭前会议 ☆

证据交换和庭前会议是在答辩期届满之后、开庭审理之前，在人民法院的主持之下，通过整理证据来明确争议焦点的审前程序，其目标是为庭审做好准备工作。

一、内容

人民法院可以在答辩期届满后，通过组织证据交换、召集庭前会议等方式，做好审理前的准备（主要作用在于确定当事人争议的焦点）。

1. 证据交换

证据交换是在审判人员主持下，双方当事人明示彼此提交的证据的过程，只能依职权启动，不可以依当事人申请启动。

2. 庭前会议（也是由审判人员或法官助理主持）的内容

（1）明确原告的诉讼请求和被告的答辩意见；

（2）审查处理当事人增加、变更诉讼请求的申请和反诉请求，以及有独三的诉讼请求；

（3）根据当事人的申请决定调查收集证据和委托鉴定，要求当事人举证，进行勘验和证据保全；

（4）组织交换证据（也可以单独适用）；

（5）归纳争议焦点；

（6）进行调解（庭前先行调解）。

二、适用

1. 证据交换和庭前会议都不是必经程序，在案情简单、证据很少的情况下，可以没有证据交换或庭前会议。

2. 证据交换和庭前会议可以选择适用：复杂的案件适用庭前会议，简单的案件适用证据交换。

3. 庭前会议中也包括证据交换的内容（证据交换可以单独适用，也可以作为庭前会议的一部分）。

专题 24 庭审程序

核心考点 075 审理方式 ★★★

一、原则上应组成合议庭审理

1. 由 3 人、5 人或 7 人组成合议庭，可以吸纳陪审员[1]。

2. 院长必须担任审判长；陪审员不得担任审判长。

---

[1] 参见 2018 年颁布的《人民陪审员法》。担任人民陪审员，一般应年满 28 周岁，具有高中以上文化程度。公职人员、律师、公证员、仲裁员、基层法律服务工作者等不得担任人民陪审员。

3. 适用七人合议庭[1]的案件，应由 3 名法官和 4 名陪审员组成合议庭。七人合议庭中，陪审员只就事实认定问题表决，法官可以对事实认定和法律适用问题表决。

4. 陪审员与法官享有相同的地位，合称审判人员。

陪审员在参加审判活动时，除法律另有规定外，与审判员有同等的权利义务。

但是，基层人民法院审理的基本事实清楚、权利义务关系明确的第一审民事案件，可以由审判员一人独任审理。

二、必须开庭审理

1. 开庭审理的步骤

书记员宣读法庭纪律 ⇒ 审判长核对当事人 ⇒ 法庭调查 ⇒ 法庭辩论 ⇒ 秘密评议 ⇒ 公开宣判

（法庭调查、法庭辩论）当事人同意，可合并

开庭审理时，由审判长或者独任审判员核对当事人，宣布案由，宣布审判人员、法官助理、书记员等的名单，告知当事人有关的诉讼权利义务，询问当事人是否提出回避申请。

（1）法庭调查

法庭调查，是指审判人员通过当事人举证、质证，审核证据和查明案件事实的活动。法庭调查是开庭审理的重心，为查清事实和正确适用法律提供客观依据。一般应按照当事人陈述，证人作证，出示书证、物证、电子数据和视听资料，宣读鉴定意见，宣读勘验笔录的顺序进行。

（2）法庭辩论

法庭辩论，是指在合议庭的主持下，双方当事人及其诉讼代理人，根据法庭调查查明的事实和证据，就案件争议的有关问题，阐明自己的观点和意见，并相互进行辩驳的诉讼活动。

2. 人民法院根据案件情况，征得当事人同意后，可以将法庭调查和法庭辩论合并。

3. 当庭宣判（审完当庭就给审判结果）的，要 10 日内发给当事人判决书；定期宣判（审完改天再给审判结果）的，宣判后立即发给当事人判决书。

---

[1] 根据《人民陪审员法》第 16 条的规定，对特别重大、具有广泛社会影响的案件（例如，可能判处 10 年以上有期徒刑、无期徒刑、死刑，社会影响重大的刑事案件；公益诉讼案件；涉及征地拆迁、"食药环"等社会影响重大，与人民群众重大权益相关的案件），法院可以指定法官与人民陪审员组成 7 人的"豪华"合议庭来进行审理。

核心考点 076 质证 ★★

质证，是指当事人、诉讼代理人及第三人在法庭的主持下，对当事人及第三人提出的证据就其真实性、合法性、关联性以及证明力的有无、大小予以说明和质辩的活动或过程。

一、主体

只有当事人（包括第三人）才可以进行质证。一般情况下，法院和检察院都不是质证主体，检察院作为公益诉讼的原告时，可以作为当事人参与质证。

二、效力

未经质证的证据不能作为认定案件事实的依据。

三、不需要在庭审中质证的证据

1. 当事人在审理前的准备阶段认可的证据，经审判人员在庭审中说明后，视为质证过的证据。
2. 法院依职权调取的证据。

四、方式

质证应公开进行，但涉及国家秘密、商业秘密和个人隐私或者法律规定的其他应当保密的证据，不得在开庭时公开质证。

模拟训练

在某一民事案件的审理过程中，原告一方因无法获得作为档案材料存放在某单位的证据，而申请法院进行调查。庭审中对该证据的质证，应当如何进行？[1]

A. 应当由原、被告双方进行质证
B. 应当由被告与法院进行质证
C. 应当由被告与保管该证据的某单位进行质证
D. 法院对该证据进行说明，无需质证

---

[1] A。本案中涉及的证据并非法院依职权调查收集的证据，而是法院依申请调取的证据。法院依照当事人申请调查收集的证据，作为提出申请的一方当事人提供的证据。既然是作为提出申请的一方当事人提供的证据，质证权利便只能由当事人行使，因此，该证据应当由原、被告双方进行质证。因此，A 项当选，BCD 项不当选。

总结梳理 — 诉讼流程

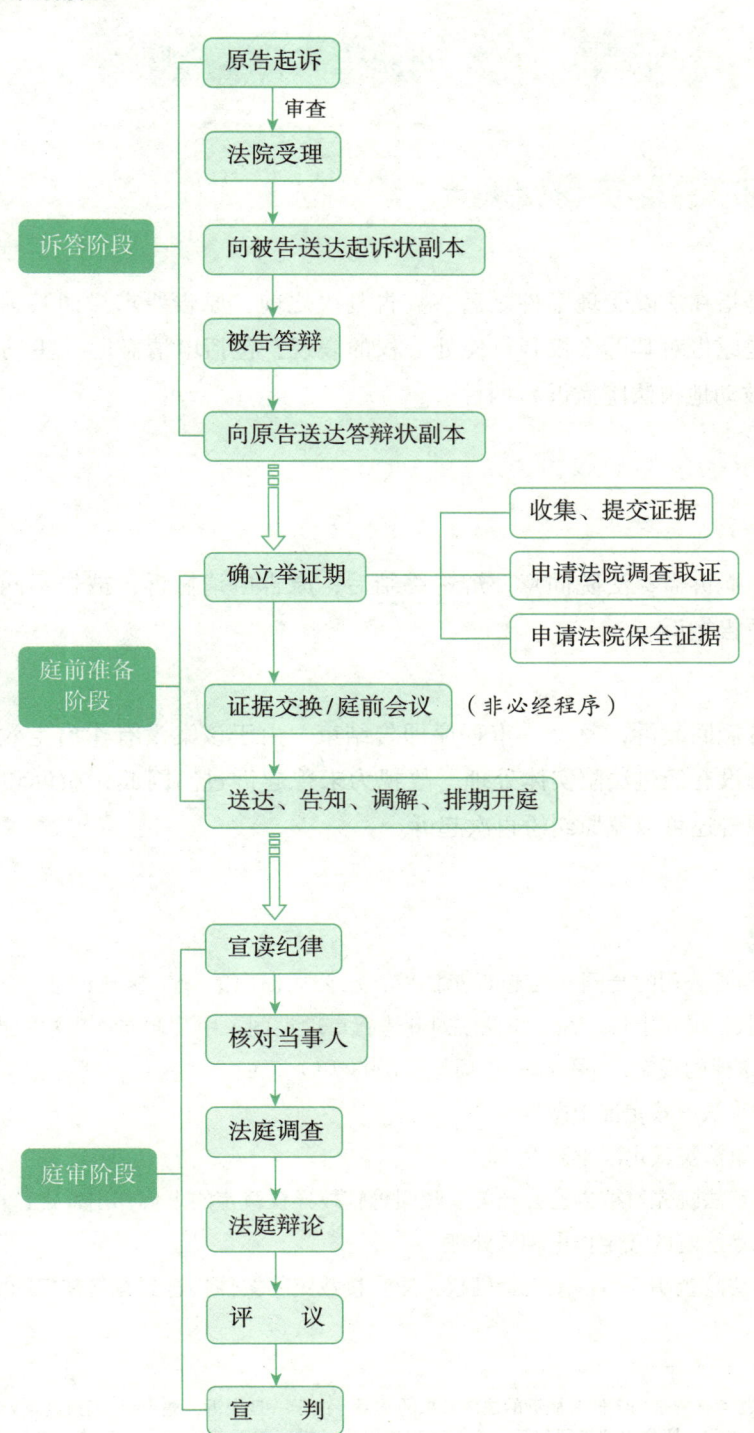

诉答阶段
- 原告起诉
- ↓ 审查
- 法院受理
- ↓
- 向被告送达起诉状副本
- ↓
- 被告答辩
- ↓
- 向原告送达答辩状副本

庭前准备阶段
- 确立举证期
  - 收集、提交证据
  - 申请法院调查取证
  - 申请法院保全证据
- ↓
- 证据交换/庭前会议（非必经程序）
- ↓
- 送达、告知、调解、排期开庭

庭审阶段
- 宣读纪律
- ↓
- 核对当事人
- ↓
- 法庭调查
- ↓
- 法庭辩论
- ↓
- 评议
- ↓
- 宣判

专题 25 诉讼中的特殊情形

核心考点 077 撤诉与缺席判决 ★★★

撤诉，是指在法院受理案件之后、宣告判决之前，原告要求撤回其提起的诉讼的行为。撤诉是原告对其诉讼权利行使处分权的表现，包括申请撤诉（主动撤诉）和按撤诉处理（被动地被法院撤诉）两种。

一、撤诉的条件和效力

（一）条件

原则上，撤诉需经法院同意。辩论终结后，原告申请撤诉，被告不同意的，法院可以不允许原告撤诉。

（二）效力

一旦原告撤回起诉，整个一审程序即告结束。由于该案没有作出生效的裁判、调解书，原纠纷没有经过法院实体处理，故视为未曾起诉过。因此，撤诉和按撤诉处理过的案件，原告还可以就原纠纷再次起诉。

模拟训练

甲公司因与乙公司的合同纠纷起诉至法院，乙公司提出的管辖权异议被一审法院裁定驳回，乙公司不服，提起上诉。在二审法院对此进行审理期间，甲公司向一审法院提出撤回起诉的申请。根据法律的规定，下列哪一选项是正确的?[1]

A. 应由一审法院裁定准予撤诉
B. 应由二审法院裁定准予撤诉
C. 应由二审法院先对被告乙公司关于驳回管辖权异议裁定的上诉作出裁定，再由一审法院根据二审法院的裁定作出相应处理
D. 若二审法院查明一审法院无管辖权，应直接裁定将案件移送到有管辖权的法院

---

[1] A。本题考查的是同学们对撤诉的法律效果的掌握。由于一旦撤诉，整个诉讼程序都告结束，因此，在管辖权异议裁定作出前，原告申请撤回起诉，受诉法院作出准予撤回起诉裁定的，对管辖权异议不再审查，并在裁定书中一并写明。这是因为，此时诉讼已经结束，没必要再讨论本案的管辖问题。

二、按撤诉处理和缺席判决的情形

（一）按撤诉处理

1. 适用主体

（1）原告及其法定代理人；

（2）有独三。

2. 适用事由

（1）经传票传唤，无正当理由拒不到庭；

（2）未经法庭许可中途退庭；

（3）不缴纳诉讼费。

（二）缺席判决

缺席判决，是相对于对席判决而言的，是指法院在一方当事人无正当理由拒不参加庭审或未经许可中途退庭的情况下，依法对案件所作的判决。

1. 适用主体

（1）被告及其法定代理人；

（2）被告反诉的原告；

（3）无独三；

（4）申请撤诉法院不准许的原告。

[例] Q：王某作为原告申请撤诉，法院不准王某撤诉，王某拒不到庭参加庭审，法院应怎么做？

A：应缺席判决。

2. 适用事由

（1）经传票传唤，无正当理由拒不到庭；

（2）未经法庭许可中途退庭。

> **解题技巧**
>
> 做与按撤诉处理和缺席判决有关的题，关键在于确定在具体程序中，当事人的准确诉讼地位。
>
> [例] 甲诉乙胜诉后，乙不服，提起上诉。二审法院撤销原判，依法改判。甲又申请再审。
>
> Q：若甲拒不到庭，法院该如何处理？

> A：一审中，甲是原告，其拒不到庭，应裁定按撤诉处理；
> 二审中，甲是被上诉人，其拒不到庭，应裁定缺席判决；
> 再审中，甲是再审申请人，其拒不到庭，应裁定按撤诉处理。

模拟训练

齐某起诉宋某，要求其返还借款 8 万元，法院适用普通程序审理，并向双方当事人送达出庭传票。因被告宋某不在家，宋某的妻子代其签收了传票。开庭时，被告宋某未到庭。经查，宋某已离家出走，下落不明。关于法院对本案的处理，下列哪一选项是正确的？[1]

A. 法院对本案可以进行缺席判决
B. 法院应当对被告宋某重新适用公告方式送达传票
C. 法院应当通知宋某的妻子以诉讼代理人的身份参加诉讼
D. 法院应当裁定中止诉讼

核心考点 078 延期审理、诉讼中止与诉讼终结 ★★★

一、延期审理

延期审理，是指由于遇有法定事由，使法院已经确定的开庭期日或者正在进行的开庭审理无法继续进行，而决定顺延至另一个期日进行审理的制度。

延期审理的实质是法院决定将庭审延期，包括以下几种情况：

1. 必须到庭的当事人和其他诉讼参与人有正当理由没有到庭的。

2. 当事人临时提出回避申请的。

3. 需要通知新的证人到庭，调取新的证据，重新鉴定、勘验，或者需要补充调查的。

4. 其他应当延期审理的情形。

> **口诀**
>
> 未必（避）新，延期审。

---

[1] A。本题考查的是送达方式、缺席判决与中止诉讼的相关知识点。送达诉讼文书，应当直接送交受送达人；受送达人不在家时，他的同住成年家属可以代收。本题中，诉讼文书开始送达的时候，并没有说此时被告宋某下落不明，只是说他不在家，他的妻子代其签收了传票，其妻子在送达回证上签收的日期为送达日期。被告经传票传唤，无正当理由拒不到庭，或者未经法庭许可中途退庭的，可以缺席判决。法院对本案可以进行缺席判决。因此，A 项正确。法院已经对被告宋某进行了送达，不再因审理时下落不明而重新公告送达。因此，B 项错误。法院没有通知宋某的妻子以诉讼代理人的身份参加诉讼的义务。因此，C 项错误。既然可以继续审理，就没必要中止诉讼。因此，D 项错误。

［例1］ 甲、乙人身损害赔偿一案，甲在前往法院的路上，胃病发作需住院治疗。法院决定延期审理。

［例2］ 甲起诉其子乙请求给付赡养费。开庭审理前，法院依法对甲、乙进行了传唤，但开庭时乙未到庭，也未向法院说明理由。法院决定延期审理。

注　意

虽然是抚、扶、赡案件，但传唤1次不到庭的，不可拘传，要先延期审理；继续传唤，传唤第2次不到庭的，才可以拘传。

二、诉讼中止

诉讼中止，是指在诉讼进行过程中，因发生某种法定中止诉讼的事由，使诉讼无法继续进行或不宜进行，因而法院裁定暂时停止诉讼程序的制度。

诉讼中止是将整个诉讼程序停止，包括以下几种情况：

1. 一方当事人死亡，需要等待继承人表明是否参加诉讼的。
2. 一方当事人丧失诉讼行为能力，尚未确定法定代理人的。

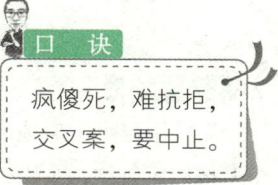

口　诀

疯傻死，难抗拒，交叉案，要中止。

［例］ 原告在诉讼中因车祸成为植物人，在原告的法定代理人没有确定的期间，法院应裁定中止诉讼。

3. 作为一方当事人的法人或者其他组织终止，尚未确定权利义务承受人的。
4. 一方当事人因不可抗拒的事由，不能参加诉讼的。
5. 本案必须以另一案的审理结果为依据，而另一案尚未审结的。

［例］ 甲诉乙确认合同效力一案，在受理后，丙申请法院确认乙没有行为能力。此时，法院应先将甲诉乙的合同效力案件中止诉讼，然后审理确认乙行为能力的案件。最后，法院如果判决确认乙没有行为能力，则再依据此判决，继续审理合同效力案件，判决认定甲、乙之间的合同无效。

6. 其他应当中止诉讼的情形。

［例］ 当事人之间的同一纠纷，一方当事人向外国法院起诉，另一方当事人向中国法院起诉。中国法院依据规定受理案件后，当事人以外国法院已经先于中国法院受理为由，书面申请中国法院中止诉讼的，若外国法院审理案件

更为方便,且该案件不属于由中国法院专属管辖或者双方当事人已经协议由中国法院管辖,则中国法院可以裁定中止诉讼。

> **解题技巧**
>
> 延期审理和诉讼中止是比较容易混淆的概念,做题时,从以下三个角度来把握,就会非常准确:
>
> 1. 只有当事人出现特殊情况才能诉讼中止,如果是其他诉讼参与人(如证人、鉴定人)出现特殊情况,只能延期审理,不能诉讼中止。
>
> 2. 延期审理的时间一定是可以确定的,延期多久是明确的。诉讼中止的时间是不能判断的。例如,当事人昏迷了、死亡了,需要确定继承人的,这需要多久无法确定,只能诉讼中止。
>
> 3. 千万要注意,延期审理用的是决定书,即决定延期审理;而诉讼中止用的是裁定书,即裁定诉讼中止。

模拟训练

居民甲与金山房地产公司(以下简称"金山公司")签订了购买商品房一套的合同,后因甲未按约定付款,金山公司起诉至法院,要求甲付清房款并承担违约责任。在诉讼中,甲的妻子乙向法院主张甲患有精神病,没有辨别行为的能力,要求法院认定购房合同无效。关于本案的说法,下列哪一选项是正确的?[1]

A. 法院应当通知甲的妻子乙作为法定代理人出庭参加诉讼
B. 由乙或金山公司申请对甲进行鉴定,鉴定过程中,诉讼继续进行
C. 法院可以依职权决定对甲进行鉴定
D. 乙或金山公司可以向法院申请认定甲为无民事行为能力人,法院应裁定诉讼中止

三、诉讼终结

诉讼终结,是指在诉讼进行过程中,因发生某种法定的诉讼终结的事由,使诉讼程序继续进行已没有必要或不可能继续进行,从而由法院裁定终结民事诉讼程序的制度。

诉讼终结是整个诉讼程序的彻底结束,无法恢复,包括以下四种情况:

1. 原告死亡,没有继承人,或者继承人放弃诉讼权利的。

---

[1] D。当事人的民事行为能力是判断合同效力的前提。因此,在诉讼中,当事人的利害关系人提出该当事人患有精神病,要求宣告该当事人为无民事行为能力人或限制民事行为能力人的,应由利害关系人向法院提出申请,由受诉法院按照特别程序立案审理。原诉讼应先中止,等待特别程序审理结束,然后以特别程序的审理结果为依据,继续审理合同效力纠纷。只有在法院作出认定甲没有民事行为能力的判决后,才涉及法定代理人的确定问题。本案也不符合法院依职权启动鉴定(即依职权调查取证)的条件,法院不应依职权决定对甲进行鉴定。

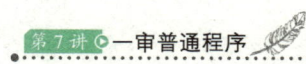

2. 被告死亡，没有遗产，也没有应当承担义务的人的。
3. 离婚案件一方当事人死亡的。
4. 追索赡养费、扶养费、抚养费以及解除收养关系案件的一方当事人死亡的。

口诀

都"死""绝"，要终结。

考点提示

1. 延期审理用决定，诉讼中止和诉讼终结用裁定。
2. 延期审理适用于所有诉讼参与人，诉讼中止和诉讼终结只适用于当事人。
3. 延期审理的时间可以确定（如前述的胃疼），诉讼中止的时间无法确定（如遭遇洪水等不可抗力）。

模拟训练

甲起诉与乙离婚，一审法院判决不予准许。甲不服一审判决，提起上诉。在甲将上诉状递交原审法院后的第三天，乙遇车祸死亡。

Q：此时程序该如何操作？一审判决效力如何？

A：诉讼终结。因当事人甲已上诉，一审判决不生效，也不会再产生二审判决，即一审法院作出的不准离婚的判决未生效。

总结梳理 当事人不到庭的处理

有正当理由不到庭	时间可以确定	延期审理
	时间不能确定	诉讼中止
无正当理由不到庭	必须到庭	拘　传
	不必须到庭	属原告方	按撤诉处理
		属被告方	缺席判决

致努力中的你

知识不可能俯身去够人类，
只有人类踮脚去够知识。

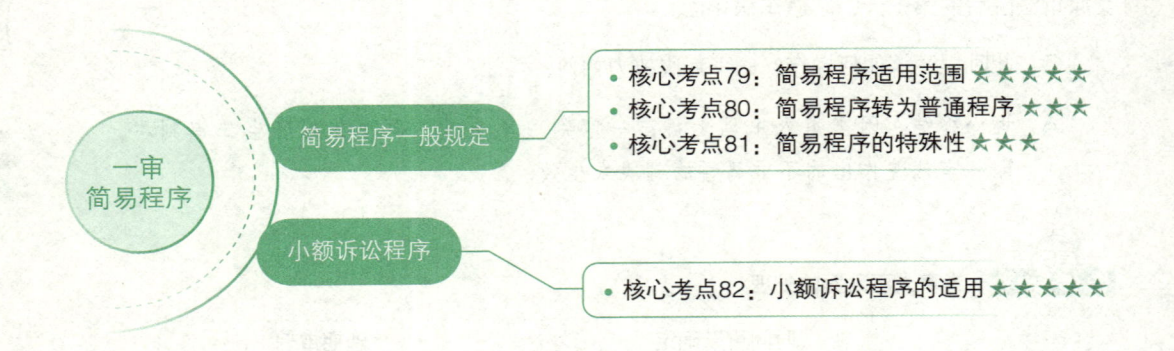

第八讲 一审简易程序

- 一审简易程序
  - 简易程序一般规定
    - 核心考点79：简易程序适用范围 ★★★★★
    - 核心考点80：简易程序转为普通程序 ★★★
    - 核心考点81：简易程序的特殊性 ★★★
  - 小额诉讼程序
    - 核心考点82：小额诉讼程序的适用 ★★★★

> **知识铺垫**
>
> 简易程序，是指基层人民法院及其派出法庭审理简单民事案件所适用的简便易行的诉讼程序，是第一审程序中与普通程序相并列的独立的诉讼程序。
>
> 民事简易程序的设立宗旨在于通过简便易行的诉讼程序，迅速解决司法实践中大量存在的相对较为简单的民事纠纷，以此达到繁简分流、合理配置司法资源的效果，进而提高诉讼效率、降低诉讼成本。作为一种与普通程序并列、独立的民事诉讼程序，民事简易程序与普通程序相比，具有诉讼成本较低、审理周期较短、诉讼方式简便及适用范围较广的特征，即"迅速、简便、低消耗"。

专题 26 简易程序一般规定

核心考点 079 简易程序适用范围 ★★★★★

一、适用法院

只有基层法院和它的派出法庭[1]可以适用简易程序。中级以上的法院均不能适用简易程序审理民事案件。适用简易程序审理的简单的民事案件也适用两审终审制，当事人享有上诉权。

二、适用案件

1. 事实清楚、权利义务关系明确、争议不大的简单的民事案件。
2. 虽然不简单，但首次开庭前，双方当事人约定适用简易程序，并经法院同意的案件（相当于把普通程序转为简易程序）。

三、不适用的案件

1. 起诉时被告下落不明的。
2. 发回重审的。
3. 当事人一方人数众多的。
4. 适用审判监督程序的。
5. 涉及国家利益、社会公共利益的。
6. 第三人起诉请求改变或者撤销生效判决、裁定、调解书的（第三人撤销之诉）。
7. 其他不宜适用简易程序的案件。

> **背诵要点**
> 重审再审、人多失踪、三撤公益，不得用简易程序。

---

[1] 关于派出法庭见核心考点 23 中的脚注说明。

核心考点 080 简易程序转为普通程序 ★★★

一、转化方式

1. 当事人在开庭审理前提出异议，由人民法院审查裁定。
2. 人民法院在审限届满前作出裁定并书面通知当事人。

二、转化后程序衔接

1. 审限计算。自人民法院以简易程序立案之日起开始计算。

   [例] 3月3日，人民法院受理简易程序案件。
   4月4日，人民法院裁定将简易程序转为普通程序。
   普通程序的审限应从3月3日起计算。

2. 事实认定。简易程序确认的事实，普通程序不必再举证、质证。

总结梳理 普通程序和简易程序之间的转化

普通程序转为简易程序	（1）首次开庭前； （2）双方当事人自愿约定适用，经人民法院同意。	
简易程序转为普通程序	当事人提异议	（1）首次开庭前； （2）人民法院审查裁定。
	人民法院直接裁定	（1）审限届满前作出裁定； （2）审限计算：自人民法院立案之日起开始计算，意思是简易程序审理案件用的时间，要计入普通程序的审限当中来。

核心考点 081 简易程序的特殊性 ★★★

一、审前准备

1. 双方同时到庭，均表示不需要答辩期、举证期的，可以当即审理。

2. 被告要求书面答辩的，人民法院征得其同意后，合理确定答辩期（可以少于 15 日），举证期不得超过 15 日。

二、送达

1. 可以简便方式[1]传唤证人、送达文书，但要确保受送达人收到，未确认收到不得缺席判决。

这里千万要注意！简易程序中法官采用打电话、捎口信等方式送达是合法的！也就是说，采用这些方式送达后，当事人拒不到庭的，法官裁定按撤诉处理或者缺席判决都是合法的。

2. 简易程序不允许公告送达。即使被告下落不明，法官也不能公告送达，而应裁定将简易程序转为普通程序之后再公告送达。也就是说，起诉时被告下落不明的，不能适用简易程序，而应适用普通程序。

三、审理

1. 独任审理，必须开庭审理。审判员一人独自审理案件并不意味着完全由其自问、自审、自记，记录工作仍应由书记员来完成。
2. 不受法庭调查和法庭辩论顺序限制，但应保障当事人陈述意见的权利。可以边调查边辩论。
3. 当事人双方可以就开庭方式向人民法院提出申请，由人民法院决定是否准许。
4. 经当事人双方同意，可以采用视听传输技术等方式开庭。

四、审限

人民法院适用简易程序审理案件，应当在立案之日起 3 个月内审结。有特殊情况需要延长的，经本院院长批准，可以延长 1 个月。

五、裁判文书

应当当庭宣判。

裁判文书中的认定事实或者裁判理由部分可以适当简化。

考点提示

1. 简化裁判文书的事实和理由部分是少写而非不写。

---

[1] 简便方式对具体的送达形式没有规定，只要送到就可以。

> 2. 庭审笔录是绝对不可以简化的！注意：能简化的是裁判文书，而不是庭审笔录。
> 庭审笔录一般指法庭笔录。法庭笔录，是指记载当事人和其他诉讼参与人在法庭上所作陈述的司法文书，由书记员制作。法庭笔录内容涉及与案件有关的事实和根据。

判决书参考范例：

×××× 人民法院
民事判决书

（××××）……民初……号

原告：×××，男/女，××××年××月××日出生，×族，……（工作单位和职务或者职业），住……。

法定代理人/指定代理人：×××，……。

委托诉讼代理人：×××，……。

被告：×××，住所地……。

法定代表人/主要负责人：×××，……。

委托诉讼代理人：×××，……。

第三人：×××，……。

法定代理人/指定代理人/法定代表人/主要负责人：×××，……。

委托诉讼代理人：×××，……。

（以上写明当事人和其他诉讼参加人的姓名或者名称等基本信息）

原告×××与被告×××、第三人×××……（写明案由）一案，本院于××××年××月××日立案后，依法适用普通程序，公开/因涉及……（写明不公开开庭的理由）不公开开庭进行了审理。原告×××、被告×××、第三人×××（写明当事人和其他诉讼参加人的诉讼地位和姓名或者名称）到庭参加诉讼。本案现已审理终结。

×××向本院提出诉讼请求：1.……；2.……（明确原告的诉讼请求）。事实和理由：……（概述原告主张的事实和理由）。

×××辩称，……（概述被告答辩意见）。

×××诉/述称，……（概述第三人陈述意见）。

当事人围绕诉讼请求依法提交了证据，本院组织当事人进行了证据交换和质证。对当事人无异议的证据，本院予以确认并在卷佐证。对有争议的证据和事实，本院认定如下：1.……；2.……（写明人民法院是否采信证据，事实认定的意见和理由）。

本院认为，……（写明争议焦点，根据认定的事实和相关法律，对当事人的诉讼请求作出分析评判，说明理由）。

综上所述，……（对当事人的诉讼请求是否支持进行总结评述）。依照《中华人民共和国……法》第×条、……（写明法律文件名称及其条款项序号）规定，判决如下：

一、……；

二、……。

（以上分项写明判决结果）

如果未按本判决指定的期间履行给付金钱义务，应当依照《中华人民共和国民事诉讼法》第二百六十四条的规定，加倍支付迟延履行期间的债务利息（没有给付金钱义务的，不写）。

案件受理费……元，由……负担（写明当事人姓名或者名称、负担金额）。

如不服本判决，可以在判决书送达之日起十五日内，向本院递交上诉状，并按照对方当事人或者代表人的人数提出副本，上诉于××××人民法院。

审 判 长 ×××

审 判 员 ×××

审 判 员 ×××

××××年××月××日

（院印）

本件与原本核对无异

书 记 员 ×××

真题小试

关于适用简易程序的表述，下列哪些选项是正确的？（2010/3/87-多）[1]

A. 基层法院适用普通程序审理的民事案件，当事人双方可协议并经法院同意适用简易程序审理

B. 经双方当事人一致同意，法院制作判决书时可对认定事实或者判决理由部分适当简化

---

[1] ABC。A项正确，基层法院适用第一审普通程序审理的民事案件，当事人双方自愿选择适用简易程序，经法院审查同意的，可以适用简易程序进行审理。B项正确，适用简易程序审理的民事案件，当事人双方一致同意简化裁判文书的，法院在制作裁判文书时对认定事实或者裁判理由部分可以适当简化。C项正确，原告起诉后，法院可以采取捎口信、电话、短信、传真、电子邮件等简便方式传唤双方当事人、通知证人。D项错误，一审适用简易程序审理的案件，法院可以不开庭迳行判决于法无据。

C. 法院可口头方式传唤当事人出庭
D. 当事人对案件事实无争议的，法院可不开庭迳行判决

专题 27 小额诉讼程序

核心考点 082 小额诉讼程序的适用 ★★★★★

基层法院和它派出的法庭审理的简单的民事案件，标的额为各省、自治区、直辖市上年度就业人员年平均工资50%以下的，或双方当事人约定的标的额超过各省、自治区、直辖市上年度就业人员年平均工资50%但在2倍以下的，实行一审终审。这种金额较小的案件的审理程序，被称为小额诉讼程序，属于简易程序的一种。

需要注意以下几个方面：

- 小额诉讼程序是强制适用的，只要是适用简易程序的案件，金额达到标准的，就必须适用小额诉讼程序，双方当事人不得约定不适用小额诉讼程序。
- 用简易程序审的、不满足小额诉讼程序金额要求的案件，当事人双方约定适用小额诉讼程序的，可以适用小额诉讼程序审理。
- 用普通程序审的、满足小额诉讼程序金额要求的案件，当事人双方约定适用小额诉讼程序的，可以适用小额诉讼程序审理。

考点提示

○ 金额大的简易程序，可以约定用小额诉讼程序审理。
○ 金额小的普通程序，也可以约定用小额诉讼程序审理。

背诵要点

○ 简易+小额=必须用小额诉讼程序。
○ 简易或小额满足其中一个=当事人选择用小额诉讼程序的可以用，未选择的不可以用。
○ 不简易+不小额=绝对不可以用小额诉讼程序。

一、适用案件范围

小额诉讼程序主要适用于简单的金钱给付案件，例如，买卖合同、借款合同、租赁合同，供用水、电、气、热力合同纠纷，物业、电信等服务合同纠纷，银行卡纠纷，等等。

下列案件虽然涉及身份关系，但仍然可以适用小额诉讼程序：①责任清楚，仅仅是就给付金钱的数额、方式、时间有争议的人身损害赔偿案件；②劳动关系清楚，仅仅是就给付金钱的数额、方式、时间有争议的劳动合同纠纷案件；③身份关系清楚，仅仅是就给付金钱的数额、方式、时间有争议的抚、扶、赡案件。

二、不能适用小额诉讼程序的案件

法院审理下列民事案件，不适用小额诉讼的程序：
1. 人身关系、财产确权案件。
2. 涉外案件。
3. 需要评估、鉴定或者对诉前评估、鉴定结果有异议的案件。
4. 一方当事人下落不明的案件。
5. 当事人提出反诉的案件。
6. 其他不宜适用小额诉讼的程序审理的案件。

口诀

"贱"人才涉诉，就下落不明。

注意

知识产权类案件，如果涉及财产权且金额较小，依然可以适用小额诉讼程序。

三、适用法院

小额诉讼程序一般只能由基层法院适用，但海事法院可以审理海事小额诉讼案件。

依据是《最高人民法院关于海事法院可否适用小额诉讼程序问题的批复》（2013年5月27日由最高人民法院审判委员会第1579次会议通过）。其具体内容为："上海市高级人民法院：你院《关于海事法院适用小额诉讼程序的请示》（沪高法〔2013〕5号）收悉。经研究，批复如下：2012年修订的《中华人民共和国民事诉讼法》简易程序一章规定了小额诉讼程序，《中华人民共和国海事诉讼特别程序法》第98条规定海事法院可以适用简易程序。因此，海事法院可以适用小额诉讼程序审理简单的海事、海商案件。"

但做题的时候需要分情况讨论，海事案件往往涉及船舶、货物运输、海事侵权等复杂法律关系，可能包含涉外因素。涉外案件不适用小额诉讼程序。因此，如果海事案件包含涉外因素，将不适用小额诉讼程序。

四、举证期与答辩期

举证期一般不超过7日。小额诉讼案件中，双方同时到庭，均表示不需要举证期、

答辩期的，可以当即审理。

五、裁判文书简化

小额诉讼案件的裁判文书可以简化，可以省略事实、理由部分。

> **注 意**
> 简易程序的裁判文书中的事实和理由部分只是可以简化，而小额诉讼程序的裁判文书中的事实和理由部分是可以直接省略。

六、程序转化

受理后当事人申请增加或变更诉讼请求、提出反诉、追加当事人等，导致不符合小额诉讼程序条件的，应当适用简易程序的其他规定审理；应当适用普通程序的，转为普通程序。

七、救济

1. 小额诉讼案件一审终审，不能上诉：小额诉讼案件的所有裁定、判决都不能上诉。例如，在简易程序中，当事人对管辖权异议的裁定不服的，可以上诉；但是如果是不服小额诉讼程序中的管辖权异议裁定，则不能上诉。
2. 对小额诉讼案件的裁判结果，当事人不服的，不可以上诉，但可以申请再审。
3. 对适用小额诉讼程序有异议的，应在开庭前提出。
4. 若开庭前没提出，或提出被驳回，导致不应该适用小额诉讼程序却错误适用的，当事人可以申请再审，再审得到的裁判可以上诉。具体适用方法见下例：

> **考点提示**
> 若某案件因错误适用小额诉讼程序而导致再审，则此再审得到的裁判可上诉。

[例1] 假设在北京，24 000元以下的案件适用简易程序审理时，应适用小额诉讼程序。

甲诉乙合同纠纷一案，标的额为30 000元。法院适用小额诉讼程序审理。甲认为不应适用小额诉讼程序审理，那么：
（1）甲可以在首次开庭前提出异议；
（2）异议被驳回的，本案就要适用小额诉讼程序审理；
（3）审理完毕，一审终审，甲的上诉权被剥夺；

（4）甲可以申请再审，理由是本案不应适用小额诉讼程序；

（5）再审的目的就是救济甲的上诉权，再审得到的裁判允许甲上诉。

[例2] Q：适用小额诉讼程序的案件，能否缺席审理和判决？

A：适用小额诉讼程序的案件，原则上可以缺席审理和判决，但需要注意以下两方面问题：①案件因当事人下落不明，需要公告送达的；或者因无法获取对方当事人意见，难以判断案件是否事实清楚、权利义务关系是否明确、争议是否不大的，不得适用小额诉讼程序。②小额诉讼案件缺席审理和判决应当以依法完成送达为前提。根据《民诉解释》第261条第2款，以简便方式送达的开庭通知，未经当事人确认或者没有其他证据证明当事人已收到的，法院不得缺席审理和判决。采取电子送达方式的，应当根据《民事诉讼程序繁简分流改革试点实施办法》第26条的规定，确定已完成有效送达，否则不得缺席审理和判决。[1]

真题小试

甲与乙借贷纠纷一案，法院适用小额诉讼程序审理。在审理过程中，法院的以下做法正确的是：（2018-模拟题-单）[2]

A. 在小额诉讼程序中，当事人放弃答辩期的，可以当庭提出管辖权异议

B. 在小额诉讼程序中，当事人提出管辖权异议被驳回后，可以就驳回管辖权异议的裁定上诉

C. 在对小额诉讼程序的判决上诉后的二审程序中，当事人可以提出管辖权异议

D. 当事人在小额诉讼程序被发回重审后，可以提出管辖权异议

---

[1]《民事诉讼程序繁简分流改革试点问答口径（二）》第13点。

[2] A。本题考查的问题包括：在小额诉讼程序中，当事人是否可以提出管辖权异议？法院裁定驳回管辖权异议后，当事人是否可以上诉？当事人在二审中提出管辖权异议，又该如何处理？小额诉讼程序中，当事人在答辩期内可以提出管辖权异议，但当事人放弃答辩期的，可以当庭答辩。因此，在当事人放弃答辩期的情况下，其可以在当庭答辩的时候提出管辖权异议，主张受理案件的法院对本案没有管辖权。所以，A项正确。但若当事人认为该案件根本就不应适用小额诉讼程序，则可以在首次开庭前提出异议，这种异议事实上不是管辖权异议，而是主管权异议。要注意哦，能不能用小额诉讼程序和该案件用了小额诉讼程序后应该由哪个法院管辖，这完全是两回事。若法院驳回了当事人的管辖权异议，当事人无权上诉，这是由小额诉讼程序一审终审的特色决定的。还要注意，对错误的管辖权异议裁定也不能申请再审。根据《民事诉讼法》的规定，能申请再审的裁定仅仅包括不予受理的裁定和驳回起诉的裁定。所以，B项错误。因小额诉讼程序的判决本身就不能上诉，所以，也就谈不上在二审中提出管辖权异议的问题。所以，C项错误。即便是对普通程序上诉的案件，当事人若在二审中提出管辖权异议，法院也应不予审查。要注意，一审答辩期内提出的管辖权异议，法院是必须审查，审查后可以支持或者不支持；二审中提出的管辖权异议，法院根本就不进行审查。小额诉讼程序被发回重审后，适用的虽然是一审普通程序，但是在发回重审程序中和再审程序中，均不得提出管辖权异议。所以，D项错误。

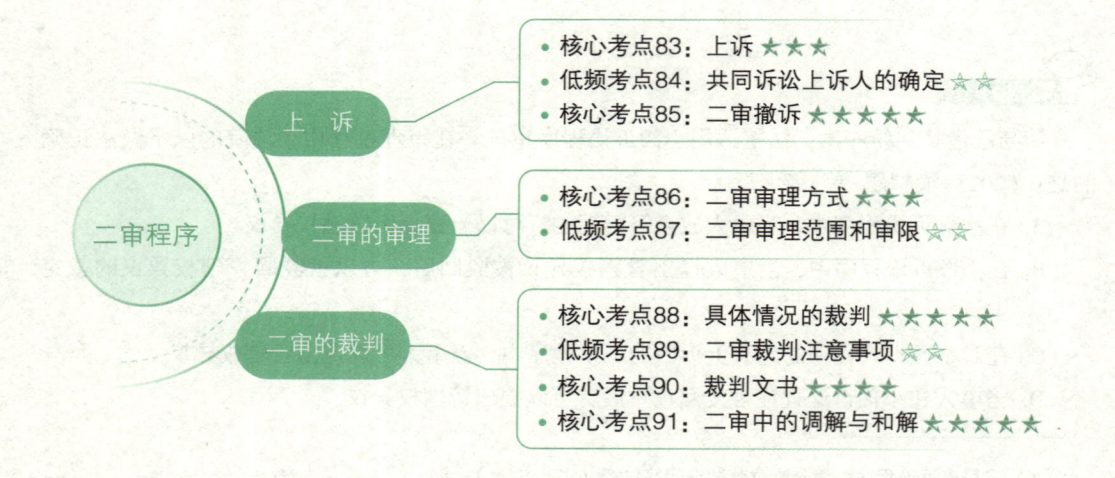

09 | 第九讲 >>
二审程序

```
                ┌─ 上诉 ──────┬─ 核心考点83：上诉 ★★★
                │             ├─ 低频考点84：共同诉讼上诉人的确定 ☆☆
                │             └─ 核心考点85：二审撤诉 ★★★★★
                │
二审程序 ────────┼─ 二审的审理 ┬─ 核心考点86：二审审理方式 ★★★
                │             └─ 低频考点87：二审审理范围和审限 ☆☆
                │
                └─ 二审的裁判 ┬─ 核心考点88：具体情况的裁判 ★★★★★
                              ├─ 低频考点89：二审裁判注意事项 ☆☆
                              ├─ 核心考点90：裁判文书 ★★★★
                              └─ 核心考点91：二审中的调解与和解 ★★★★★
```

> **知识铺垫**
>
> 　　第二审程序，又称为上诉审程序，是指因当事人不服地方各级人民法院尚未生效的第一审判决或裁定而依法向上一级人民法院提起上诉，要求撤销或变更原判决或裁定，上一级人民法院据此对案件进行审理所适用的程序。第二审程序为当事人提供了权利救济的机会，也为人民法院纠正错误的裁判提供了可能。

专题 28 上诉

核心考点 083　上诉 ★★★

上诉，是指当事人对第一审人民法院的判决、裁定，在法定期间内声明不服，依法请求上一级人民法院对上诉请求事项进行审理并撤销或变更原判决、裁定的诉讼行为。

但存在特例：当事人对发明专利、实用新型专利、植物新品种、集成电路布图设计、技术秘密、计算机软件、垄断等专业技术性较强的知识产权民事案件第一审判决、裁定不服，按照一般法理，应向中级或者高级人民法院提起上诉。但为了统一裁判结果、保护知识产权，根据相关规定，对这些案件提起上诉的，由最高人民法院审理。[1]

上诉是启动二审程序的唯一途径。

一、上诉的文书范围

1. 调解书一律不可以上诉。

调解书不能上诉的主要原因在于其法律效力的特殊性和调解过程的自愿性。

一方面，根据《民事诉讼法》第 100 条第 3 款的规定，调解书经双方当事人签收后，即具有法律效力。这意味着，调解书一旦签收，就等同于生效的法律文书，对双方当事人都具有法律约束力。因此，调解书不需要再通过上诉程序来确认其法律效力。

另一方面，调解过程建立在自愿的基础上，调解协议是双方当事人在法院主持下自愿达成的协议，调解协议的内容不得违反法律规定。既然在调解过程中，法院只是起引导和协调的作用，最终的调解结果是基于双方当事人的自愿，那么，该结果并不是法院具有强制力的裁判，不存在事实认定错误和法律适用错误的问题。因此，亦不应允许当事人对调解结果不服，也就不允许当事人上诉。但如果当事人有证据证明调解违反自愿原则或者调解协议的内容违反法律，可以向法院申请再审。

2. 多数判决可以上诉，但以下判决不可以上诉：

（1）最高院一审的判决。

（2）小额诉讼案件的判决。

（3）适用特别程序、督促程序、公示催告程序案件的判决。适用这些程序的判决

---

[1] 2018 年 10 月《全国人民代表大会常务委员会关于专利等知识产权案件诉讼程序若干问题的决定》。

都是非民事诉讼程序判决，均为一审终审，不允许上诉。

[例] Q：法院作出确认人民调解协议有效的裁定后，当事人不服的，是否可以上诉？

A：不可以。该裁定是非讼程序裁定，不可以上诉。

3. 多数裁定都不可以上诉，但以下裁定可以上诉：
（1）不予受理的裁定；
（2）驳回起诉的裁定；
（3）管辖权异议的裁定。

二、上诉的条件

（一）上诉的主体范围

一审原告、被告、法定代理人、有独三、被判决承担责任的无独三、诉讼代表人、特别授权的委托代理人。

（二）上诉的期间

对判决的上诉期为 15 天，对裁定的上诉期为 10 天，在中国境内没有住所的当事人上诉期为 30 天。上诉期间从一审判决书、裁定书送达当事人后第二日起开始计算，并以当事人各自收到判决书、裁定书之日分别计算，任何一方均可在自己的上诉期间内上诉。一般认为，必要共同诉讼人的上诉期间应从最后一个共同诉讼人收到判决或者裁定的时间开始计算。普通共同诉讼人的上诉期间，以各自的起算日计算，超过上诉期就丧失上诉权；其他普通共同诉讼人上诉后，第二审人民法院的裁判对其不产生效力。

（三）上诉的形式

必须提交书面上诉状。

上诉状是上诉人不服第一审人民法院的裁判，请求上一级人民法院撤销或者变更原审人民法院裁判的诉讼文书。当事人提起上诉必须递交书面的上诉状，这就与起诉的形式有所区别。原因是一审裁判是人民法院依据严谨的法律程序产生的结果，具有社会公信力。当事人要想推翻一审裁判就应该以非常正式的书面形式启动上诉程序，口头形式容易导致当事人滥用上诉程序，也不利于维护一审裁判的权威。所以，一审宣判时或判决书、裁定书送达时，当事人口头表示上诉的，人民法院应告知其必须在法定上诉期间内递交上诉状。未在法定上诉期间内递交上诉状的，视为未提起上诉。

> **注 意**
>
> 交纳上诉费并不是上诉的具体条件。即使当事人不交纳上诉费，法院也会受理上诉。但受理后，会裁定按撤回上诉处理。

[例] 吴某被王某打伤后诉至人民法院，王某败诉。一审判决书送达王某时，其当即向送达人郑某表示上诉，但因不识字，未递交上诉状。本案是否上诉成功？

本案上诉未成功，因为上诉必须采用书面形式。

低频考点 084 共同诉讼上诉人的确定 ☆☆

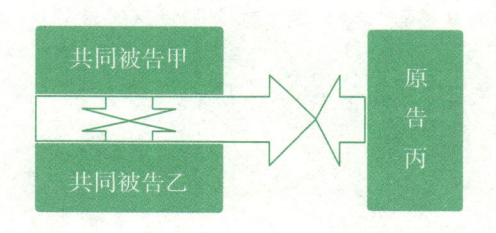

确定原则：
（1）谁上诉，谁就是上诉人
（2）对谁不满，谁就是被上诉人
（3）其他人按照原审诉讼地位列明

解说：

一审中，丙为原告，甲、乙为共同被告：

1. 若丙因为对甲、乙承担的责任不满而上诉：丙为上诉人，甲、乙为被上诉人。

2. 若甲因为对和乙的责任分担不满而上诉，对向丙承担的责任无不满：甲为上诉人，乙为被上诉人，丙列为原审原告。

3. 若甲因为对向丙承担的责任不满而上诉，对和乙的责任分担无不满：甲为上诉人，丙为被上诉人，乙列为原审共同被告。

4. 若甲、乙、丙均上诉：甲、乙、丙都属于上诉人。

[例] 甲在某报发表纪实报道，对明星乙与某富商的关系作了富有想象力的描述。乙以甲及报社共同侵害了他的名誉权为由提起诉讼，要求甲及报社赔偿其精神损失并公开赔礼道歉。一审法院判决甲向乙赔偿1万元，报社向乙赔偿3万元，并责令甲及报社在该报上书面道歉。报社提起上诉，请求二审法院改判甲和自己各承担2万元。二审法院应如何确定当事人的地位？

在本案中，提起上诉的是报社，因此，报社就是上诉人。报社只是因为对自己和甲之间的权利义务分担不满而提起上诉，所以被上诉人是甲。乙在二审中列为原审原告。

真题小试

甲、乙、丙诉丁遗产继承纠纷一案,甲不服法院作出的一审判决,认为分配给丙和丁的遗产份额过多,提起上诉。关于本案二审当事人诉讼地位的确定,下列哪一选项是正确的?(2016/3/44-单)[1]

A. 甲是上诉人,乙、丙、丁是被上诉人
B. 甲、乙是上诉人,丙、丁是被上诉人
C. 甲、乙、丙是上诉人,丁为被上诉人
D. 甲是上诉人,乙为原审原告,丙、丁为被上诉人

考点提示

1. 必要共同诉讼人的行为,并非都必须经过其他共同诉讼人同意才有效。只有涉及其他共同诉讼人利益的行为才需要其他共同诉讼人同意。例如,上诉行为就不需要其他共同诉讼人同意。
2. 没有被判决承担责任的无独三不能作为上诉人,但可以作为被上诉人。

核心考点 085 二审撤诉 ★★★★★

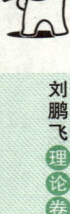

在二审程序中,撤诉分为两种情况:撤回上诉和撤回起诉。一般而言,原告撤回的是一审的起诉,上诉人撤回的才是二审的上诉。

一、撤回上诉和按撤回上诉处理

撤回上诉,是指上诉人依法提起上诉后,在二审法院作出裁判前,要求撤回上诉的行为。按撤回上诉处理,是指在法定情形出现时,法院主动作出按撤诉处理的裁定,将上诉人提起的上诉终结。

(一) 法律效果

---

[1] D。按照上述讲授的解题思路,就能非常顺利地解答出这道题目。在本题中,上诉的是甲,因此,甲就是上诉人;甲认为法院分配给丙、丁的遗产份额过多,对丙、丁不满,因此,丙、丁就列为被上诉人;甲、乙之间没有权利义务争议,因此,没有涉及的乙列为原审原告。所以,D项正确,当选。

1. 在二审程序中撤回上诉

若只有一方上诉，上诉人在二审程序中（尚未作出二审裁判时）撤回上诉后，一审判决生效。

> 这是为什么呢？
>
> 若当事人在一审裁判的上诉期内上诉，则一审裁判暂不生效，将来生效的是二审的裁判。若当事人在一审裁判的上诉期内没有上诉，则一审裁判在上诉期届满后生效。

所以，在二审程序中撤回上诉的，二审程序也被撤销，相当于没有对一审裁判提起上诉。此时，一审裁判经过了上诉期，就会生效。

2. 在上诉期内撤回上诉

若上诉期内，一方当事人上诉后又撤回上诉，则该当事人丧失了上诉权，即使上诉期未届满，也不可以再上诉。

> 这是为什么呢？
>
> 这是因为，当事人撤回上诉后，即视为放弃上诉权，一般不得再次上诉。撤回上诉是当事人对其诉讼权利的处分，一旦撤诉，就意味着当事人接受了原审法院的裁判结果，因此不得再就同一案件提起上诉。

此时，一审判决效力待定：若对方当事人在上诉期内提起上诉，一审判决不生效；若对方当事人在上诉期内没有上诉，一审判决生效。

考点提示

> 我国民事诉讼法对当事人放弃上诉权虽无规定，但在司法实践中，一审宣判后或送达判决书时，审判人员、书记员一般都要询问当事人是否要上诉。对于当事人当即表示不上诉的，书记员将记录在卷。但当事人的这种明确表示放弃上诉权的行为却不发生法律上的效力，将来当事人在法定期间内上诉的，法院依然应受理。

（二）条件

当事人之间恶意串通损害国家利益、社会公共利益、他人合法权益，或一审判决确有错误的，不准撤回上诉。

二、原审原告在二审中撤回起诉

（一）法律效果

1. 准许撤诉的，应当一并裁定撤销一审裁判。

> **这是为什么呢？**
>
> 撤回起诉，相当于撤回了启动整个诉讼程序最原始、最基础的行为，也就是当事人不想通过诉讼救济自己的利益，因此，整个民事诉讼都失去了存在的基础，所有跟诉讼有关的程序、文书都要同时被撤销掉。因此，要一并撤销掉一、二审程序和一审作出的裁判。

2. 原审原告在二审程序中撤回起诉后重复起诉的，法院不予受理。

> **这是为什么呢？**
>
> 这是为了防止浪费国家司法资源。案件已经在二审程序中，如果当事人想获得司法救济，则只需要等待二审裁判作出即可。此时撤回起诉，然后再起诉，就会使得整个诉讼重新进行，严重影响诉讼效益。当然，此规定是为了防止毫无意义的重复起诉，如果有新事实、新情况，则可以再次起诉。

（二）条件

1. 法院同意：不损害国家利益、社会公共利益、他人合法权益。
2. 经其他当事人同意。

总结梳理 当事人撤诉的法律效果

程　　序	撤回情况	程序发展	判决效力	再次启动程序
一审程序	起诉被撤回	终结一审程序	尚未作出一审判决	可以就原纠纷再起诉
上诉期内	上诉被撤回	丧失上诉权	一审判决效力待定	不可以再上诉
二审程序	上诉被撤回	终结二审程序	一审判决生效	不可以上诉，不可以再起诉
	起诉被撤回	终结一、二审程序	一审判决应同时撤销	不可以再起诉

解题技巧

在两审终审的案件中，解答考查撤诉的法律效果的题目，应分三步走：

第一步 判断双方当事人的诉讼地位

例如，甲诉乙胜诉后，乙上诉至二审法院。则甲就是原告，而乙就是上诉人。

第二步 判断是谁撤诉

原告撤诉，撤的就是一审的起诉；上诉人撤诉，撤的就是二审的上诉。

第三步 判断法律效果

如果是原告撤回起诉，就撤销一审裁判，视为未起诉，但也不允许就原纠纷再起诉；如果是上诉人撤回上诉，一审判决就会随即生效。

真题小试

甲公司诉乙公司买卖合同纠纷一案，法院判决乙公司败诉并承担违约责任，乙公司不服提起上诉。在二审中，甲公司与乙公司达成和解协议，并约定双方均将提起之诉予以撤回。关于两个公司的撤诉申请，下列哪一说法是正确的？（2016/3/45-单）[1]

A. 应当裁定准许双方当事人的撤诉申请，并裁定撤销一审判决
B. 应当裁定准许乙公司撤回上诉，不准许甲公司撤回起诉
C. 不应准许双方撤诉，应依双方和解协议制作调解书
D. 不应准许双方撤诉，应依双方和解协议制作判决书

---

[1] A。本题实际考查的是撤诉的法律效果。本题没有明确告知撤的是什么诉，所以要确定一下。本案中，甲公司是原告，乙公司是被告；乙公司是上诉人，甲公司是被上诉人。双方合意撤销各自的诉，那么，甲公司撤回的是起诉，乙公司撤回的是上诉。

为结束诉讼，法院只需要准许原告撤回起诉就可以了。一旦法院同意撤回起诉，整个诉讼程序即告终结，法院同时撤销一审程序、一审裁判（尚未生效）和二审程序，本案归于消灭，但原告不可以就原纠纷再起诉。如此，二审程序也即归于消灭，就没必要再同意撤回上诉。但若法院先同意撤回上诉，则一审判决就会生效，无法再撤回起诉，这和当事人的行为目的相悖。

这里我们直接看选项：A项说应当裁定准许双方当事人的撤诉申请，大家就应该明白，其实准予撤回起诉就可以了。一旦撤回起诉，所有诉讼程序都终结，同时裁定撤销一审判决。因此，A项正确。B项只准撤回上诉，不准撤回起诉，以及CD项不准撤诉，都是没道理的。本案中，双方当事人"达成和解协议，并约定双方均将提起之诉予以撤回"，说明被告已经同意原告撤回起诉。因此，BCD项错误。

专题 29 二审的审理

核心考点 086 二审审理方式 ★★★

一、合议庭的组成

人民法院审理第二审民事案件，原则上应由审判员组成合议庭。合议庭的成员人数，必须是单数。

中级人民法院对第一审适用简易程序审结或者不服裁定提起上诉的第二审民事案件，事实清楚、权利义务关系明确的，经双方当事人同意，可以由审判员一人独任审理。

发回重审的案件，原审人民法院应当按照第一审程序另行组成合议庭。

二、审理方式

二审案件以开庭审理为原则，满足以下四个条件之一的，合议庭可以不开庭审理，只要阅卷、调查和询问当事人即可：

1. 不服不予受理、管辖权异议和驳回起诉裁定的。
2. 当事人提出的上诉请求明显不能成立的。
3. 原判决、裁定认定事实清楚，但适用法律错误的。
4. 原判决严重违反法定程序，需要发回重审的。

二审案件的审理方式中，开庭审理是原则，不开庭审理是例外。如果上诉程序中涉及新的事实、证据或者理由，那么就必须通过正式的法庭调查和法庭辩论才能甄别其正确性，合议庭的开庭审理就必不可少。二审案件开庭审理是实现案件公开审判的现实需要。但是，有些上诉案件比较简单，只涉及程序问题或者法律问题，一味地开庭审理也会造成司法资源的浪费。为此，法律规定了不开庭审理的情形。二审程序的不开庭审理也叫径行裁判，当事人对事实、证据和理由有争议的，也可以进行较为简单的判断。

限定径行裁判的适用范围的主要目的在于提高公开审判的利用率。公开审判是民事诉讼的一项基本制度，无论是一审程序还是二审程序，都应该大力加强公开审判。尽管我国民事诉讼法明确规定开庭审理是主要的审理方式、径行裁判是辅助性的审理方式，但司法实践中却颠倒了两者之间的关系，普遍存在着任意扩大径行裁判适用范围的不正当现象，其结果就是极大压缩了开庭审理的范围。这明显背离了民事诉讼法

的立法精神。

> **解题技巧**
>
> 有以下几种关于二审审理的考查角度要掌握：
>
> 1. Q：二审程序可以不开庭吗？
>
>   A：特殊情况下可以（如上诉请求明显不能成立等）。
>
> 2. Q：二审程序可以不公开吗？
>
>   A：特殊情况下可以（如涉及国家秘密）。
>
> **注意**
>
> 开庭与否考虑的是是否按照庭审程序审理，公开与否考虑的是是否允许公众旁听、参与，这二者是不同的。
>
> 3. Q：二审程序可以不合议吗？
>
>   A：特殊情况下可以（一审适用简易程序审结或者不服裁定的简单案件，当事人同意，中院审理的二审案件——中院+同意+简、裁）。
>
> 4. Q：二审程序可以不制作判决书或者调解书吗？
>
>   A：不可以，必须制作。需要用二审的判决书或者调解书撤销、改变一审的判决书。

低频考点 087 二审审理范围和审限 ☆☆

一、二审的审理范围

1. 不告不理

二审法院应当围绕当事人的上诉请求进行审理，当事人没有提出请求的，不予审理。

2. 有错必纠

若一审判决违反法律禁止性规定，或者损害国家利益、社会公共利益、他人合法权益，即使当事人没有请求纠正，法院也应主动纠正。

注意

若一审裁判错误，仅仅是令对方当事人利益受损，则当事人不请求纠正，法院就不审理。

3. 全面审理

二审程序中,在审理当事人提出的上诉请求时,对于当事人提出上诉的部分既进行事实审,纠正一审的事实错误;也进行法律审,纠正一审的法律错误。也就是对当事人上诉的部分进行全面审理(没上诉的部分原则上还是不管)。

> **解题技巧**
>
> 关于审理范围,应从以下三个方面掌握:
>
> 1. Q:一审中判决了A、B两项,当事人仅就A项上诉;B项是错误的,但当事人未上诉。二审法院处理吗?
>
>   A:不处理。必须按照当事人的上诉范围进行审理。
>
> 2. Q:一审中判决了A、B两项,当事人仅就A项上诉;B项是错误的,但当事人未上诉,二审法院发现B项错误侵害了案外人的利益。二审法院处理吗?
>
>   A:处理。这是为了保护案外第三人的利益。
>
> 3. Q:一审中判决了A、B两项,当事人仅就A项上诉;B项是错误的,但当事人未上诉,且当事人只提出A项中存在法律适用错误。二审法院该如何处理?
>
>   A:对于B项完全不处理,因为当事人未上诉。而对于A项,当事人上诉了,虽然只是提出存在法律适用错误,但法院应对A项的法律适用、程序适用和事实认定进行全面审查。只要当事人对某项上诉了,法院就不受上诉理由的限制,要全面判断该项是否正确。

二、审理期限

1. 对裁定上诉的案件,法院应在第二审立案之日起30日内审结。
2. 对判决上诉的案件,法院应在第二审立案之日起3个月内审结。
3. 以上审限,可以报本院院长批准延长。

专题30 二审的裁判

核心考点 088 具体情况的裁判 ★★★★

二审法院发现一审裁判存在以下情形的,应按照下列规则处理:

一、原裁判的依据和结果都是正确的——裁判正确

二审法院经过审理认为原裁判认定事实清楚、适用法律正确的，应当判决驳回上诉，维持原裁判。驳回上诉、维持原判就意味着否定了上诉人的上诉请求，原裁判的事实认定和法律适用都不存在不当之处。只要原裁判在事实认定或者法律适用任一有不当之处，都不能适用该种裁判形式。

二、原裁判依据错误，但结果正确——裁判瑕疵

原裁判认定事实或者适用法律虽有瑕疵，但裁判结果正确的，二审法院可以在裁判中纠正瑕疵后，驳回上诉请求，维持原裁判。

[例] 一审法院判决书中认定甲确实在2012年向乙借款5000元，据此判决甲向乙还款。上诉后，二审法院发现借款事实存在，但并非在2012年，而是在2013年。这就是认定事实有瑕疵，但是裁判结果正确。[1]

三、原裁判依据和结果都是错误的——裁判错误

认定事实错误，是指要件事实认定出现错误，把伪造的或者不真实的证据作为认定案件事实的根据。适用法律错误，是指法官援引了错误的法条作为裁判的根据。事实认定错误或者法律适用错误都会对当事人的合法权益造成重大影响，二审法院在审判过程中发现这些错误就应该及时进行改判。上级法院直接改判不但维护了当事人的切身利益，而且有助于提升司法的权威。具体来讲，原裁定认定事实错误或适用法律错误，裁定结果错误的，裁定撤销或变更原裁定；原判决认定事实错误或适用法律错误，判决结果错误的，直接改判。

四、原判决基本事实没有查清

原判决基本事实不清，主要是指对案件的当事人主体资格、案件性质、基本的法律关系以及当事人承担的民事责任等基础性的，也是最基本的事实没有进行认定，或者认定的不够清楚、不够准确。出现此种情况，主要系一审法院对案件证据的分析和认定不够充分或出现了错误，即属于证据不足或法官对证据的把握、分析、认定不够清晰准确所致。一审法院没有调查清楚事实就直接作出了判决。基本事实，是指案件的要件事实或者主要事实。原判决认定基本事实不清的，裁定撤销原判，发回重审，或查清事实后改判。

---

[1] 概括自（2015）平中民二终字第129号判决书：马云香与沙青俊民间借贷纠纷上诉案。

[例] 原告诉被告，主张自己的一吨普洱茶存放在被告的仓库后丢失，要求被告赔偿。一审法院在判决书中支持了原告的诉讼请求。被告上诉，提出一审法院并没有明确认定该普洱茶是否存放于自己的仓库中，属于在基本事实根本没有查清的情况下就判决自己承担责任，故一审判决是不正确的。此时，二审法院可以发回重审，也可以依法改判。

五、原判决严重违反法定程序

发回重审，是指二审法院在审判过程中，遇到法律规定的情形，将案件发回到原审法院重新审判的方式。也就是说，发回重审本身并不是一种裁判方式，而是二审法院转移案件的一种方式，案件到底会产生什么样的法律后果，还需要原审法院重新审理之后才能确定。需要发回重审的严重违反法定程序的事由有以下几种：

1. 原判决存在遗漏当事人或者违法缺席判决等严重违反法定程序的情形的，应裁定撤销原判，发回重审。

2. 除了遗漏当事人或者违法缺席判决，严重违反法定程序的情形还包括：

（1）审判组织的组成不合法的；
（2）应当回避的审判人员未回避的；
（3）无诉讼行为能力人未经法定代理人代为诉讼的；
（4）违法剥夺当事人辩论权利的。

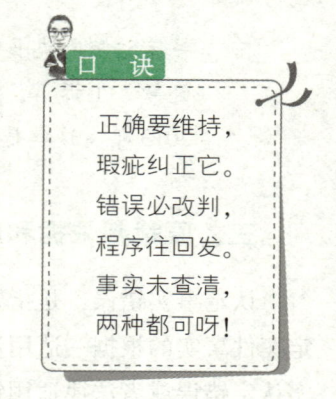

> **口诀**
> 正确要维持，
> 瑕疵纠正它。
> 错误必改判，
> 程序往回发。
> 事实未查清，
> 两种都可呀！

考点提示

关于发回重审：发回重审都是发回到一审法院。

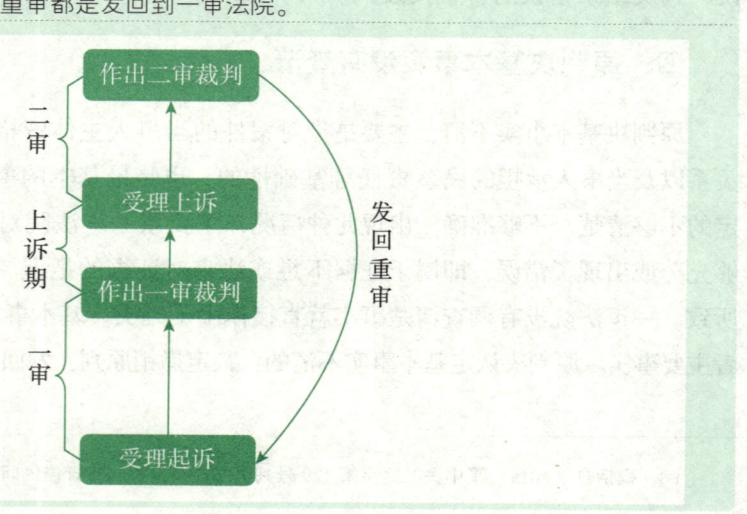

六、违反专属管辖

二审法院认为一审法院违反专属管辖的，裁定撤销原判，<u>移送有管辖权的法院</u>。

七、不属于法院受理范围

法院受理公民之间、法人之间、其他组织之间以及他们相互之间因财产关系和人身关系引起的民事纠纷。若案件不属于此范围，二审法院认为不应由法院受理的，裁定撤销原判，<u>驳回起诉</u>。

低频考点 089　二审裁判注意事项 ★★

一、发回重审的程序要求

（一）发回重审的次数限制

发回重审只能发回 1 次。若允许多次反复发回重审，不但浪费司法资源，造成上下级法院之间相互推诿责任，而且会严重影响当事人对司法的信任。发回重审只能有 1 次，有利于更好地维护当事人的利益。

（二）发回重审的审理

一审法院须<u>另行组成合议庭审理</u>（另行组成合议庭，是指合议庭所有成员都要更换[1]）。

发回重审后又上诉到二审法院的，<u>原来参加过二审的法官还可以再次参加合议庭进行审理</u>。

> **解题技巧**
>
> 这里涉及两审合议庭的组成问题，比较复杂，解题时需要注意：
>
> 1. A、B、C 三位法官组成了一审合议庭，当事人对于一审判决不服的，可以上诉。二审法院组成甲、乙、丙三位法官的合议庭审理。二审法院裁定撤销原判，发回重审的，A、B、C 三位法官全部需要回避，此时一审法院需另行组成合议庭。
>
> 2. 一审法院重审完毕，又作出了新的一审判决，当事人不服的，还可以上诉，甲、乙、丙三位二审法院的法官可以再次审理二审案件（他们原来没有对本案进行实体审理）。
>
> 3. 二审法院审理完毕后，不可以再将案件发回重审，只能依法改判。

---

[1] 重新组成合议庭，所有的审判人员都要更换。这和回避的法律效果是不同的，某个审判人员需要回避，只需更换被回避的人员即可，不需要重新组成合议庭。一定要注意诉讼法中术语的严密性。

二、对裁定的上诉处理

对裁定的上诉，一律使用裁定处理。裁定是针对程序性事项作出的，不涉及实体性权利义务的确认。

三、一审和二审的程序衔接

1. 即使二审最终推翻一审的裁判，一审中的举证、保全等诉讼行为在二审中也仍然有效。

2. 当事人在一审中实施的诉讼行为，在二审中对该当事人仍有拘束力。若要推翻，法院应当责令其说明理由；理由不成立的，不予支持。

核心考点 090 裁判文书 ★★★★

不管是一审程序作出的裁判还是二审程序作出的裁判，都要遵循以下有关裁判的确定、写作、修改和了解的规则：

一、怎样确定裁判？

1. 应该按照多数人意见作出裁判（少数服从多数）。无法形成多数人意见（如三个人三种意见）的，提交审委会讨论决定。

2. 有不同意见的，必须如实记入笔录。持不同意见的审判人员必须在裁判上签名。

模拟训练

Q： 关于合议庭评议案件，下列表述是否正确？
（1）合议庭意见存在分歧的，应提交审委会讨论决定。
（2）审判长的意见与多数意见不同的，以其意见为准进行判决。
（3）一审中，陪审员意见得到支持、形成多数的，可按该意见判决。
（4）审判人员的不同意见均须写入笔录。

A：（1）和（2）都是错误的。当合议庭意见存在分歧的时候，出现了多数人意见和少数人意见的，应按照少数服从多数的原则确定裁判。当无法形成多数人意见的时候，才提交审委会讨论决定。

（3）是错误的。陪审员意见得到支持、形成多数的，并非可按该意见判决，而是必须按照该意见判决。（不要说我讨厌，这是根据真题改编的）

（4）是正确的。不管审判人员持何种意见，其意见都必须记入笔录。

二、怎样写作裁判？

1. 裁定、判决中除了写明认定的事实、适用的法律外，还要写明理由。

在繁简分流试点地区，对于案情简单、法律适用明确的案件，法官可以当庭作出裁判并说明裁判理由。对于当庭裁判的案件，裁判过程经庭审录音录像或者庭审笔录完整记录的，法院在制作裁判文书时可以不再载明裁判理由。

2. 当庭即时履行的民事案件，经征得各方当事人同意，可以在法庭笔录中记录相关情况后不再出具裁判文书。

三、怎样修改裁判？

判决一旦作出，就有形式确定力（不管是否生效）和实质确定力（既判力）。

判决的形式确定力要求判决一旦作出，不得随意收回重作，只能用裁定补正判决书中的笔误。

笔误，是指书写错误、计算错误或者漏写等非实质性错误。若发生实质性错误，则只能通过发回重审、依法改判等方式纠正。

判决的实质确定力，即既判力，是指法院作出的终局判决一旦生效，当事人和法院都应当受该判决内容的拘束，当事人不得在以后的诉讼中主张与该判决相反的内容，法院也不得在以后的诉讼中作出与该判决相冲突的判断。

四、怎样了解裁判？

公众可以查阅生效的裁判，但涉及国家秘密、商业秘密和个人隐私的内容除外。

核心考点 091　二审中的调解与和解 ★★★★★

一、漏人和漏判的处理

1. 漏人，是指原来的一审程序遗漏了应当参加诉讼的必要共同诉讼人或者第三人；漏判，是指对一审中当事人提出的诉讼请求未加判决。

[例1] 甲、乙、丙为兄弟三人，甲诉乙遗产继承纠纷案，一审法院没有依法追加必要共同诉讼人丙参加诉讼。一审法院的做法属于遗漏了应参加一审的必要共同诉讼人。

[例2] 因汽车所有权纠纷，甲将乙诉至法院，而丙才是汽车的真正所有权人。若

丙参加一审，则其应作为有独立请求权第三人。但丙没有参加诉讼，此时属于一审法院遗漏了应参加诉讼的第三人。

2. 对于漏人和漏判：可以调解；调解不成的，撤销原判，发回重审。

Q1：为什么不能在二审中就漏掉的人和漏掉的诉讼请求直接作出判决呢？

A：这是因为，如果直接将漏掉的人追加进入二审程序作出判决，或者对漏判的诉讼请求直接作出判决，那么相关的当事人和诉讼请求都没有办法再上诉，这就剥夺了相关当事人的上诉权。

Q2：为什么可以调解呢？

A：因为在调解的时候，当事人可以自愿放弃自己上诉的机会，与其他当事人达成协议解决纠纷。

要注意：对于漏判的问题是不告不理的，如果上诉人没有上诉，法院是不会处理的。只有上诉人上诉了，二审法院才是调解不成的，发回重审。

但对于漏人的问题，即便上诉人没有上诉，法院也要处理，因为漏人是侵害了被遗漏的"他人"的合法权益。

Q3：当事人就漏人或者漏判上诉后，明确表示放弃上诉权，要求二审法院一并判决的，二审法院可以直接判决吗？

A：不可以。因为漏人和漏判本身属于严重违反法定程序的情况，所以只能采用发回重审的方式予以纠正。

还要注意：如在考点88中所讲的，原判决严重违反法定程序有六种情况，漏人只是其中一种。法院对于漏人的处理方法是调解不成的，发回重审；而对于其他严重违反法定程序的情况（如审判人员应回避而未回避等）的处理方法是直接发回重审。

二、离婚案的处理

一审法院判决不准离婚，二审法院认为应该判决离婚的案件，可以与子女抚养、财产问题一并调解；调解不成的，发回重审。双方当事人同意由二审法院一并审理的，二审法院可以一并裁判。

这个规定的原理和前面讲的"漏人""漏判"处理方法的原理一样。一审中判决不准离婚，就没有对子女抚养和财产分割问题加以判决，如果在二审中对子女抚养和财产分割问题直接作出二审裁判，那么，这两方面就不能上诉，这就剥夺了当事人的上诉权。同样，如果当事人放弃上诉权，同意由二审法院一并审理，二审法院可以直接判决。但在前面的"漏人""漏判"的情况下，即便当事人放弃上诉权，同意由二审法院一并审理，二审法院也不可以一并判决，只能进行调解。

需要提醒大家注意的是，将案件发回重审，是将人身关系部分、子女抚养和财产分割部分全案发回，并非只发回某部分。

真题小试

二审法院审理继承纠纷上诉案时，发现一审判决遗漏另一继承人甲。关于本案，下列哪些说法是正确的？（2010/3/80-多）[1]

A. 为避免诉讼拖延，二审法院可依职权直接改判
B. 二审法院可根据自愿原则进行调解，调解不成的裁定撤销原判决发回重审
C. 甲应列为本案的有独立请求权第三人
D. 甲应是本案的共同原告

三、二审中达成调解协议

法院依据调解协议制作调解书，调解书送达后[2]，原审法院的判决即视为撤销。

注意

视为撤销，是自动撤销的意思，完全不需要在调解书中写明"本调解书生效，一审判决视为撤销"。

四、二审中达成和解协议

当事人可以依和解协议申请法院制作调解书或申请撤诉。

当事人申请法院依据和解协议制作调解书的，调解书送达后，原审法院的判决即视为撤销。

当事人申请撤诉的，既可以申请撤回起诉，也可以申请撤回上诉。

致努力中的你

进退维谷之日正可能是别有洞天之时，
这差不多能算规律。

---

[1] BD。必须参加诉讼的当事人在一审中未参加诉讼，二审法院可以根据当事人自愿的原则予以调解；调解不成的，发回重审。所以，A项错误，B项正确。继承纠纷中，所有继承人均为必要共同诉讼的当事人，必须一起参加诉讼，漏掉继承人就构成"漏人"，这是非常容易判断的。而将甲追加进入诉讼程序之后，其应作为必要共同诉讼原告参加审理。所以，C项错误，D项正确。

[2] 这是《民事诉讼法》第179条的原文表述，送达后，指的是送达成功、已经签收了的意思。

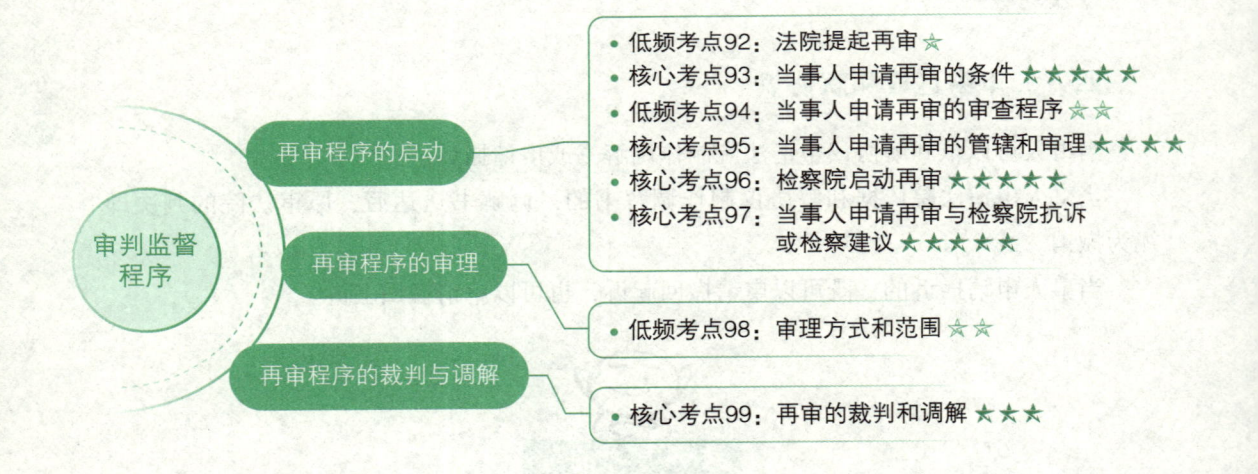

10 第十讲 >> 审判监督程序

- 审判监督程序
  - 再审程序的启动
    - 低频考点92：法院提起再审 ☆
    - 核心考点93：当事人申请再审的条件 ★★★★★
    - 低频考点94：当事人申请再审的审查程序 ☆☆
    - 核心考点95：当事人申请再审的管辖和审理 ★★★★
    - 核心考点96：检察院启动再审 ★★★★★
    - 核心考点97：当事人申请再审与检察院抗诉或检察建议 ★★★★★
  - 再审程序的审理
    - 低频考点98：审理方式和范围 ☆☆
  - 再审程序的裁判与调解
    - 核心考点99：再审的裁判和调解 ★★★

专题 31　再审程序的启动

知识铺垫

审判监督程序，也称为再审程序（二者没有差别），是指对已经发生法律效力的判决、裁定、调解书，法院认为确有错误，对案件再行审理的程序。在我国，审判监督程序和再审程序的含义相同。但是，我国审判监督程序（再审程序）的程序构建不同于大陆法系的再审程序，其主要目的在于"审判监督"，纠正错误判决。

从本质上讲，再审程序（审判监督程序）是不增加审级的非正常救济，其适用程序及裁判效力特殊，启动的事由也必须由法律明确规定。此外，其提起的主体和方式也非常特殊。在我国，再审程序的启动有三条途径，即法院提起、当事人申请和检察院抗诉。

再审程序与一审、二审程序不同，再审分为两个阶段，即再审的审查阶段和再审的审理阶段。

低频考点 092　法院提起再审 ☆

法院发现已经生效的判决、裁定、调解书，有损害国家利益、社会公共利益等确有错误的情形，认为需要再审的，本院院长应当提交审委会讨论决定再审（本院主动启动再审）；上级法院和最高法院也可以以提审[1]或指令下级法院再审的方式启动再审程序（上级法院主动启动再审）。

限制：一个法院对一个案件只能再审 1 次。

法院依职权决定再审程序，应当具备以下三个条件：

1. 判决、裁定或者调解书已经发生法律效力。2012 年修正后的《民事诉讼法》将法院依职权决定再审的适用范围扩大到已经生效的法院调解书，而不再局限于已经生效的判决或者裁定。需要注意的是，判决、裁定或者调解书必须已经生效，尚未生效的判决或者裁定，当事人可以启动第二审程序予以救济，不必直接启动再审程序。

2. 判决、裁定或者调解书确有错误。判决、裁定或者调解书确有错误，是指判决、

---

[1]　提审的意思是，上级法院或者最高法院将下级法院审理的案件，提级到上级法院或者最高法院进行再审。

裁定或者调解书的事实认定错误、法律适用错误或者程序违法，应当予以纠正的情形。

3. 必须由法定主体依职权决定再审。这里的法定主体包括各级法院院长和审判委员会、上级法院和最高法院。

模拟训练

Q：若甲、乙合同纠纷案一审后，在上诉期内，一审法院发现一审法官主动适用诉讼时效的判决是错误的，法院该如何纠正？

A：（1）若上诉期内当事人上诉，则通过上诉程序纠正；
（2）若上诉期内当事人未上诉，则一审判决生效，一审法院可以主动启动再审程序纠正。

核心考点 093 当事人申请再审的条件 ★★★★★

一、申请事由

（一）裁定、判决的再审事由（《民事诉讼法》第 211 条）

当事人的申请符合下列情形之一的，人民法院应当再审：

1. 有新的证据，足以推翻原判决、裁定的。
2. 原判决、裁定认定的基本事实缺乏证据证明的。
3. 原判决、裁定认定事实的主要证据是伪造的。
4. 原判决、裁定认定事实的主要证据未经质证的。
5. 对审理案件需要的主要证据，当事人因客观原因不能自行收集，书面申请人民法院调查收集，人民法院未调查收集的。
6. 原判决、裁定适用法律确有错误的。
7. 审判组织的组成不合法或者依法应当回避的审判人员没有回避的。
8. 无诉讼行为能力人未经法定代理人代为诉讼或者应当参加诉讼的当事人，因不能归责于本人或者其诉讼代理人的事由，未参加诉讼的。
9. 违反法律规定，剥夺当事人辩论权利的。
10. 未经传票传唤，缺席判决的。
11. 原判决、裁定遗漏或者超出诉讼请求的（但当事人未对"超判""漏判"上诉的除外）。

> **口诀**
> 无证伪证未质证，
> 新证应收未收集，
> 未参加、未回避，
> 超判漏判夺权利，
> 撤销变更原依据，
> 未经传唤就缺席，
> 法律错误又舞弊。

12. 据以作出原判决、裁定的法律文书被撤销或者变更的。
13. 审判人员审理该案件时有贪污受贿，徇私舞弊，枉法裁判行为的。

（二）调解书的再审事由

再审事由：违反自愿合法原则。

调解书是双方当事人合意的产物，与判决具有同等法律效力，调解书不能上诉，却可以申请再审。

二、申请主体

一般而言，只有原审当事人才可以申请再审。

但有以下情形需要注意：

1. 裁判生效后、进入执行程序前，案外必要共同诉讼人（应参加诉讼而未参加诉讼的必要共同诉讼人）也可以申请再审。

［例］甲、乙共有一套房屋，房屋被丙开的卡车撞塌。甲将丙诉到法院，法院遗漏了应一起参加诉讼的必要共同诉讼人乙，判决丙向甲赔偿。

乙本来应作为必要共同诉讼人参加诉讼，但因被遗漏而成为案外人，此时，乙就是"案外必要共同诉讼人"。

判决生效后，乙作为案外必要共同诉讼人认为裁判有错误的，可以向法院申请再审。

2. 当事人死亡或终止的，其权利义务承继者可以申请再审。
3. 判决、调解书生效后，当事人将判决、调解书确认的债权转让，债权受让人不可以申请再审。
4. 一个案件一个当事人只能申请再审 1 次。

三、期间限制

（一）当事人申请再审

1. 原则上应在裁判、调解书生效后 6 个月内提出。
2. 裁判文书存在《民事诉讼法》第 211 条第 1、3、12、13 项规定情形（以下简称"四项特殊情形"）[1] 的，自知道或者应当知道之日起 6 个月内提出。

---

[1]《民事诉讼法》第 211 条第 1、3、12、13 项规定的四项情形，具体包括：①有新的证据，足以推翻原判决、裁定的（第 1 项）；②原判决、裁定认定事实的主要证据是伪造的（第 3 项）；③据以作出原判决、裁定的法律文书被撤销或者变更的（第 12 项）；④审判人员审理该案件时有贪污受贿，徇私舞弊，枉法裁判行为的（第 13 项）。

以上所述的 6 个月均为绝对不变期间[1]。

(二) 案外人申请再审

案外人可以自知道或应当知道其民事权益受损之日起 6 个月（也是绝对不变期间）内申请再审。

考点提示 当事人启动与撤销诉讼程序

	一审程序	二审程序	再审程序
启 动	起 诉	上 诉	再审申请
撤 销	撤回起诉	撤回上诉	撤回再审申请
	按撤回起诉处理	按撤回上诉处理	按撤回再审申请处理

低频考点 094 当事人申请再审的审查程序 ☆☆

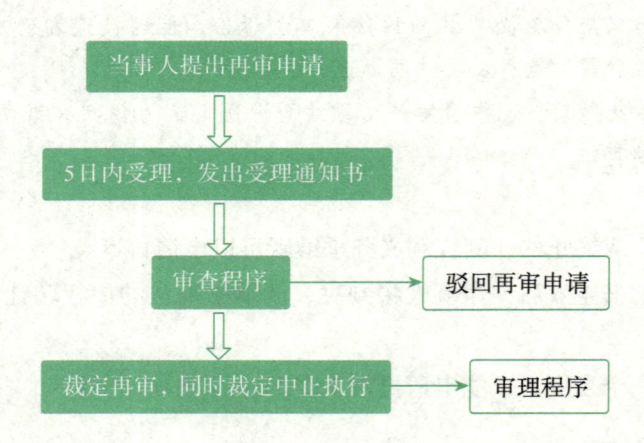

```
当事人提出再审申请
     ↓
5日内受理，发出受理通知书
     ↓
审查程序 → 驳回再审申请
     ↓
裁定再审，同时裁定中止执行 → 审理程序
```

1. 审查程序中，法院应组成合议庭进行审查，审查期为 3 个月，经院长批准可以延长，但涉外民事案件没有审查时间限制。

2. 审查期内，其他当事人提出再审申请的，审查期重新计算。

3. 法院裁定再审的同时应裁定中止执行，但对四费一金[2]、劳动报酬等的执行可以不中止。[3]

---

[1] 绝对不变期间，是指绝对不能中止、中断，也不能延长的期间。
[2] 指的是抚养费、赡养费、扶养费、医疗费用和抚恤金。
[3] 注意：哪个法院作出的再审裁定，就应由哪个法院作出中止执行的裁定。这两个行为应该由同一法院完成。

考点提示

是法院裁定再审时中止执行，不是当事人申请再审时中止执行。申请再审只是当事人主张裁判错误，但法院未认定裁判真的有错误，所以不会中止执行。但若法院裁定再审，即法院认为裁判真的有问题需要纠正，此时应同时裁定中止执行。

```
                 再审审查程序      再审审理程序
申请再审 —— 受理申请 —————— 裁定再审 —————— 作出再审裁判
            （不中止执行）    （中止执行）
```

核心考点 095　当事人申请再审的管辖和审理　★★★★

一、当事人申请再审的方式

（一）方式一：向上一级申请

向上一级申请，是指当事人向原审（终审）法院[1]的上一级法院申请再审。

1. 审理的法院

上一级法院可以提审（上一级法院将案件提级，由自己审理再审案件），也可以指令再审（指令原审法院审理再审案件）或指定再审（指定与原审法院同级的其他法院审理再审案件）。

但要遵循一个规则：指令、指定再审不能指回基层法院。意思是，只有最高法院和高级法院才能指令、指定再审。中级法院如果指令、指定再审，就会指令、指定基层法院再审，这是不允许的。

> 口诀
> 向上级申请，
> 上级可提审。
> 指令和指定，
> 不能回基层。

2. 审理的程序

（1）指令、指定再审时，审理再审案件的法院应适用原审程序审理，另行组成合议庭[2]；

（2）提审时，审理再审案件的法院一律适用二审程序审理。

> 口诀
> 指原提二。

---

[1] 哪个法院作出的生效裁判，哪个法院就是原审法院，也叫终审法院。
[2] 原来参加过本案一审或者二审审理的审判人员，不得再参与再审案件的审理。

（二）方式二：向原审申请

向原审申请，是指当事人向原审（终审）法院申请再审。

1. 审理的法院。向谁申请，由谁审理。[1]
2. 审理的程序。审理再审案件的法院应适用原审程序审理，另行组成合议庭。

> **口 诀**
> 向原审申请，
> 由原审审理。
> 适用原程序，
> 基层无限制。

总结梳理

[模型一] 两审终审

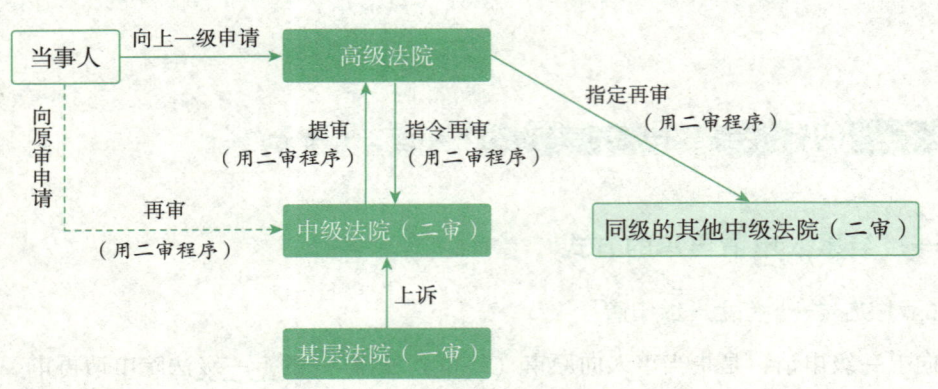

```
                      向上一级申请      ┌──────────┐    指定再审      ┌──────────────────┐
          ┌─────────┐─────────────────→│ 高级法院 │─────────────────→│同级的其他中级法院（二审）│
          │ 当事人  │                  └──────────┘   （用二审程序）  └──────────────────┘
          └─────────┘                    ↑    ↓
             │向                       提审  指令再审
             │原                     （用二审程序）（用二审程序）
             │审         再审          ↓    ↓
             │申 - - - - - - - - → ┌──────────────┐
             │请  （用二审程序）    │ 中级法院（二审）│
                                   └──────────────┘
                                          ↑
                                         上诉
                                          │
                                   ┌──────────────┐
                                   │ 基层法院（一审）│
                                   └──────────────┘
```

解说：

在某案件经过基层法院一审、中级法院二审的情况下，当事人可以通过以下方式申请再审：

（1）向上一级申请（见示意图的实线部分）：

本案作出生效裁判的法院是二审法院——中级法院，因此，中级法院就是原审法院。当事人向原审法院的上一级法院——高级法院提出再审申请的，高级法院可以提审、指令原二审法院再审或者指定与原二审法院同级的其他中级法院再审。

提审一律适用二审程序进行再审，应当组成合议庭，合议庭中不得吸收陪审员，作出的裁判是二审裁判，不能上诉。指令和指定再审适用原审程序审理，原审法院适用的是二审程序，所以，指令和指定再审时也要适用二审程序进行再审，另行组成合议庭，合议庭中不得吸收陪审员，作出的裁判是二审裁判，不能上诉。

（2）向原审申请（见示意图的虚线部分）：

当事人向原审法院——中级法院提出再审申请的，应由中级法院审理。中级法院审理的时候，应适用原审程序，即二审程序，另行组成合议庭，合议庭中不得吸收陪审员，作出的裁判是二审裁判，不能上诉。

---

[1] 向哪个法院申请再审，就由哪个法院审理，其实就是由原审法院审理。

[模型二] 中级法院一审终审

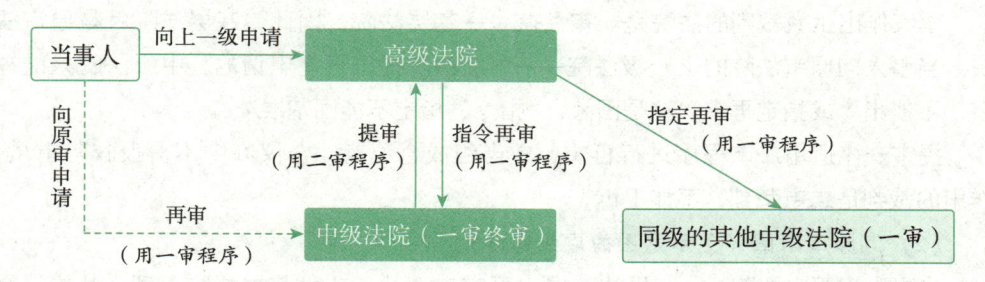

```
当事人 ──向上一级申请──> 高级法院
  │                    │ │ │
  │向              提审 │ │ │指定再审
  │原         (用二审程序)│ │(用一审程序)
  │审          指令再审  │ │
  │申         (用一审程序)│ │
  │请                    │ │
  │         再审          ↓ ↓
  └─ ─ ─(用一审程序)─ ─> 中级法院(一审终审)   同级的其他中级法院(一审)
```

解说：

在某案件经过中级法院一审后，当事人没有上诉，一审判决生效的情况下，当事人可以通过以下方式申请再审：

（1）向上一级申请（见示意图的实线部分）：

本案作出生效裁判的法院是一审法院——中级法院，因此，中级法院就是原审法院。当事人向原审法院的上一级法院——高级法院提出再审申请的，高级法院可以提审、指令原一审法院再审或者指定与原一审法院同级的其他中级法院再审。

提审一律适用二审程序进行再审，应当组成合议庭，合议庭中不得吸收陪审员，作出的裁判是二审裁判，不能上诉。指令和指定再审适用原审程序审理，原审法院适用的是一审程序，所以，指令和指定再审时也要适用一审程序进行再审，另行组成合议庭，合议庭中可以吸收陪审员，作出的裁判是一审裁判，可以上诉。

（2）向原审申请（见示意图的虚线部分）：

当事人向原审法院——中级法院提出再审申请的，应由中级法院审理。中级法院审理的时候，应适用原审程序，即一审程序，另行组成合议庭，合议庭中可以吸收陪审员，作出的裁判是一审裁判，可以上诉。

[模型三] 基层法院一审终审

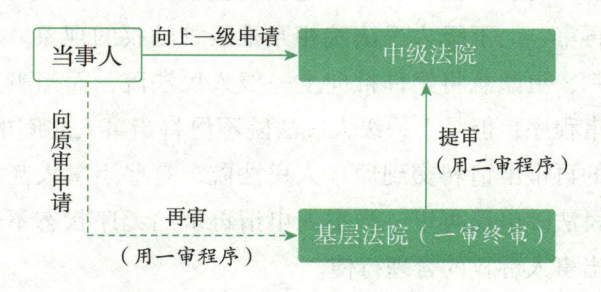

```
当事人 ──向上一级申请──> 中级法院
  │                         ↑
  │向                       │ 提审
  │原                       │(用二审程序)
  │审                       │
  │申                       │
  │请    再审                │
  └─ ─(用一审程序)─ ─> 基层法院(一审终审)
```

解说：

在某案件经基层法院一审后，当事人没有上诉，一审判决生效的情况下，当事人可以通过以下方式申请再审：

（1）向上一级申请（见示意图的实线部分）：

本案作出生效裁判的法院是一审法院——基层法院，因此，基层法院就是原审法院。当事人向原审法院的上一级法院——中级法院提出再审申请的，中级法院只能提审，不能指令或指定再审。这是因为，"指令、指定不能回基层"。

提审一律适用二审程序进行再审，应当组成合议庭，合议庭中不得吸收陪审员，作出的裁判是二审裁判，不能上诉。

（2）向原审申请（见示意图的虚线部分）：

当事人向原审法院——基层法院提出再审申请的，应由基层法院审理。基层法院审理的时候，应适用原审程序，即一审程序，另行组成合议庭，合议庭中可以吸收陪审员，作出的裁判是一审裁判，可以上诉。

二、以上两种申请方式的适用规则

1. 当事人一方人数众多或者当事人双方为公民的案件，既可以向上一级法院申请再审，也可以向原审法院申请再审。若一方当事人向原审法院申请再审，另一方当事人向上一级法院申请再审，且不能协商一致，则由原审法院优先受理。

2. 不满足"一方人数众多或者当事人双方为公民"条件的案件，只能向上一级法院申请再审。

3. 小额诉讼案件只能向原审法院申请再审。

要搞清楚上述规定的立法理由，就必须回顾民事诉讼法对当事人申请再审管辖法院曲折的立法变化过程。1991年颁布的《民事诉讼法》中规定，当事人对已经发生法律效力的裁判，认为有错误的，可以向原审人民法院申请再审，也可以向上一级人民法院申请再审，实行当事人申请再审的双重管辖权。双重管辖权强调了当事人的程序处分权，增加了当事人的程序选择，在一定程度上维护了当事人的程序利益，但是也造成了当事人多头再审、上下级人民法院相互推诿管辖权的现象。原审人民法院不愿纠正已经生效的裁判，更愿意将案件推向上一级人民法院，而当事人也更希望由上一级人民法院启动再审程序；但是上一级人民法院不愿将当事人之间的矛盾转移到本院，而习惯于将当事人的再审申请转交到原审人民法院。有些当事人甚至会同时向原审人民法院和上一级人民法院申请再审。当事人申请再审的无序状态不但浪费了宝贵的司法资源，也不利于当事人诉权的合理行使。

所以，针对这些社会现象，2007年修正《民事诉讼法》的时候将当事人申请再审的管辖问题做了一刀切的规范，统一由上一级人民法院审查当事人的再审申请。当事人再审申请提级管辖满足了当事人和社会公众的整体期待，消除了当事人对原审人民法院管辖的实质公正的顾虑，也消减了原审人民法院管辖再审案件中的角色冲突和制度困境，避免了当事人多头再审和反复缠讼的现象。

但是，当事人再审申请提级管辖又产生了新的困扰：因为取消了基层人民法院的再审管辖权，故而大量的再审案件涌向高级人民法院和最高人民法院。我国的四级人民法院都享有一审案件的管辖权，如果生效的一审判决或者裁定是由中级人民法院作出的，则提级管辖就到了高级人民法院；如果生效的一审判决或者裁定是由高级人民法院作出的，则提级管辖就到了最高人民法院。况且，我国实行两审终审制，当事人有1次上诉的机会。基层人民法院作出一审判决或者裁定，当事人上诉后中级人民法院作出终审裁判，当事人申请再审就已经到了高级人民法院；中级人民法院作出一审判决或者裁定，当事人上诉后高级人民法院作出终审裁判，当事人就只能向最高人民法院申请再审。大量再审案件涌向高级人民法院和最高人民法院，给其造成了严重的工作负担，事实上形成了由高级人民法院和最高人民法院审理再审案件的局面。高级人民法院和最高人民法院本来就要审理一定数量的一审案件，大量再审案件的涌入，进一步加剧了案多人少的困境，使得其不堪重负。同时，高级人民法院和最高人民法院的主要制度功能是监督下级人民法院的审判工作、制定司法政策、解释和统一法律适用，解决纠纷本来就不是其主要功能。由高级人民法院和最高人民法院承担再审申请的审查，必然提升了纠纷解决的功能，弱化了政策制定和法律解释功能，有悖于其制度设计初衷。可以说，当事人再审申请提级管辖事实上导致了权力配置不够合理的后果。

因此，到2012年修正《民事诉讼法》时，司法实务部门强烈主张下放某些当事人申请再审案件的管辖权，立法者采纳了这种意见，明确当事人一方人数众多或者当事人双方为公民的民事案件，可以由原审人民法院进行再审申请的审查和裁判。同时，立法对当事人申请再审的条件做了严格限制，力求避免出现原来的多头再审和反复缠讼的现象。

以上内容是我对法理的拓展分析，如果你能记住上述结论，就不用管这些理由。

模拟训练

甲公司诉乙公司合同纠纷案，南山市S县法院进行了审理，并作出驳回甲公司诉讼请求的判决，甲公司未提出上诉。判决生效后，甲公司因收集到新的证据而申请再审。

Q：（1）甲公司应向何法院申请再审？

（2）法院可以适用何种程序再审本案？

（3）若本案原审时适用的是简易程序，且标的额小，则甲公司应向何法院申请再审？

A： 做这种题，要先判断管辖，再分析程序。

（1）本题中，因为当事人不满足一方人数众多或者双方为公民的条件，所以，

当事人只能向作出生效裁判法院的上一级法院申请再审。作出生效裁判的法院是南山市S县法院（因为甲公司未提出上诉），因此，当事人甲公司应向南山市中院申请再审。

(2) 南山市中院接到再审申请后，应当提审本案，提审一律适用二审程序。（注意，南山市中院不能将案件指令再审或指定再审，因为"指令、指定不能回基层"）

(3) 若本案原审时适用的是小额诉讼程序，则甲公司只能向原审法院——南山市S县法院申请再审。南山市S县法院适用一审普通程序审理再审案件。

核心考点 096 检察院启动再审 ★★★★★

人民检察院依法独立行使检察权，通过办理民事诉讼监督案件，维护司法公正和司法权威，维护国家利益和社会公共利益，维护自然人、法人和非法人组织的合法权益，保障国家法律的统一正确实施。而检察院抗诉和检察建议启动再审，就是检察监督的重要手段。

一、检察监督启动再审的事由

1. 检察院启动判决、裁定的再审，要满足《民事诉讼法》第211条规定的关于当事人申请再审的13项事由的要求。[1]（见核心考点93）

2. 检察院启动调解书再审的事由是调解书损害国家利益、社会公共利益或者当事人通过虚假诉讼获得调解书。

二、检察监督的具体方式

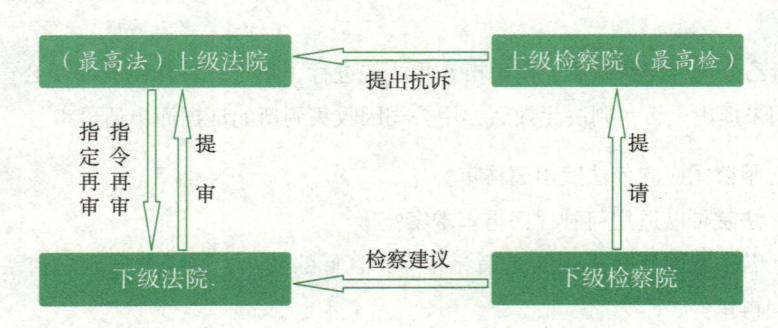

```
（最高法）上级法院  ←提出抗诉—  上级检察院（最高检）
    ↓ ↓   ↑                        ↑
   指 指  提                        提
   定 令  审                        请
   再 再                            
   审 审                            
    ↓                               
   下级法院  ←检察建议—  下级检察院
```

---

[1] 也就是说，检察院对裁判启动再审和当事人对裁判申请再审的事由是相同的。

(一) 抗诉

抗诉，是指人民检察院发现人民法院已经发生法律效力的民事判决、裁定确有错误或者调解书损害国家利益、社会公共利益，依照法定程序要求人民法院对案件进行再次审理的诉讼行为。抗诉是人民检察院行使法律监督权的法定方式，也是引起人民法院启动再审的法定方式。

1. 人民检察院提出抗诉的方式

最高人民检察院可以对各级人民法院已经生效的判决、裁定、调解书提出抗诉，上级人民检察院可以对下级人民法院已经生效的判决、裁定、调解书提出抗诉。

同级人民检察院无权对同级人民法院已经生效的判决、裁定、调解书提出抗诉。

同级人民检察院发现已经生效的判决、裁定确有错误或者调解书损害国家利益、社会公共利益的，可以提请上级人民检察院向同级人民法院提出抗诉。

接受抗诉的人民法院应当在接到抗诉书之日起30日内裁定再审。

模拟训练

张某诉季某人身损害赔偿一案判决生效后，张某以人民法院剥夺其辩论权为由申请再审。在人民法院审查张某的再审申请期间，人民检察院对该案提出抗诉。

Q：人民法院该如何做？

A：人民法院直接裁定再审（抗诉就必须再审）。

2. 上级人民法院接到上级人民检察院抗诉时的处理

（1）应以提审为原则。

（2）只有符合《民事诉讼法》第211条第1~5项规定情形（事实和证据问题）的，才能指令或指定下一级人民法院再审，但下一级人民法院再审过的除外。这样做的主要原因是，由原审人民法院纠正事实或者证据认定的错误相对比较容易，毕竟其经过了严格的法律程序，掌握双方当事人提供的证据，知悉争议焦点所在。同时，也给原审人民法院改正自己作出的判决、裁定或者调解书错误的机会。但是，如果下一级人民法院已经过再审审理，则意味着其已经对案件事实或者证据认定审理过2次。接受抗诉的人民法院即使继续将事实或者证据认定错误的案件交由其再审，原审人民法院也很难改变自己的判定，当事人也不愿意由原审人民法院再次重审。为此，《民事诉讼法》特别规定，接受抗诉的人民法院不得将事实认定错误的案件交由已经过再审的下一级人民法院审理。

> **注意两个问题**
>
> - 人民检察院抗诉启动再审的时候，并没有不能指令和指定回基层人民法院的限制。只有当事人申请再审的时候，不允许指令和指定基层人民法院审理。
>
> - 人民检察院提出抗诉的案件，接受抗诉的人民法院将案件交下一级人民法院再审，下一级人民法院审理后作出的再审判决、裁定仍有明显错误的，原提出抗诉的人民检察院可以依职权再次提出抗诉，即人民检察院认为应该抗诉的，并没有抗诉的次数限制。

3. 人民检察院不是当事人，但应派人出庭支持抗诉。

（二）检察建议

同级人民检察院可以对同级人民法院提出检察建议，检察建议的作用为：

1. 再审检察建议

再审检察建议，是指人民检察院对人民法院已经发生法律效力的判决、裁定，发现确有错误，或者发现调解书损害国家利益、社会公共利益，向人民法院提出检察建议，请求人民法院予以改正的监督方式。再审检察建议是司法实践中广泛运用的一种方式，是对抗诉的有利补充。其针对的对象是地方各级人民法院错误的判决、裁定、调解书，并报上级备案，纠正的方式是建议人民法院启动再审。

2. 违法行为检察建议

违法行为检察建议，是指人民检察院发现人民法院的审判活动中审判人员有违法行为时，向人民法院提出检察建议，请求人民法院予以改正的监督方式。其针对的对象是审判程序（审判监督程序除外）和执行程序中审判人员、书记员、法官助理和执行人员的违法行为，纠正的方式是建议相关主体改正。

因为抗诉的法定事由比较严格，在有些情况下，审判人员的违法行为不符合抗诉事由，也就不能提出抗诉或再审检察建议。但是又确实存在审判人员的违法行为，如果放任违法行为的存在，则会侵犯到当事人的合法权益，也会影响到当事人对司法和法律的信任。因此，立法创设了违法行为检察建议的监督方式。这种监督方式适用于可以提出抗诉或者再审检察建议以外的其他违法行为，适用条件不高，由同级人民检察院向作出生效法律文书的同级人民法院提出，这也能调动同级人民检察院的积极性。

检察建议也可以用于救济不能启动再审程序的特别程序、督促程序和公示催告程序等非民事诉讼程序中审判人员的违法行为，极大地丰富了非民事诉讼程序的救济机制，更好地维护了当事人的合法权益。

但因再审检察建议和违法行为检察建议不具备强制性，故其法律效力弱于抗诉。人民法院不按照人民检察院的再审检察建议或者违法行为检察建议进行改正的，也没有相应的制裁手段。换言之，再审检察建议或者违法行为检察建议的实施效果高度依赖于人民法院的配合。

> 口诀
> 上级抗下级
> 同级提建议

三、调查核实权

检察院抗诉或提出检察建议的，可以向当事人或案外人调查核实有关情况。

模拟训练

《民事诉讼法》第14条规定，人民检察院有权对民事诉讼实行法律监督。下列哪一种情形属于人民检察院进行民事检察监督的范围？[1]

A. 陪审员丁某审理合同纠纷案件的过程中接受当事人礼金1000元
B. 证人马某接受当事人礼金2000元并提出了对该当事人有利的证言
C. 法官周某就某仲裁案件向仲裁员提供了对该案件当事人红星公司有利的咨询意见，红星公司以咨询费的名义付给周法官6000元
D. 法官陈某长期为某公司免费做法律顾问

核心考点 097　当事人申请再审与检察院抗诉或检察建议 ★★★★★

1. 当事人只有符合以下三种情形之一，才能申请检察院抗诉或检察建议，检察院应在3个月内作出决定：
   （1）人民法院驳回再审申请的；
   （2）人民法院逾期未对再审申请作出裁定的；
   （3）再审判决、裁定有明显错误的。
2. 原则上，抗诉或检察建议依当事人申请启动。

> 口诀
> "先法后检"

---

[1] A。在我国，人民检察院实行民事检察监督的途径是民事抗诉和检察建议。陪审员在执行陪审职务时，与审判员有同等的权利义务。所以，陪审员受贿也属于人民检察院通过民事检察监督提出检察建议范围之内的事项，因此，A项当选。民事检察监督针对的主体是审判人员，证人接受礼金的行为，不属于民事检察监督的范围，因此，B项不当选。法官周某和陈某是民事检察监督针对的主体，但是，他们的行为不是审理案件中的行为，若该二位法官的相关行为违反了《法官法》及相关法律法规和行为规范，则按照相关规定处理，而不能按民事检察监督程序进行抗诉或提出检察建议，因此，CD项不当选。

当事人向人民检察院申请监督，应当在人民法院作出驳回再审申请裁定或者再审判决、裁定发生法律效力之日起2年内，向该人民法院的同级人民检察院提出。

上述规定的2年期间为绝对不变期间，不适用中止、中断、延长的规定。

人民检察院依职权启动监督程序的案件，不受这2年期限的限制。

3. 人民检察院在履行职责中发现民事案件有下列情形之一的，应当依职权启动监督程序：

（1）损害国家利益或者社会公共利益的；

（2）审判、执行人员有贪污受贿、徇私舞弊、枉法裁判等违法行为的；

（3）当事人存在虚假诉讼等妨害司法秩序行为的；

（4）人民法院作出的已经发生法律效力的民事公益诉讼判决、裁定、调解书确有错误，审判程序中审判人员存在违法行为，或者执行活动存在违法情形的；

（5）依照有关规定需要人民检察院跟进监督的；

（6）具有重大社会影响等确有必要进行监督的情形。

人民检察院对民事案件依职权启动监督程序，不受当事人是否申请再审的限制。

4. 一个当事人对一个案件只能申请检察院抗诉或检察建议1次。但有下列情形之一的，人民检察院可以按照有关规定再次监督或者提请上级人民检察院监督：

（1）人民法院审理民事抗诉案件作出的判决、裁定、调解书仍有明显错误的；

（2）人民法院对检察建议未在规定的期限内作出处理并书面回复的；

（3）人民法院对检察建议的处理结果错误的。

5. 人民检察院提出抗诉后，人民检察院撤回抗诉或者当事人撤回再审请求的，再审程序终结。

专题 32 再审程序的审理

低频考点 098 审理方式和范围 ☆☆

一、审理方式

1. 再审没有自己的程序，应按照一审程序或者二审程序组成合议庭[1]，不得适用独任制。

---

[1] 再审案件按照一审程序或者二审程序审理，所以，合议庭也应按照一审程序或者二审程序组成。按照一审程序组成合议庭的，合议庭中可以吸收陪审员；按照二审程序组成合议庭的，合议庭中不得吸收陪审员。

2. 原则上应开庭审理；但按照二审程序审理，有特殊情况或者当事人已经通过其他方式充分表达意见，且书面同意不开庭的，可以不开庭审理。

> **总结梳理**
>
> **民事诉讼程序中的审判组织**
>
> 1. 普通程序，必须由3、5、7人组成合议庭：可以吸收陪审员，陪审员不得担任审判长；七人合议庭若吸收陪审员，则应由3个法官与4个陪审员组成合议庭。
> 2. 简易程序，必须独任，不允许法官自审自记，必须有书记员。
> 3. 二审程序，必须合议，不可以吸收陪审员。
> 4. 再审程序，必须合议：
> （1）按照一审再审，可以吸收陪审员；
> （2）按照二审再审，不可以吸收陪审员。

二、审理范围

（一）应当围绕申请人提出的再审请求进行

再审请求，指的是当事人在向法院提交的再审申请中提出的请求。要注意：再审请求和一审的诉讼请求不一样。诉讼请求的目的是解决纠纷，如"判决该房产归原告所有"；再审请求的目的是纠正法院在一审或者二审中犯的错误，例如，原审法院认定事实错误，故"请求再审法院依法改判"。因此，当事人没有提出的再审请求，法院原则上不审理。这是尊重当事人的处分权。当事人没有要求纠正的原审法院的错误，再审法院原则上不会主动纠正。

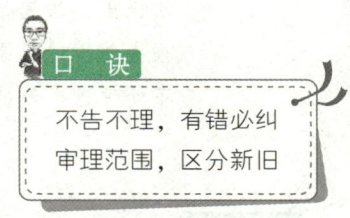

> **口 诀**
>
> 不告不理，有错必纠
> 审理范围，区分新旧

[例1] Q：某案件当事人要求解除合同，二审终审后，当事人发现二审判决适用法律错误，能否申请再审？

A：当然能。当事人可以提出再审请求，请求法院在再审中纠正适用法律的错误，依法改判。

[例2] Q：在再审审理中，法院发现原审法院不但法律适用错误，应回避的审判人员也没有回避，严重违反法定程序，能否对原审法院违反法定程序的问题主动进行处理？

A：当然不能。因为当事人没有提出再审请求要求纠正程序错误，不告不理。

但是，对此有两点限制：

1 当事人没提出再审请求，法院也要管的：
法院经再审，发现已经发生法律效力的判决、裁定损害国家利益、社会公共利益、他人合法权益的，应当一并审理。即便当事人没有要求再审法院纠正这些错误，法院为了维护国家利益、社会公共利益、他人合法权益，也会主动纠正。

2 当事人提了再审请求，法院也不管的：
当事人的再审请求超出原审诉讼请求的，不予审理。这是因为，再审只审查原裁判的正确性，纠正原来一审法院或者二审法院犯的错误。若某项诉讼请求在原来一审和二审中都没有提出，在再审中才第一次提出，要求再审法院裁判解决，则再审法院是不处理的。因为原审法院根本没有审理过这个诉讼请求，也就谈不上纠正原审法院错误的问题。

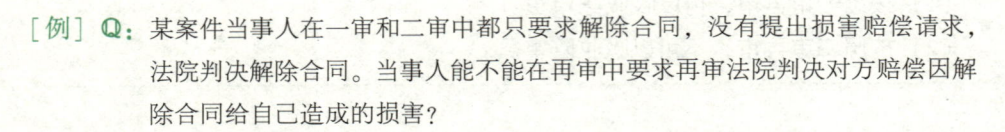

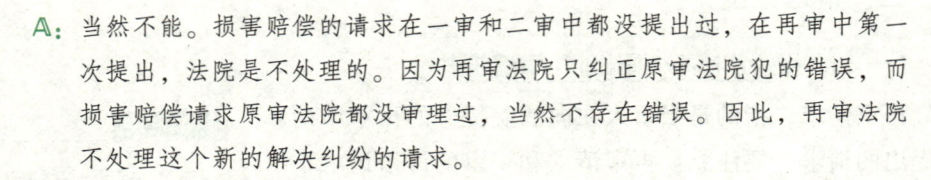

[例] Q：某案件当事人在一审和二审中都只要求解除合同，没有提出损害赔偿请求，法院判决解除合同。当事人能不能在再审中要求再审法院判决对方赔偿因解除合同给自己造成的损害？

A：当然不能。损害赔偿的请求在一审和二审中都没提出过，在再审中第一次提出，法院是不处理的。因为再审法院只纠正原审法院犯的错误，而损害赔偿请求原审法院都没审理过，当然不存在错误。因此，再审法院不处理这个新的解决纠纷的请求。

模拟训练

甲诉乙的合同纠纷案件，经一审、二审法院的审理，甲胜诉。乙申请再审，二审法院经审查决定再审。再审过程中，乙提出反诉。对此，法院应如何处理？[1]

A. 告知乙另行起诉
B. 裁定驳回乙的反诉
C. 判决驳回乙的反诉
D. 就反诉进行调解；调解不成的，告知乙另行起诉

（二）当事人申请了再审，也不可再审的案件

1. 申请过再审的案件（包括支持和驳回的）。
2. 检察建议、抗诉过的案件。

---

[1] A. 法院按照审判监督程序再审的案件，发生法律效力的判决、裁定是由二审法院作出的，按照二审程序审理，所作的判决、裁定，是发生法律效力的判决、裁定。也就是说，对二审案件适用二审程序进行再审。但是要注意，这道题是再审，而非二审。因此，对于反诉提出来的新请求不得处理。本题的正确选项是A项，BCD项表述的处理方式没有法律根据，所以都是错误选项。

3. 特别程序、非讼程序的裁判。

（三）再审启动后、辩论终结前，可以增加再审请求

[例] Q：当事人以原审法院适用法律错误为由申请再审，法院裁定再审后，当事人发现二审审判长收受贿赂。此时能否增加再审请求，要求一并处理？

A：当然能啦。适用法律错误和审判长受贿，都是原审法院犯的错误，可以要求一并纠正。再审启动后，可以增加处理受贿这个错误行为的再审请求。

专题 33　再审程序的裁判与调解

核心考点 099　再审的裁判和调解 ★★★

一、撤回再审请求和按撤回再审请求处理

当事人撤回再审请求，法院准许，<u>终结再审程序</u>。
原则上不允许同一当事人再次申请再审，但发生四项特殊情形的除外。

二、撤回起诉

按一审程序再审，当事人撤回起诉，其他当事人同意、法院裁定准许的，<u>撤销原判决、裁定、调解书，不得再次起诉</u>。

撤回起诉，相当于撤回了启动整个诉讼程序最原始、最基础的行为，意味着当事人不想通过诉讼救济自己的利益，因此，整个民事诉讼都失去了存在的基础，所有跟诉讼有关的程序、文书都要同时被撤销。

三、裁判瑕疵

原判决、裁定认定事实、适用法律有瑕疵，但裁判结果正确的，纠正瑕疵，维持原裁判。这和处理二审有瑕疵裁判的原理相同。

四、不应受理

发现不应由法院受理的，裁定撤销一、二审判决，驳回起诉。

五、漏人

在审理再审案件时，发现遗漏了必要共同诉讼人：

1. 若按一审程序再审，则应直接追加被遗漏当事人，追加进来后按照一审程序合并审理，作出一审裁判后，当事人都能上诉。

2. 若按二审程序再审，则不能直接追加被遗漏当事人，应调解；调解不成的，裁定撤销一、二审裁判，发回重审。

> **考点提示**
>
> 注意，再审程序审理完毕后，作出了再审裁判，若该裁判的内容是撤销原判，发回重审，则一定是<u>一撤到底</u>（把所有的裁判都撤销掉），<u>发回一审法院重审</u>。
>
> ［例］下图中，基层法院一审之后，当事人上诉到中级法院，中级法院二审之后，作出生效判决。当事人对该判决不服，向高级法院申请再审，高级法院裁定提审并启动再审程序。经过再审审理，高级法院认定应把案件发回重审。那么，高级法院必须裁定撤销一审和二审的裁判，将案件发回原来一审的基层法院重审，重审案件一律适用一审普通程序审理，不允许把案件发回二审的中级法院重审。

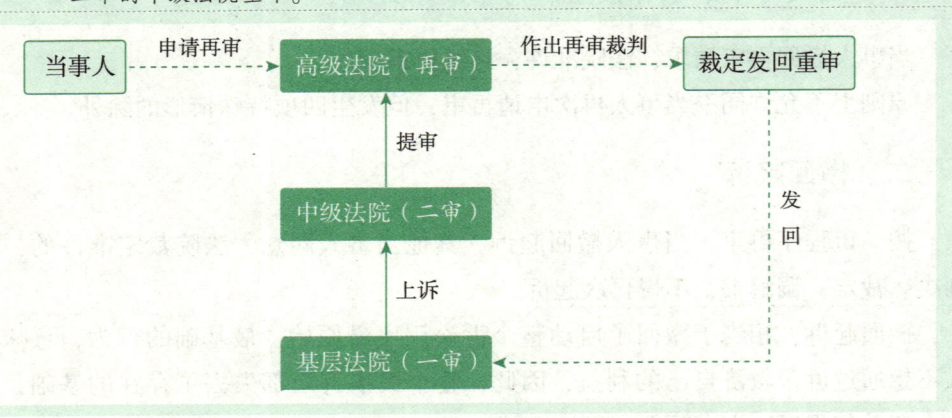

```
当事人 ──申请再审──▶ 高级法院（再审）──作出再审裁判──▶ 裁定发回重审
                        ▲                                    │
                        │ 提审                            发回 │
                        │                                    │
                    中级法院（二审）                            │
                        ▲                                    │
                        │ 上诉                                │
                        │                                    ▼
                    基层法院（一审） ◀────────────────────────
```

总结梳理 三种诉讼程序的程序特点

	一审程序	二审程序	再审程序
程序性质	正常救济程序		非正常救济程序
启动方式	起诉	上诉	法院决定、当事人申请、检察院监督
启动主体	原告	上诉人	法院、当事人（案外人）、检察院

续表

	一审程序	二审程序	再审程序
启动时间	纠纷发生后	上诉期内	法检无限制；当事人（裁判、调解书生效后6个月内或知道、应知道特定事项之日起6个月内）
审理法院	按管辖确定	一审法院的上级法院	本院、上级法院、最高院
审理程序	普通、简易	二审	依原审[1]，提审一律用二审
审判组织	合议、独任[2]	合议[3]、独任	必须按照一审或者二审程序另行组成合议庭
裁判效力	可上诉	不可上诉	依原审（原则上，小额诉讼程序经过再审得到的裁判不能上诉，但因错误适用小额诉讼程序导致再审的，再审得到的裁判可以上诉[4]）

致努力中的你

人生最清晰的脚印，
往往印在最泥泞的路上。

---

[1] 原审法院适用的是一审程序，再审法院就依然适用一审程序审理再审案件；原审法院适用的是二审程序，再审法院就依然适用二审程序审理再审案件。

[2] 一审普通程序可以组成合议庭或独任庭，一审简易程序必须采用独任制。

[3] 二审合议庭和一审合议庭不同，二审合议庭必须都由审判员组成，一审合议庭可以由审判员和陪审员组成。

[4] 这就是说，如果因为《民事诉讼法》第211条规定的13项事由对小额诉讼程序的裁判申请再审，则再审审理后得到的再审裁判，是不可以上诉的；但若因为错误适用小额诉讼程序这个事由而对小额诉讼程序的裁判申请再审，则再审审理后得到的再审裁判，是可以上诉的。

第十一讲
第三人撤销之诉

- 第三人撤销之诉
  - 第三人撤销之诉的基本制度 —— 核心考点100：第三人撤销之诉的基本制度 ★★★★★
  - 执行前对案外人的救济 —— 核心考点101：执行前对案外人的救济 ★★★★

知识铺垫

第三人撤销之诉，是指当第三人因不可归责于己的事由而未参加原案审理，但原案的生效判决、裁定、调解书使其民事权益受到损害时，可以请求法院撤销或改变原案生效判决、裁定、调解书中对其不利部分的诉讼程序。

[例] 甲、乙二人争议一台电脑的所有权，而该电脑真正的所有权人是丙。

在甲、乙之间的诉讼进行中，丙可以要求参加诉讼，成为本案的当事人之一（第三人）。

在甲、乙之间的诉讼结束后，若法院将该电脑判归甲所有（这是一个错误的判决，因为电脑是丙的），因诉讼已经结束，丙没有办法参加诉讼，为了维护自己的权益，丙只能提起第三人撤销之诉，撤销错误判决。

结论：

（1）若本诉（甲、乙之间的诉讼）未结束，第三人提起第三人参加之诉；

（2）若本诉已结束，案外第三人（没成为当事人）提起第三人撤销之诉。

共同被告 { 甲 / 乙 } 本诉 → 作出错误的生效裁判、调解书 ← 起诉撤销 — 丙（案外第三人）（撤销之诉的原告）

专题 34　第三人撤销之诉的基本制度

核心考点 100　第三人撤销之诉的基本制度 ★★★★★

一、原告

只有第三人才能提第三人撤销之诉，第三人包括有独三和无独三。要注意：被遗漏的必要共同诉讼人不是第三人，不能提第三人撤销之诉。

[例] 甲、乙共有一套房屋，房屋被丙开的卡车撞塌。甲将丙诉到法院，法院遗漏了应一起参加诉讼的必要共同诉讼人乙，判决丙向甲赔偿。

乙本来应作为必要共同诉讼人参加诉讼，却被遗漏，成为案外人，此时，乙为"案外必要共同诉讼人"，并非"案外第三人"。只有有独三或者无独三被遗漏，才能称为"案外第三人"。

所以，判决生效后，乙作为案外必要共同诉讼人认为裁判有错误的，只能够向法院申请再审，而绝对不可以提第三人撤销之诉。

考点提示

第三人撤销之诉中的第三人，仅局限于《民事诉讼法》第 59 条规定的有独立请求权及无独立请求权的第三人，而且一般不包括债权人。但是，设立第三人撤销之诉的目的在于，救济第三人享有的因不能归责于本人的事由未参加诉讼，但因生效裁判文书内容错误受到损害的民事权益。因此，债权人在下列情况下可以提起第三人撤销之诉：

1. 该债权是法律明确给予特殊保护的债权，如建设工程价款优先受偿权、船舶优先权。
2. 因债务人与他人的权利义务被生效裁判文书确定，导致债权人本来可以对债务人的行为享有撤销权而不能行使的。
3. 债权人有证据证明，裁判文书主文确定的债权内容部分或者全部虚假的。

债权人提起第三人撤销之诉还要符合法律和司法解释规定的其他条件。对于除此之外的其他债权，债权人原则上不得提起第三人撤销之诉。

二、事由

1. 案外第三人因不能归责于本人的事由未参加诉讼。《民诉解释》第 293 条规定：

"民事诉讼法第 59 条第 3 款规定的因不能归责于本人的事由未参加诉讼，是指没有被列为生效判决、裁定、调解书当事人，且无过错或者无明显过错的情形。包括：①不知道诉讼而未参加的；②申请参加未获准许的；③知道诉讼，但因客观原因无法参加的；④因其他不能归责于本人的事由未参加诉讼的。"

2. 有证据证明发生法律效力的判决、裁定、调解书的部分或者全部内容错误，即主文错误。判决主文就是最后的判决内容，是判决书中"判决如下"后面的具体判决事项，是针对当事人的具体诉讼请求作出的裁决。

3. 损害案外第三人的民事权益。

三、被告

以作出错误判决、裁定、调解书的本诉的原、被告作为第三人撤销之诉的共同被告（前图中的丙做原告，甲、乙做共同被告）。本诉中的无独三若未承担责任，则在第三人撤销之诉中仍列为无独三。

四、期间

案外第三人可以自知道或者应当知道其民事权益受到损害之日起 6 个月内（绝对不变期间）提起第三人撤销之诉。

五、管辖

应向作出生效判决、裁定、调解书的法院提起诉讼。一审终审的案件向一审法院起诉，二审终审的案件向二审法院起诉。

六、请求

可以要求撤销错误裁判，也可以要求确认自己的权利。第三人撤销之诉要求撤销生效的法律文书形成的法律关系，因此，一般认为，第三人撤销之诉属于变更之诉。

七、程序

法院收到起诉状不能当场立案，而应送交对方当事人，由对方当事人 10 日内提出书面意见。法院在收到起诉状之日起 30 日内审查裁定是否受理。受理后，必须组成合议庭，适用普通程序开庭审理，可以吸收陪审员。

八、效力

第三人撤销之诉提起之后，法院不中止执行。若第三人撤销之诉的原告请求中止执行，则需提供担保，法院可以准许。

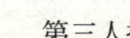

九、裁判

1. 请求成立，仅要求撤销错误部分的，法院就只撤销法律文书内容的错误部分；要求撤销和确认权利的，法院要改变原裁定、判决或调解书——撤销法律文书内容的错误部分，作出正确的法律文书。

2. 请求不成立的，判决驳回原告的诉讼请求。

十、不允许撤销的案件

1. 适用特别程序等非讼程序处理的案件。
2. 代表人诉讼、公益诉讼的生效裁判。
3. 确认婚姻无效、撤销或者解除婚姻关系等判决、裁定、调解书中涉及身份关系的内容。这类案件中的人身关系部分不能申请再审，也不能通过第三人撤销之诉解决。因为当事人对确认婚姻无效、撤销或者解除婚姻关系等判决、裁定、调解书不服的，只需要再去民政部门登记结婚即可，不需要通过再审救济。但这类案件中涉及子女抚养和财产分割部分的内容，可以申请再审和提出第三人撤销之诉。

专题 35 执行前对案外人的救济

核心考点 101 执行前对案外人的救济 ★★★★

生效裁判、调解书作出后，确有错误，侵害案外人利益的，在进入执行程序前，分成两种情况进行救济：

1. 案外第三人，可以通过提起第三人撤销之诉撤销错误裁判、调解书。
2. 不属于案外第三人的其他案外人，就永远不能提起第三人撤销之诉，但其可以在知道或应当知道其民事权益受损之日起 6 个月内向法院申请再审。

这是因为，再审和第三人撤销之诉都能撤销错误裁判、调解书，所以，两种案外人各自有一种救济方法就已经足够救济其权利。

真题小试

公司代表人以公司长期以来经营陷入僵局为由向区法院提起公司解散诉讼。诉讼中，双方当事人达成和解协议，并制作调解书结案。后来，其他股东以此调解协议是为串通损害公司利益

而达成为由，向法院寻求救济。对此，其他股东的救济方式为：（2018-回忆版）[1]

A. 向市中院申请再审　　　　B. 向区法院提出异议
C. 向区法院申请再审　　　　D. 向区法院起诉

致努力中的你

我该如何顺利到达山顶？
放弃踌躇，专注攀登。

---

[1] D。这道题的实体法载体是一个公司解散诉讼，熟悉公司法的同学应知道。《最高人民法院关于适用〈中华人民共和国公司法〉若干问题的规定（二）》（以下简称《公司法解释（二）》）第1条第1款规定："单独或者合计持有公司全部股东表决权10%以上的股东，以下列事由之一提起解散公司诉讼，并符合公司法第182条（现为第231条）规定的，人民法院应予受理……"《公司法解释（二）》第4条规定："股东提起解散公司诉讼应当以公司为被告。原告以其他股东为被告一并提起诉讼的，人民法院应当告知原告将其他股东变更为第三人；原告坚持不予变更的，人民法院应当驳回原告对其他股东的起诉。原告提起解散公司诉讼应当告知其他股东，或者由人民法院通知其参加诉讼。其他股东或者有关利害关系人申请以共同原告或者第三人身份参加诉讼的，人民法院应予准许。"按照上述规定及相关规定构造的诉讼结构可知，应由单独或者合计持有公司全部股东表决权10%以上的股东作为原告、公司作为被告，其他股东可以作为共同原告或者追加为无独三参加诉讼——符合起诉条件且提起诉讼的，列为共同原告；不符合起诉条件或者不提起诉讼的，可以列为无独三。再简化一下，就是一起诉讼的股东都是共同原告；有的起诉有的没起诉，起诉的是原告，没起诉的可以作为无独三。显然，在本题中，是部分符合法定条件的股东对公司提起了公司解散诉讼，诉讼以调解结案，其他股东没有参加诉讼。因此，起诉的股东是原告，公司是被告，其他股东没有起诉，若参加诉讼则为无独三，但是现在他们没有参加诉讼，故而应认定为案外第三人。第二个透露出的信息是本案是以调解书结案，调解书是不允许上诉的。本案的一审法院为区法院，一个基层法院，它也是本案的终审法院。

所以，就把一个复杂问题简化为，一个案件经一审终审后，得到生效法律文书（调解书），案外第三人认为生效法律文书有错误，致使自己利益受损，该如何救济自己的权利呢？结论很简单，提起第三人撤销之诉，把生效的错误调解书撤销掉。

还有两个小点需要说明：

第一个点是，同学们可能会问，其他股东为什么不能申请再审呢？我们强调过，在生效法律文书作出后、进入执行程序前，可以通过申请再审的方式救济自己利益的案外人，只有案外必要共同诉讼人。这一点，法条依据是《民诉解释》第420条第1款："必须共同进行诉讼的当事人因不能归责于本人或者其诉讼代理人的事由未参加诉讼的，可以根据民事诉讼法第207条（现为第211条）第8项规定，自知道或者应当知道之日起6个月内申请再审，但符合本解释第421条规定情形的除外。"本案中，其他股东并非案外必要共同诉讼人，而是案外第三人，因此只能通过第三人撤销之诉救济，而不能申请再审。根据《民诉解释》第290条的规定，第三人对已经发生法律效力的判决、裁定、调解书提起撤销之诉的，应当自知道或者应当知道其民事权益受到损害之日起6个月内，向作出生效判决、裁定、调解书的人民法院提出。所以，其他股东提起第三人撤销之诉的，应以自己为原告，以所起诉的股东和公司为被告，向作出生效调解书的所在区的基层法院起诉。

第二个点在于，本案中，其他股东没有参加解散诉讼，能否就此纠纷另行向基层法院提起一个新的诉讼呢？这是绝对不能的。有两方面的考虑：①受民事诉讼法中一事不再理的基本原则的制约。对于公司解散诉讼的实体纠纷，法院已经处理过一次了的，不能反复起诉，浪费司法资源。②公司法部门中也有明确规定，对另行起诉是禁止的。《公司法解释（二）》第6条规定："人民法院关于解散公司诉讼作出的判决，对公司全体股东具有法律约束力。人民法院判决驳回解散公司诉讼请求后，提起该诉讼的股东或者其他股东又以同一事实和理由提起解散公司诉讼的，人民法院不予受理。"

综上，本题应选D项。其他股东想救济自己的合法权益，可以向区法院起诉。但是，是提起第三人撤销之诉，而非另行起诉。

第十二讲
增加、变更诉讼请求和反诉

专题 36 反 诉

核心考点 102 反诉 ★★★★★

反诉，是指在诉讼进行过程中，本诉的被告以本诉的原告为被告，向受理本诉的法院提出与本诉具有牵连关系的、目的在于抵消或者吞并本诉原告诉讼请求的独立的反请求。

考点提示

1. 要准确理解反诉的概念，必须注意区分反诉和反驳：

反驳，指的是当事人对于对方诉讼主张的否认，包括对其诉讼请求的否认和对事实理由的否认。其中，行使抗辩权以对抗请求权的行为可以称之为抗辩。

（1）两者的性质不同。反诉是一种独立的诉；而反驳只是一种诉讼手段，不具有诉的性质。

（2）当事人的诉讼地位不同。反诉中本诉当事人的诉讼地位发生了变化；而反驳中本诉当事人的诉讼地位不发生变化。

（3）提出的前提不同。反诉是以承认本诉的存在为前提，并不必然否定对方的诉讼主张；而反驳则是以否定原告提出的部分或全部诉讼主张为前提。

（4）提出的时间不同。反诉原则上只有在一审中提出，才能合并审理；而反驳在一审、二审、再审中均可以提出。

（5）两者的目的不同。反诉的目的除抵消、吞并原告提起的诉讼请求外，还包括提出独立的诉讼请求；而反驳的目的只是否定原告提出的诉讼请求，并未提出独立的诉讼请求。

（6）提出的主体不同。反诉只能由被告提出；而反驳原、被告双方都能提出。

2. 做题时，仅仅否定对方诉讼请求的是反驳，提出独立的新诉讼请求的是反诉。

模拟训练

甲公司起诉要求乙公司交付货物。被告乙公司向法院主张合同无效，应由原告甲公司承担合同无效的法律责任。

Q：被告乙公司的主张的性质，是反诉还是反驳呢？

A：乙公司提出了独立的权利要求（属于独立的诉讼请求），并非仅仅否定对方的诉讼请求，属于典型的反诉。

反诉和本诉是两个独立的诉，可以合并审理，也可以分别审理。本反诉中的任何一个诉消灭，另一个都不受影响。

将本反诉合并审理，需要满足以下五个条件：

一、牵连关系

满足下列三种情况之一的，就认定本反诉具有牵连关系：

（一）本反诉属于同一法律关系

[例] 甲、乙缔结买卖合同，甲诉乙违约，乙反诉甲违约。本反诉争议的是同一个合同关系，故认定为有牵连关系。

（二）本反诉基于同一原因事实

[例] 甲、乙互相殴打对方，甲诉乙侵权，乙反诉甲侵权。本反诉是基于"互相殴打"这一个原因事实产生的两个侵权诉讼，故认定为有牵连关系。

（三）本反诉请求之间具有因果关系

[例] 甲诉乙公司生产的紫砂壶都是用化工原料制作的，要求赔偿，乙公司认为甲的起诉属于恶意污蔑，被新闻媒体报道后，给自己公司的声誉造成不良影响，反诉甲赔偿。甲起诉是乙公司反诉的原因（因甲索赔导致乙公司索赔），故认定本反诉之间存在牵连关系。

二、主体要求

只能由本诉的被告对本诉的原告提起。本诉被告提起反诉的范围不能超出本诉原告提起本诉的范围。

[例] 甲、乙诉丙，丙可以反诉甲，也可以反诉甲、乙。
甲、乙诉丙，丙不可以反诉丁。

三、时间要求

反诉要在本诉存续期间（一审辩论终结前）提出。

四、管辖要求

1. 反诉应当向审理本诉的法院提起，审理本诉的法院对反诉也应有管辖权。
2. 只要不违反专属管辖、级别管辖等强制性规定，审理本诉的法院就可以基于牵连关系取得对反诉的管辖权。这种取得管辖权的方式称为牵连管辖。

审理本诉的法院因牵连关系取得管辖权之后，就对反诉有了管辖的资格。如果反诉属于专属管辖、级别管辖，则审理本诉的法院无法取得管辖权，反诉只能另行起诉。

这里要注意：根据2023年修正的《民事诉讼法》的规定，一旦当事人向受理本诉的法院提出了反诉，就相当于认可了该本诉法院对于本诉和反诉的管辖权，就会产生类似于应诉管辖的法律效果。即便该本诉法院本来对本诉没有管辖权，也会视为该本诉法院对本诉有管辖权，而该本诉法院也会因为牵连管辖而取得对反诉的管辖权。

五、程序要求

本反诉合并审理时应适用相同的诉讼程序。

解题技巧

如果考试中考查本诉和反诉能否合并审理，应该如何入手呢？可以分三步：

第一步
先找到本诉的当事人，再确定反诉的当事人。只有反诉的当事人范围小于本诉的当事人范围，反诉才是合法的。例如，本诉是A、B、C诉D，而反诉是D诉B，这就是合法的反诉。如果在所谓的"反诉"中出现了本诉里没有的当事人，则反诉不成立。

第二步
看看反诉是否属于专属管辖。如果反诉属于专属管辖，而本诉的法院又不是该专属管辖法院，则不能合并审理。

第三步
看看本诉和反诉之间有没有三种牵连关系（同一事实、同一关系或者因果关系）之一，没有牵连关系的不能合并审理。

真题小试

2003年8月，设立于同一行政区域内的甲公司向乙公司订购了40台电脑，协议约定乙公司于2004年1月31日之前交货，甲公司于2004年3月15日之前付清货款。乙公司按期向甲公司交付了40台电脑，但甲公司只在2004年3月向乙公司交付了29台电脑款，其余11台电脑款一直未交付。2005年1月，乙公司起诉，要求甲公司支付余款及其利息，法院受理了此案。甲公司认为乙公司的电脑质量不合格，准备提起反诉。关于提起反诉的解答，下列哪些选项是正确的？（2007/3/88-多）[1]

---

[1] AC。所谓反诉，是指在诉讼进行过程中，本诉的被告以本诉的原告为被告，向受理本诉的法院提出与本诉具有牵连关系的、目的在于抵消或者吞并本诉原告诉讼请求的独立的反请求。本题中，甲公司认为乙公司的电脑质量不合格而反诉乙公司，主体是符合条件的；而且本题中，甲公司的反诉与本诉中乙公司请求支付余款及其利息是有牵连关系的。因此，A项正确。当事人提出反诉，应当在本诉辩论终结前提出。注意，这里的辩论终结前当然不限于答辩期。因此，B项错误。根据《诉讼费用交纳办法》第18条的规定，被告提起反诉、有独立请求权的第三人提出与本案有关的诉讼请求，法院决定合并审理的，分别减半交纳案件受理费。因此，C项正确。当事人超过诉讼时效期间起诉的，法院应予受理。本题中，反诉虽然已经超过了诉讼时效，但是法院仍应当裁定受理。因此，D项错误。

A. 甲公司的反诉在主体、管辖和牵连关系上都是符合反诉条件的
B. 该反诉应该在答辩期届满之前提出
C. 反诉所需要交纳的受理费较通常的起诉减半收取
D. 该反诉已经超过了诉讼时效，法院应依法裁定不予受理

专题 37 "增变反"在诉讼程序中的具体处理

核心考点 103 "增变反"在诉讼程序中的具体处理 ★★★★★

增加、变更诉讼请求和反诉，简称"增变反"。从本质上看，增加、变更诉讼请求和反诉提出的诉讼请求，都属于新诉讼请求。

一、一审"增变反"的处理

当事人在辩论终结前提出"增变反"请求的，合并审理。

二、二审发回重审

发回重审应适用一审程序，按照一审处理（和上面的处理方法一样）。

三、二审"增变反"的处理

可以调解；调解不成的，告知另行起诉。双方当事人同意由二审法院一并审理的，二审法院可以一并裁判。

至于为什么不能在二审中对"增变反"的诉讼请求直接判决，原理和我们以前讲过的"漏人""漏判"的处理一样，如果直接判决，则会剥夺当事人对于"增变反"新请求的上诉权。但有两点值得注意：

1. 在"增变反"的问题上，当事人放弃上诉权的，二审法院也可以一并判决，这和前面讲过的"离婚案"（一审判决不准离婚，二审认为应当判决离婚）的处理方法是一样的。

2. 如果当事人既不同意调解，也不同意二审法院一并判决，正常应当告知其另诉。但是，如果当事人真的去"另诉"，构成重复起诉的，其他法院也不会受理，这种情况下，另诉就没有意义了，此时就不应当告知当事人去另诉。

> **口 诀**
>
> 增变反、离婚案，
> 放弃上诉权，
> 可调也可判。

[例] Q：甲借给乙10万元。一审中，甲诉乙给付10万元中的2万元。甲胜诉后，二审中，甲又要求乙支付剩余的8万元（性质上属于增加诉讼请求）。二审法院应如何处理？

A：二审法院应就甲增加的诉讼请求进行调解；调解不成的，不予受理。此时，二审法院不应告知甲另诉，因为若告知甲另行起诉，则本案构成重复起诉，其他法院也不会受理。

四、再审"增变反"的处理

再审程序中，当事人提出"增变反"的新请求，不属于审理范围，符合另案诉讼条件的，告知另行起诉。

模拟训练

[辨析] 在按照二审程序审理的再审案件中，当事人提出新的诉讼请求的，原则上，法院应根据自愿原则进行调解；调解不成的，告知另行起诉。

[回答] 说法错误。再审程序是用来纠正原来的错误的，而非处理新的请求。只要是再审案件，对于"增变反"的新请求，一律不予处理，符合另案诉讼条件的，告知另行起诉。

五、再审发回重审"增变反"的处理

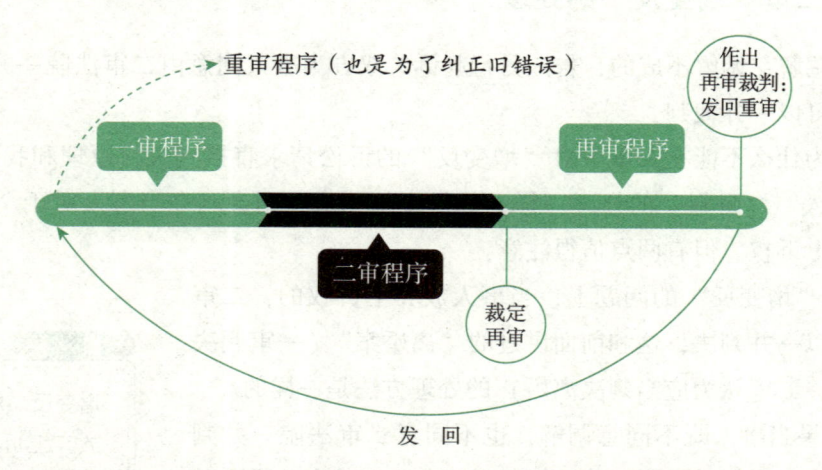

经过再审的审理后，法院认为原裁判确实存在错误，需要用发回重审的方式来纠正的，应撤销原来所有的裁判，发回重审。前面也讲过，发回重审都必须发回一审法院从头开始审，所以，发回重审后，适用一审程序审理。

因为发回重审的目的是纠正旧错误，所以，对于重审中提出的"增变反"的新请求，原则上也不审理。但是，在重审中发现以下情况，应准许将"增变反"的新请求合并审理：

1. 原审未合法传唤，缺席判决，影响当事人行使诉讼权利，当事人在原审中没有机会提出"增变反"的请求的。

2. 遗漏当事人，需追加新当事人的。当事人没参加原来的程序，也没机会提出"增变反"的请求。

3. 诉讼标的物灭失或者发生变化，致使原诉讼请求无法实现，当事人只能提出新请求的。

4. 当事人申请"增变反"，无法通过另诉解决的。

出现了以上四种情况，就应允许对"增变反"的新请求合并审理，除此之外，在再审发回重审中提出新请求的，不能合并。

模拟训练

丙承租了甲、乙共有的房屋，因未付租金被甲起诉。一审法院判决丙向甲支付租金共计10 000元。甲和丙均不服该判决，提出上诉。甲请求法院判决解除与丙之间的租赁关系；丙提出，为修缮甲、乙的房屋，自己花费了3000元，请求抵销部分租金。

Q：（1）对于甲和丙的请求，二审法院该如何处理？

（2）二审法院发现遗漏了应一起参加诉讼的当事人乙，二审法院应如何处理？

（3）甲、乙、丙三个人都同意由二审法院一并判决，二审法院是否可以将乙追加进入诉讼，然后对甲、丙在二审中提出的请求一并判决？

A：（1）甲的请求属于二审中增加的新请求，丙的请求属于一审被告在二审中提出的反诉请求。二者从性质上来看，都是二审中提出的新请求，二审法院应经当事人同意进行调解；调解不成的，告知甲、丙另行起诉。

（2）二审中发现遗漏了必要共同诉讼人，法院应经当事人同意进行调解；调解不成的，把全案发回重审。

（3）二审中发现同时存在漏掉当事人和有"增变反"的新请求，对于"增变反"的新请求，如果当事人同意由二审法院一并审理，则二审法院可以直接判决。但是，对于"漏人"的情况，即便当事人同意由二审法院一并审理，二审法院也不可以直接判决，而必须将全案发回重审。

13 第十三讲 公益诉讼

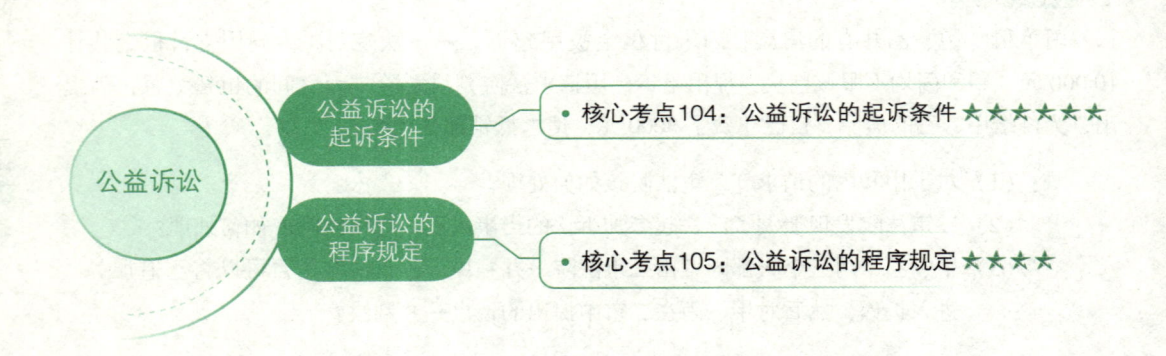

- 公益诉讼
  - 公益诉讼的起诉条件 —— 核心考点104：公益诉讼的起诉条件 ★★★★★
  - 公益诉讼的程序规定 —— 核心考点105：公益诉讼的程序规定 ★★★★

知识铺垫

民事公益诉讼，是指法律规定的机关或有关组织，根据法律的授权，对违反法律法规损害社会公共利益的行为，向法院提起民事诉讼，由法院通过审判来追究违法者的法律责任，进而维护社会公共利益的诉讼活动。

专题 38 公益诉讼的起诉条件

核心考点 104 公益诉讼的起诉条件 ★★★★★

一、性质

公益诉讼是针对损害社会公共利益的行为起诉,其目的是维护社会公共利益。

二、类型

公益诉讼包括污染环境,侵害众多消费者合法权益,侵害英雄烈士等的姓名、肖像、名誉、荣誉等损害社会公共利益的侵权案件。

三、起诉条件

1. 原告

法律规定的机关和有关组织可以起诉,不要求原告和本案有直接利害关系。

(1)《环境保护法》第 58 条第 1 款规定:"对污染环境、破坏生态,损害社会公共利益的行为,符合下列条件的社会组织[1]可以向人民法院提起诉讼:①依法在设区的市级以上人民政府民政部门登记;②专门从事环境保护公益活动连续 5 年以上且无违法记录。"

> 口诀
> 5 年公益无违法,地级民政有登记。

(2)《消费者权益保护法》第 47 条规定:"对侵害众多消费者合法权益的行为,中国消费者协会以及在省、自治区、直辖市设立的消费者协会,可以向人民法院提起诉讼。"

> 口诀
> 省以上消协。

(3)检察院可以提起公益诉讼,属于法律授权的机关。

❶检察院提起公益诉讼的领域具有特定性。

检察院提起公益诉讼仅限于破坏生态环境和资源保护、食品药品安全领域侵害众多消费者合法权益等行为;对侵犯未成年人合法权益,侵害英雄烈士等的姓名、肖像、名誉、荣誉等损害社会公共利益的行为,也可以向法院提起诉讼。

❷检察院提起公益诉讼的条件具有补充性。

在没有法定的机关和组织或者法定机关和组织不提起诉讼的情况下,检察院才能起诉。

---

[1] 社会组织具体包括社会团体、基金会以及社会服务机构等。

❸检察院除了提起公益诉讼外，还可以支持法定的机关和组织起诉。检察院支持起诉的方法：可以通过提供法律咨询、向法院提交支持起诉意见书、协助调查取证、出席法庭等方式支持法定的机关和组织依法提起民事公益诉讼。

> **考点提示**
> ○ 法定的机关和组织不提起公益诉讼，检察院可以自己提起公益诉讼。
> ○ 法定的机关和组织提起公益诉讼，检察院就不可以自己再提起公益诉讼，但可以支持法定的机关和组织起诉。

2. 有明确的被告。
3. 有具体的诉讼请求。
4. 有社会公共利益受到损害的初步证据（证明侵害已经发生或具有侵害风险均可）。
5. 属于人民法院受理民事诉讼的范围和受诉人民法院管辖。
（1）公益诉讼由侵权行为地或被告住所地中级人民法院管辖；
（2）污染环境、破坏生态的公益诉讼由污染发生地、损害结果地、被告住所地中级以上人民法院管辖；
（3）污染海洋环境的公益诉讼由污染发生地、损害结果地、采取预防污染措施地海事法院管辖。

专题 39 公益诉讼的程序规定

核心考点 105 公益诉讼的程序规定 ★★★★

1. 法院审理公益诉讼等社会影响重大的案件应由人民陪审员和法官组成七人合议庭。其中，陪审员4名，法官3名。
2. 公益诉讼程序的"四可"
（1）共同原告可要求参加诉讼。受理后、开庭前，依法可以起诉的其他机关和社会组织可要求参加诉讼，列为共同原告。
❶若其他机关和社会组织不要求参加，却在公益诉讼的裁判生效后，再次提起公益诉讼，法院不受理；
❷若1个原告或者2个以上有资格的原告对同一侵权行为分别向2个以上法院起诉，由最先立案的法院管辖。（多选先立管）

（2）可提私益诉讼。公益诉讼受理后，受害人可提起普通的侵权诉讼，请求赔偿。
❶若公益诉讼认定的事实对原告有利，私益诉讼原告可以免于证明此事实；
❷若公益诉讼认定的事实对被告有利，私益诉讼被告不能免于证明此事实。

[例] Q：某品牌手机频繁爆炸，该省消协提起公益诉讼后，被手机炸傻的小王还能不能起诉要求该手机厂商承担侵权责任？

A：能起诉。

（3）公益诉讼中可以和解、调解。必须将和解、调解协议进行公告。公告期间不得少于30日。若和解、调解协议违反社会公共利益，则不予出具调解书，继续审理；若和解、调解协议不损害社会公共利益，则应当出具调解书。
（4）公益诉讼需要的证据，法院可以主动调查。

3. 公益诉讼程序的"四不可"
（1）法庭辩论终结后，原则上，不允许原告撤诉；[1]
（2）不得以和解为由撤诉；[2]
（3）被告不可反诉；[3]
（4）自认不可损害社会公共利益。

> **口诀**
> 可以要求参加
> 可提私益诉讼
> 可以和解调解
> 可以主动取证

考点提示

公益诉讼，是为了保证公共利益最大化实现，所以限制原告撤诉、限制被告反诉、限制双方自认。

致努力中的你

重要的不是你身处何地，而是你正在前往何处。

---

[1] 法庭辩论终结前，法院同意的，原告可以撤诉。辩论终结后，原则上不准原告撤诉；唯一的例外是，在环境污染民事公益诉讼中，负有环境资源保护监督管理职责的部门依法履行监管职责而使原告诉讼请求全部实现，原告申请撤诉的，法院应予准许。

[2] 若当事人达成和解协议，必须公告。公告后，法院认为和解协议不损害社会公共利益的，应当出具调解书结案，不允许双方当事人以达成和解协议为由申请撤诉。

[3] 这是因为双方当事人之间本来就不存在直接的法律关系，所以被告无法对原告提出反诉。

第十四讲
特别、督促与公示催告程序

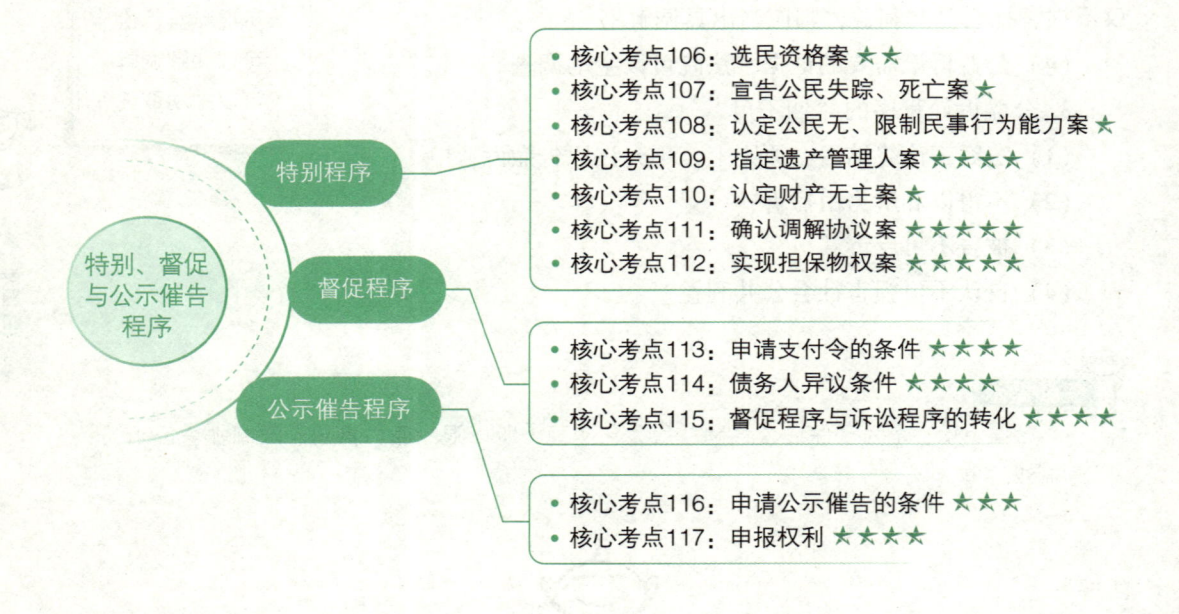

```
特别、督促与公示催告程序
├── 特别程序
│   ├── 核心考点106：选民资格案 ★★
│   ├── 核心考点107：宣告公民失踪、死亡案 ★
│   ├── 核心考点108：认定公民无、限制民事行为能力案 ★
│   ├── 核心考点109：指定遗产管理人案 ★★★★
│   ├── 核心考点110：认定财产无主案 ★
│   ├── 核心考点111：确认调解协议案 ★★★★★
│   └── 核心考点112：实现担保物权案 ★★★★★
├── 督促程序
│   ├── 核心考点113：申请支付令的条件 ★★★★
│   ├── 核心考点114：债务人异议条件 ★★★★
│   └── 核心考点115：督促程序与诉讼程序的转化 ★★★★
└── 公示催告程序
    ├── 核心考点116：申请公示催告的条件 ★★★
    └── 核心考点117：申报权利 ★★★★
```

知识铺垫

非民事诉讼程序是与民事诉讼程序相对应的概念，其作用并不在于解决民事纠纷，而在于解决一些不存在民事纠纷的案件。非民事诉讼程序主要适用于非讼法理，区别于诉讼法理，具体而言，包括以下六个方面：

1. 强调法院职权干预和职权探知，赋予法官更大的自由裁量权，限制当事人处分权。

2. 多由法官独任审判，简化审理方式，以一审终审为原则，且不能再审。
3. 以不开庭审理为原则，对案件依职权审查。
4. 没有原告和被告，不实行民事诉讼的两造对立。
5. 没有严格证明标准，可以自由证明。
6. 审限比较短。

现阶段，我国非民事诉讼程序包括特别程序、督促程序和公示催告程序。严格来讲，其中特别程序中的选民资格案属于特别争讼程序，解决的是公民的宪法权利——选举权纠纷。

特别程序	选民资格案（确认选民资格）	宪法诉讼程序	作出判决
	宣告公民失踪、死亡案（确认是否失踪、死亡）	非讼程序	
	认定公民无、限制民事行为能力案（确认行为能力）		
	指定遗产管理人案（确定遗产管理人）		
	认定财产无主案（确认财产是否无主）		
	确认调解协议案（赋予人民调解协议强制执行力）		作出裁定
	实现担保物权案（拍卖、变卖担保财产）		
督促程序	督促债务人给付金钱或者有价证券		作出支付令
公示催告程序	解决票据和其他事项灭失等问题		作出除权判决

专题 40 特别程序

核心考点 106 选民资格案 ★★

选民资格案，是指公民认为选举委员会公布的选民名单有误，向选举委员会申请处理（申诉）后，申诉人对选举委员会作出的处理决定不服，在选举日的5日以前向选区所在地基层法院起诉的案件。

起诉人 —对选民名单持不同意见→ 向选举委员会申诉（3日内处理）—选举日5日以前→ 向选区所在地基层法院起诉（选举日前审结送达）

（申诉前置）

一、申诉与起诉

申诉是起诉的前置程序，必须先申诉，不申诉不得起诉。

二、参加人

1. 诉讼参加人有起诉人、选举委员会代表及有关公民。从实践情况看，起诉人包括认为自己的选民资格受到侵犯的公民及对他人的选民资格问题不服的其他公民，法人和其他组织不能成为该类诉讼的主体。

2. 争议的内容是有关公民是否具备选民资格，所以，选民资格案件属于宪法诉讼案件，不属于民事诉讼案件。因此，选民资格案不要求起诉人和案件有直接利害关系。

三、审理方式

法院应组成合议庭，开庭审理，合议庭中不得吸收陪审员。选民资格案件涉及公民的重要政治权利问题，有着重大的意义，因此，需要运用完整全面的诉讼程序予以审理。

模拟训练

在基层人大代表换届选举中，村民刘某发现选举委员会公布的选民名单中遗漏了同村村民张某的名字，遂向选举委员会提出申诉。选举委员会驳回了刘某的申诉，刘某不服，诉至法院。法院以刘某与案件没有直接利害关系为由驳回了刘某的起诉。

Q：（1）本案中，参加诉讼的主体都有谁？
（2）法院驳回刘某起诉的做法是否正确？
（3）本案应采用何种审判组织，如何审理？
（4）当事人对本案生效判决不服的，能否上诉？

A：（1）张某、刘某和选举委员会的代表都必须参加诉讼，其中张某属于有关公民，刘某属于起诉人。
（2）法院驳回刘某起诉的做法是错误的，选民资格案不是民事诉讼，不要求刘某与案件有直接利害关系。
（3）选民资格案件关系到公民的重要政治权利，只能由审判员组成合议庭，开庭审理。
（4）法院对选民资格案件作出的判决是终审判决，当事人不得对此提起上诉，也不得申请再审。

核心考点 107 宣告公民失踪、死亡案 ★

宣告公民失踪、死亡案，是指公民离开自己的住所地或者经常居住地，下落不明达到法定期间，经利害关系人向下落不明人住所地基层法院申请，宣告该公民失踪或死亡的案件。

一、宣告失踪

宣告失踪案件的受理法院要发出寻找下落不明人的公告，公告期为3个月。公告期满，宣告失踪的事实得到确认的，法院判决被申请人为失踪人，并为其指定财产代管人，身份关系不变。

利害关系人 —申请→ 下落不明人住所地基层法院管辖 —受理→ 寻找公告（3个月）→ 财产代管 / 身份不变

1. 法定期间。被申请人下落不明满2年[1]，利害关系人才能申请宣告失踪。
2. 利害关系人。利害关系人包括近亲属及其他利害关系人（如债权人）。
3. 财产代管人。法院要为失踪人指定财产代管人。
（1）财产代管人可以以自己的名义起诉或应诉，保护失踪人的利益；
（2）财产代管人自己不想担任财产代管人的，可以请求法院适用特别程序重新指定；
（3）其他利害关系人要求变更财产代管人的，应由利害关系人起诉法院指定的代管人，法院适用普通程序审理。

模拟训练

李某因债务人甲下落不明申请宣告甲失踪。法院经审理，宣告甲为失踪人，并指定甲妻为其财产代管人。判决生效后，甲父认为由甲妻代管财产会损害儿子的利益，要求变更甲的财产代管人。

Q: 甲父该如何做？

A: 甲父应以甲妻为被告，提起民事诉讼，要求变更财产代管人。

---

[1] 关于下落不明期间的起算点，《民法典》也有规定，大家仅作一般了解即可。《民法典》第41条规定："自然人下落不明的时间自其失去音讯之日起计算。战争期间下落不明的，下落不明的时间自战争结束之日或者有关机关确定的下落不明之日起计算。"

二、宣告死亡

宣告死亡案件的受理法院要发出寻找下落不明人的公告，公告期为1年（经有关机关证明被申请人不可能生存的，公告期为3个月）。公告期满，宣告死亡的事实得到确认的，法院判决被申请人死亡，财产发生继承，人身关系终止。

```
利害关系人 ——申请——> 下落不明人住所地基层法院管辖 ——受理——> 寻找公告（1年/3个月） ——> 财产继承
                                                                    ——> 人身终止
```

1. 法定期间

被申请人下落不明满4年，或者因意外事件下落不明满2年。因意外事件下落不明，经有关机关证明不可能生存的，无此期间限制。

2. 利害关系人：包括近亲属及其他利害关系人。

3. 法律效果

法院判决宣告死亡后，被申请人的人身关系全部终止，财产发生继承。

法院作出宣告失踪、宣告死亡的判决，是根据一定事实、依照法定程序推定公民失踪、死亡，并不是公民真正失踪、死亡。这种推定可能与客观实际不一致，被宣告失踪、死亡的公民完全有可能重新出现或者确知其没有死亡。

被申请宣告失踪、死亡的人重新出现的，本人或利害关系人可以申请法院作出新判决，直接撤销原判决（即向法院提出异议）。[1] 法院查证属实的，应当作出新判决，撤销原判决。

核心考点 108　认定公民无、限制民事行为能力案 ★

认定公民无、限制民事行为能力案，是指利害关系人向被认定人住所地的基层法

---

[1]《民法典》对宣告死亡人重新出现的法律效果规定比较详细，大家作适度了解即可。《民法典》第51条规定了婚姻关系的恢复——原则上自行恢复，再婚或不愿恢复的除外："被宣告死亡的人的婚姻关系，自死亡宣告之日起消除。死亡宣告被撤销的，婚姻关系自撤销死亡宣告之日起自行恢复。但是，其配偶再婚或者向婚姻登记机关书面声明不愿意恢复的除外。"《民法典》第52条规定了子女关系的恢复，原则上自行恢复，被人收养的，收养关系有效："被宣告死亡的人在被宣告死亡期间，其子女被他人依法收养的，在死亡宣告被撤销后，不得以未经本人同意为由主张收养行为无效。"《民法典》第53条规定了财产的返还问题——原则上应返还财产，无法返还的，适当补偿："被撤销死亡宣告的人有权请求依照本法第六编取得其财产的民事主体返还财产；无法返还的，应当给予适当补偿。利害关系人隐瞒真实情况，致使他人被宣告死亡而取得其财产的，除应当返还财产外，还应当对由此造成的损失承担赔偿责任。"

院申请，认定公民无、限制民事行为能力的案件。一旦作出判决认定公民无、限制民事行为能力，应同时为其指定监护人。

```
利害关系人（近亲属     申请    被认定人住所地基层法院         判决认定无、限制行为
或其他利害关系人）   ──────→   管辖（诊断或鉴定）    ────→   能力，指定监护人
                                                      ────→   判决驳回申请
```

一、审理中的代理人

法院审理此类案件，应确定申请人以外的该公民的近亲属为其代理人。代理人的作用是代理被申请人参加审理。

二、判决后的监护人

法院判决认定公民无、限制民事行为能力的，应为其指定监护人。

被指定的监护人不服指定的，应当自接到通知之日起30日内向法院提出异议。

核心考点 109　指定遗产管理人案 ★★★★

一、民法背景知识（适当了解）

（一）遗产管理人的基本制度

遗产管理人是一个实体法规范的概念，是指对被继承人的遗产进行妥善保存和管理分配的人。2020年5月28日，第十三届全国人大第三次会议审议通过了《民法典》，自2021年1月1日起施行。《民法典》在"继承编"新增了遗产管理人制度，对遗产管理人的确定、职责、法律责任等作出了规定，进一步确保了被继承人的遗产能够得到妥善管理、顺利分割，从而更好地维护继承人、债权人的利益。

继承开始后，遗产管理人按以下顺序确定：

1. 被继承人生前留有遗嘱明确指定遗嘱执行人的，遗嘱执行人即为遗产管理人。遗嘱执行人既可以是一人，也可以是数人；既可以是自然人，也可以是法人；既可以是法定继承人，也可以是法定继承人以外的人。

2. 没有遗嘱执行人的，继承人为遗产管理人；继承人为多人的，应当及时推选遗产管理人。需要注意，只能在有继承权的继承人中推选，而不能推选继承人以外的人担任遗产管理人。

3. 继承人未推选遗产管理人的，由全体继承人共同担任遗产管理人。这时，遗产

管理人可能为数人，若在执行职责时意见不统一，应以多数原则决议遗产管理事项。

4. 没有继承人或者继承人均放弃继承的，由被继承人生前住所地的民政部门或者村委会担任遗产管理人。

（二）遗产管理人的职责

根据《民法典》第1147条的规定，遗产管理人应当履行下列职责：①清理遗产并制作遗产清单；②向继承人报告遗产情况；③采取必要措施防止遗产毁损、灭失；④处理被继承人的债权债务；⑤按照遗嘱或者依照法律规定分割遗产；⑥实施与管理遗产有关的其他必要行为。

注意

《民法典》出台之前，在没有遗嘱执行人的情况下，一般由法定继承人共同执行遗嘱，处理遗产；在因遗产分配而发生分歧时，通常是向法院寻求司法救助，由法院来认定遗嘱的有效性及遗嘱的分配。在遗嘱生效后，遗嘱执行人将成为遗产管理人，按照遗嘱内容对遗产进行管理。

但遗嘱执行人和遗产管理人还是有区别的。遗嘱执行人只能适用于遗嘱继承，且需被继承人在遗嘱中进行指定；遗产管理人既可以适用于遗嘱继承，也可以适用于法定继承，较之遗嘱执行人，遗产管理人的适用形式、范围更广。

二、指定遗嘱管理人的程序规定（重点掌握）

（一）申请与指定

1. 对遗产管理人的确定有争议，利害关系人申请指定遗产管理人的，向被继承人死亡时住所地或者主要遗产所在地基层法院提出。

申请书应当写明被继承人死亡的时间、申请事由和具体请求，并附有被继承人死亡的相关证据。

2. 法院受理申请后，应当审查核实，并按照有利于遗产管理的原则，判决指定遗产管理人。

（二）遗产管理人变更

被指定的遗产管理人死亡、终止、丧失民事行为能力或者存在其他无法继续履行遗产管理职责情形的，法院可以根据利害关系人或者本人的申请另行指定遗产管理人。

（三）权利救济

遗产管理人违反遗产管理职责，严重侵害继承人、受遗赠人或者债权人合法权益的，法院可以根据利害关系人的申请，撤销其遗产管理人资格，并依法指定新的遗产管理人。

考点提示
遗产管理人可协商确定，法院指定、撤销、变更。

利害关系人 —申请→ 被继承人死亡时住所地或主要遗产所在地基层法院管辖 → 判决指定遗产管理人

核心考点 110　认定财产无主案 ★

认定财产无主案，是指对所有权人不明的财产，财产所在地基层法院根据申请人的申请作出判决，将其收归国有或者集体所有的案件。

法院受理案件后，要公告1年，公告期满无人认领财产的，判决认定财产无主；公告期内有人认领财产的，终结特别程序，告知申请人另行起诉。

申请人 —申请→ 财产所在地基层法院管辖 —受理→ 公告（1年） —无人认领→ 判决认定财产无主
　　　　　　　　　　　　　　　　　　　　　　　　　　　　　　　—有人认领→ 裁定终结程序告知另行起诉
申请人 ⇩ 无主财产

1. 法律效果

一旦认定财产无主，由法院判决收归国家、集体所有。

2. 错误救济

认定财产无主后，原财产所有人或者继承人出现，可以向作出判决的法院提出异议。异议成立后，法院应作出新判决，撤销原判决。

核心考点 111　确认调解协议案 ★★★★★

确认调解协议案，是指双方当事人在有关调解组织主持下达成调解协议后，向法院申请确认该协议有效性的案件。

此处的调解协议指的是在人民调解委员会主持下达成的人民调解协议。

一、人民调解协议的效力

人民调解协议具有<u>一般合同约束力</u>（和普通合同类似），没有强制执行力。

二、人民调解与诉讼

（一）可调可诉

发生纠纷，可以直接由人民调解委员会调解，也可以不经人民调解委员会调解直接起诉。调解不是诉讼的前置程序，诉讼也不是调解的前置程序。

（二）调后可调

人民调解没有次数的限制，人民调解失败之后，只要双方当事人都愿意，就可以再请求其他人民调解委员会进行调解。

（三）调后可诉

1. 若在人民调解委员会的调解下没有达成调解协议，则当事人仍然有权就原纠纷向人民法院起诉。
2. 在人民调解委员会的调解下达成调解协议之后，一方当事人还可以向人民法院起诉，此时，只能就调解协议起诉对方当事人，要求其履行调解协议或承担违约责任，而不能就原纠纷向人民法院起诉。

> **口诀**
> 可调可诉
> 调后可调
> 调后可诉

三、申请人民法院确认调解协议

经依法设立的调解组织调解达成调解协议，申请司法确认的，由双方当事人自调解协议生效之日起 30 日内，共同向下列人民法院提出：①人民法院邀请调解组织开展先行调解的，向作出邀请的人民法院提出。②调解组织自行开展调解的，向当事人住所地、标的物所在地、调解组织所在地的基层人民法院提出；调解协议所涉纠纷应当由中级人民法院管辖的，向相应的中级人民法院提出。

1. 符合法律规定的，人民法院<u>裁定</u>有效，当事人可向人民法院申请执行。
2. 不符合法律规定的，人民法院裁定驳回，当事人可通过调解方式变更原调解协议或者达成新的调解协议，也可向人民法院提起诉讼。

不符合法律规定的调解协议，是指违法的（违背法律禁止性规定，违反公序良俗原则，侵害国家利益、社会公共利益和他人合法权益）、非自愿的、不明确的调解协议。

3. 对身份关系确认或解除，<u>物权确权</u>、知识产权确权纠纷的人民调解协议不予确认。

[例] **Q：** 当事人申请司法确认能否约定选择管辖法院？

A：协议管辖是一种诉讼管辖规则，不适用于特别程序案件。因此，司法确认案件不能协议约定管辖，当事人应当严格按照《民事诉讼程序繁简分流改革试点实施办法》第4条的规定，向有管辖权的人民法院提出申请。[1]

模拟训练

张某与李某产生邻里纠纷，张某将李某打伤。为解决赔偿问题，双方同意由张某所在地的人民调解委员会进行调解。最后确定由调解员黄某调解。

Q：(1) 若双方未达成人民调解协议，则当事人能否再申请由李某所在地的人民调解委员会进行调解？
(2) 若双方未达成人民调解协议，则当事人能否向人民法院起诉？
(3) 若双方达成了人民调解协议，但张某反悔，不履行协议，则李某是否可向人民法院提起人身损害赔偿诉讼？
(4) 若双方达成了人民调解协议，则张某能否请求人民调解委员会所在地的人民法院确认人民调解协议？

A：(1) 若双方未达成人民调解协议，则当事人可以再申请由其他人民调解委员会进行人民调解。
(2) 若双方未达成人民调解协议，则当事人可以再就侵权纠纷向人民法院起诉。
(3) 若双方达成了人民调解协议，但张某反悔，不履行协议，则李某可以再起诉，但是只能起诉要求张某履行调解协议或承担违约责任，而不能就侵权纠纷提起人身损害赔偿诉讼。
(4) 若双方达成了人民调解协议，则可以向人民调解委员会所在地的人民法院申请确认人民调解协议，但是张某单方提出申请的，人民法院不予受理。

核心考点 112　实现担保物权案 ★★★★

实现担保物权案，是指担保物权人或有权请求实现担保物权的人，依据《民法典》等法律，向有管辖权的法院提出申请，要求拍卖、变卖担保财产以实现其担保物权的案件。

一、申请主体

担保物权人以及其他有权请求实现担保物权的人有权提出申请。

---

[1]《民事诉讼程序繁简分流改革试点问答口径（二）》第8点。

担保物权人包括抵押权人、质权人、留置权人。

其他有权请求实现担保物权的人包括抵押人、出质人、财产被留置的债务人或者所有权人等。

二、管辖法院

应向担保财产所在地或者担保物权登记地基层法院提出申请。

若要求实现权利质权，有权利凭证的，向权利凭证持有人住所地基层法院申请；无权利凭证的，向出质登记地基层法院申请。

三、程序规定

人保和物保并存，约定了实现担保物权的顺序，申请先实现担保物权违反约定顺序的，不予受理。

[例] Q：在价值80万元的不动产上，先为债权A（30万元）设立担保物权，后为债权B（40万元）设立担保物权。在A的担保物权未实现的情况下，是否可以申请实现B的担保物权？

A：可以。但要预留30万元以保证债权A优先实现，可以执行剩余部分财产价值以实现债权B的担保物权。

四、审查

1. 原则上独任审查，但担保财产标的额超过基层法院管辖范围的，应当组成合议庭审查。
2. 实现担保物权的条件满足且当事人对实现担保物权没有实质争议的，法院裁定拍卖、变卖担保财产，当事人可依据该裁定申请执行。
3. 当事人对实现担保物权有实质争议的，法院裁定驳回，当事人可起诉。
4. 当事人对实现担保物权有部分实质争议的，法院仅准许拍卖、变卖没有争议的部分，当事人可以就剩余部分向法院起诉。

总结梳理 特别程序的程序特点

审理方式	独任审理（但选民资格案、重大疑难案、标的额超出基层管辖的实现担保物权案要合议，合议庭不得吸收陪审员）。
	不开庭审理（但选民资格案要开庭）。

续表

管辖法院	原则上由基层法院管辖（确认调解协议案中，调解协议所涉纠纷应当由中级法院管辖的，应由中级法院确认）。
基本原则	不适用辩论原则。
调解适用	不能调解。
一审终审	不能上诉、不能再审。
审限较短	一般立案后或公告期满后30日。
救济方法	当事人、利害关系人认为判决、裁定有错误的，可以向作出该判决、裁定的法院提出异议。
	确认调解协议、实现担保物权案中： （1）当事人异议应自收到裁定之日起15日内提出； （2）利害关系人异议应自知道或者应当知道其民事权益受到侵害之日起6个月内（不变期间）提出。
	对其他适用特别程序审理案件作出的判决、裁定提出异议没有时间限制。

专题 41 督促程序

知识铺垫

督促程序，是指债务人住所地基层法院根据债权人的申请，对债权人的申请进行形式审查后，向债务人发出支付令，督促债务人在法定期间内向债权人清偿债务的法律程序。

债务人在法定的异议期提出有效异议的，支付令失效，督促程序终结；债务人在法定的异议期内未提出有效异议的，支付令产生强制执行力，债权人可以依据支付令强制执行债务人财产。

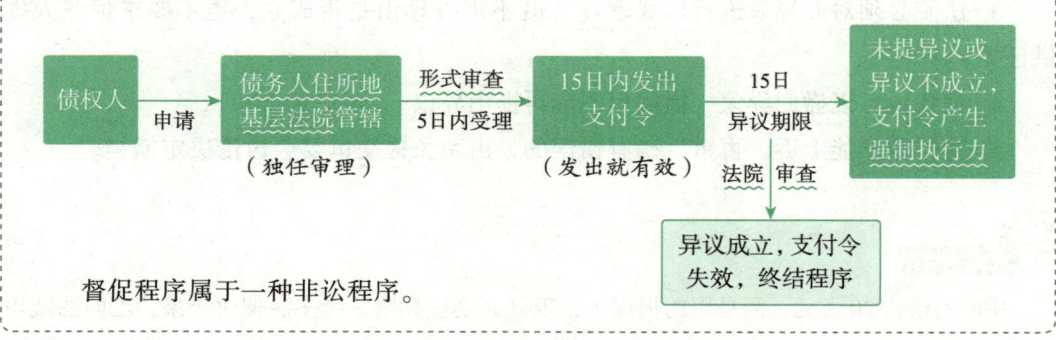

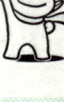

债权人 →申请→ 债务人住所地基层法院管辖（独任审理） →形式审查 5日内受理→ 15日内发出支付令（发出就有效） →15日异议期限→ 法院审查 → 未提异议或异议不成立，支付令产生强制执行力

异议成立，支付令失效，终结程序

督促程序属于一种非讼程序。

核心考点 113 申请支付令的条件 ★★★★

1. 只能适用于请求给付标的物为金钱或有价证券的案件。
2. 督促的债权必须合法、到期、确定、单向（债权人不承担对待给付义务）。
3. 支付令能够送达债务人。债务人下落不明或不在我国境内的，不适用督促程序。
   （1）支付令不能公告送达！
   （2）发出支付令之日起30日内无法送达债务人的，督促程序即告终结。

[例] Q：若申请对债务人发支付令，该支付令对担保人有效吗？

A：无效。发给谁，对谁才有效。

4. 申请支付令的债权人必须尚未提起诉讼或申请诉前保全。
   一旦债权人就此债权提起诉讼，督促程序就终结。债权人起诉担保人的，督促程序终结，申请对债务人发出的支付令也失效。

核心考点 114 债务人异议条件 ★★★★

1. 债务人应在15日法定异议期限内提出书面异议。未提异议或异议不成立的，支付令产生强制执行力。
2. 应针对债务本身向发出支付令的法院提出异议，或者向发出支付令的法院起诉。
   （1）异议应针对债权债务本身提出；
   （2）债务人向其他法院提出异议或起诉的，不影响支付令的效力；
   （3）存在多项支付请求，债务人就某项请求提出异议的，不影响其他请求的效力。
3. 法院必须对此异议进行形式审查（既不审查理由是否成立，也不要求债务人提供证据）。
4. 债务人可以撤回异议，撤回后不能再提出异议。
5. 支付令不能上诉、再审。确有错误的，由院长提交审委会讨论决定撤销。

真题小试

甲向乙借款20万元，丙是甲的担保人，现已到偿还期限，经多次催讨未果，乙向法院申请支付令。法院受理并审查后，向甲送达支付令。甲在法定期间未提出异议，但以借款不成立为由向另一法院提起诉讼。关于本案，下列哪一说法是正确的？（2015/3/47-单）[1]

A. 甲向另一法院提起诉讼，视为对支付令提出异议
B. 甲向另一法院提起诉讼，法院应裁定终结督促程序
C. 甲在法定期间未提出书面异议，不影响支付令效力
D. 法院发出的支付令，对丙具有拘束力

核心考点 115 督促程序与诉讼程序的转化 ★★★★

一、把诉讼程序转为督促程序

诉讼程序受理后，当事人无争议且符合督促程序规定条件的，可以把诉讼程序转入督促程序。

口诀
无争议，诉讼转督促
有争议，督促转诉讼

二、把督促程序转为诉讼程序

1. 支付令异议成立，支付令失效，督促程序终结，法院应将督促程序转为诉讼程序。债权人提出支付令申请的时间即起诉时间。
2. 申请支付令一方的当事人 7 日内向受理申请的法院表示不同意起诉的除外。
3. 申请支付令的一方当事人不同意向支付令作出法院起诉的，不影响其向其他有管辖权的法院起诉。

考点提示

督促程序启动后：
1. 债权人起诉，督促程序一定终结。
2. 债务人起诉，督促程序不一定终结（要考虑起诉的法院、起诉的时间等问题）。

---

[1] C。本题核心的问题是债务人甲在法定期间内没有提出异议，但是向发出支付令的法院以外的其他法院提起了诉讼，这种行为的效力是什么？这种行为不构成有效的支付令异议，因此，无法终结督促程序。异议期内，没有向发出支付令的法院提出异议或者起诉，而向其他法院起诉的，不影响支付令的效力。因此，AB 项错误，C 项正确。至于 D 项这个考点我们也讲过，想让支付令对谁生效，就必须向谁送达支付令。本案中，法院只向甲送达了支付令，没有向丙送达支付令，所以，支付令对丙是不产生效力的。因此，D 项错误。

专题 42 公示催告程序

知识铺垫

公示催告程序，是指在票据持有人的票据被盗、遗失或者灭失的情况下，法院根据当事人的申请，以公告的方式催告利害关系人在一定期间内申报权利，如果逾期无人申报，则法院应当根据申请人的申请，依法作出除权判决的程序。

公示催告程序属于一种非讼程序。

核心考点 116 申请公示催告的条件 ★★★

1. 事由：票据被盗、遗失、灭失。
2. 主体：票据最后持有人可以申请公示催告。
3. 对象：可以背书转让的票据及其他事项（记名股票、指示提单），可以申请法院公示催告。
4. 程序：分为公示催告阶段和除权判决阶段。

（1）公示催告阶段

申请人向票据支付地基层法院提交书面申请书，以启动公示催告阶段。

法院认为符合受理条件的，应在 7 日内受理，并通知支付人停止支付。支付人应停止支付，票据权利不得转让，直到公示催告程序终结。然后，法院应在 3 日内发出公告，催促利害关系人申报权利。公告期间不得少于 60 日。

公示催告阶段，可以独任审理。

（2）除权判决阶段

若申报权利的公告期间届满，无人申报权利或申报被驳回，公示催告阶段结束。申请人应当自公示催告期间届满之日起 1 个月内申请法院启动除权判决阶段（必须依申请启动）。

除权判决作出后，票据被判决失效，法院应将除权判决公告。

除权判决阶段，必须组成合议庭。

5. 除权判决

票据失效后，申请人可持除权判决行使票据权利。除权判决没有强制执行力，若支付人拒绝支付，则申请人可以向法院起诉，要求支付人兑现除权判决上的财产权利。

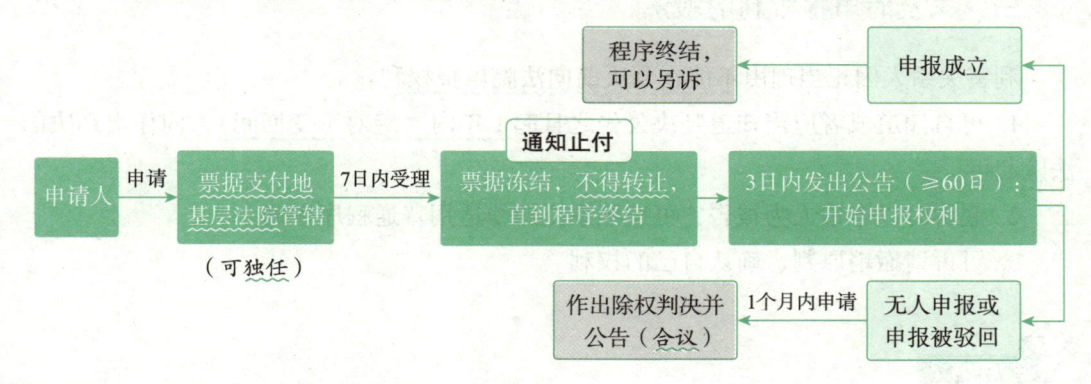

```
                                                      程序终结，        申报成立
                                                      可以另诉
                                        通知止付
  申请人  →申请→  票据支付地    →7日内受理→  票据冻结，不得转让，  →  3日内发出公告（≥60日）；
            基层法院管辖              直到程序终结         开始申报权利
           （可独任）
                                     作出除权判决并  ←1个月内申请  无人申报或
                                     公告（合议）              申报被驳回
```

核心考点 117　申报权利 ★★★★

一、申报方式

申报人应向发出公示催告的法院，持票申报并提交申报书。法院要通知申请人查验（法院对票据形式审查）。

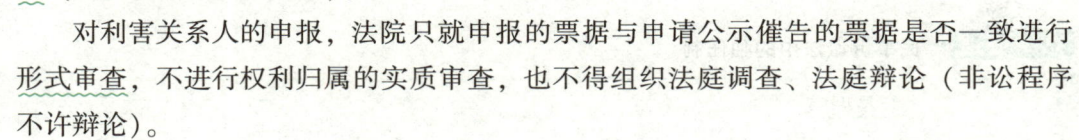

对利害关系人的申报，法院只就申报的票据与申请公示催告的票据是否一致进行形式审查，不进行权利归属的实质审查，也不得组织法庭调查、法庭辩论（非讼程序不许辩论）。

二、申报期间

申报人可以在公告开始日至除权判决前的期间内申报权利。

模拟训练

甲公司因遗失汇票，向A市B区法院申请公示催告。在除权判决审理时，乙公司向B区法院申报权利。

Q：(1) 乙公司的申报是否已经过了法定期间？
　　(2) 乙公司需要如何申报？
　　(3) 法院对乙公司的申报如何审查？

A：(1) 乙公司的申报还在法定期间内。只要在作出除权判决之前申报就可以。
　　(2) 乙公司需要持票申报。
　　(3) 对乙公司的申报，法院只就申报的汇票与甲公司申请公示催告的汇票是否一致进行形式审查，不进行权利归属的实质审查。

三、未及时申报权利的救济

利害关系人因正当理由不能在判决前向法院申报权利：

1. 可自知道或者应当知道判决公告之日起1年内（绝对不变期间），向作出判决的法院起诉。
2. 起诉时以申请人为被告，可按照票据纠纷适用普通程序审理。
3. 可诉请撤销原判、确认自己的权利。

真题小试

甲公司因票据遗失向法院申请公示催告。在公示催告期间届满的第3天，乙向法院申报权利。下列哪一说法是正确的？（2012/3/46-单）[1]

A. 因公示催告期间已经届满，法院应当驳回乙的权利申报
B. 法院应当开庭，就失票的权属进行调查，组织当事人进行辩论
C. 法院应当对乙的申报进行形式审查，并通知甲公司到场查验票据
D. 法院应当审查乙迟延申报权利是否具有正当事由，并分别情况作出处理

总结梳理 民事诉讼法中的独任制

独任制适用	简易程序		
	特别程序	选民资格案、重大疑难案、标的额超出基层管辖的实现担保物权案合议	不能吸收陪审员
	非讼程序	公示催告程序中的除权判决阶段应合议	

致努力中的你

人生万事须自为，跬步江山即寥廓。

---

[1] C。从公告期开始到除权判决之前，都属于申报期，利害关系人都可以申报权利。在公示催告期间届满的第3天，乙申报权利，不算过期，因此不构成迟延申报权利（过了申报期才属于迟延申报），所以AD项错误。对申报权利的审查属于形式审查，只需要通知甲公司到场查验票据，若乙持有的票据与申请公示催告的票据一致，则申报成立，所以C项正确。公示催告程序属于非讼程序，并不和诉讼程序一样进行证据调查，也不允许进行辩论，不允许调解，不开庭审理，所以B项错误。

第十五讲
在线诉讼

15

- 在线诉讼
  - 在线诉讼
    - 核心考点118：在线诉讼的适用 ★★★★
    - 核心考点119：在线诉讼的程序规则 ★★★★

专题 43

专题 43 在线诉讼

> **知识铺垫**
>
> 在线诉讼，是指人民法院、当事人及其他诉讼参与人等可以依托电子诉讼平台（以下简称"诉讼平台"），通过互联网或者专用网络在线完成立案、调解、证据交换、询问、庭审、送达等全部或者部分诉讼环节。在线诉讼活动与线下诉讼活动具有同等法律效力。民事诉讼程序、特别程序和非讼程序，均可以适用在线诉讼。

核心考点 118　在线诉讼的适用 ★★★★

一、同意才能适用

人民法院开展在线诉讼，应当征得当事人同意，并告知适用在线诉讼的具体环节、主要形式、权利义务、法律后果和操作方法等。

人民法院应当根据当事人对在线诉讼的相应意思表示，作出以下处理：

1. 当事人主动选择适用在线诉讼的，人民法院可以不再另行征得其同意，相应诉讼环节可以直接在线进行。

2. 各方当事人均同意适用在线诉讼的，相应诉讼环节可以在线进行。

3. 部分当事人同意适用在线诉讼，部分当事人不同意的，相应诉讼环节可以采取同意方当事人线上、不同意方当事人线下的方式进行。

4. 当事人仅主动选择或者同意对部分诉讼环节适用在线诉讼的，人民法院不得推定其对其他诉讼环节均同意适用在线诉讼。

要注意一个非常重要的问题：如果是在普通地方法院，适用在线诉讼必须以当事人同意为前提。但是，如果案件本身就在互联网法院审理，则必须直接适用在线诉讼，是不需要当事人同意的。

二、不得适用在线诉讼的情形

人民法院开庭审理的案件，应当根据当事人意愿、案件情况、社会影响、技术条件等因素，决定是否采取视频方式在线庭审，但具有下列情形之一的，不得适用在线庭审：

1. 各方当事人均明确表示不同意，或者一方当事人表示不同意且有正当理由的。

2. 各方当事人均不具备参与在线庭审的技术条件和能力的。

3. 需要通过庭审现场查明身份、核对原件、查验实物的。

4. 案件疑难复杂、证据繁多，适用在线庭审不利于查明事实和适用法律的。

5. 案件涉及国家安全、国家秘密的。

6. 案件具有重大社会影响，受到广泛关注的。

7. 人民法院认为存在其他不宜适用在线庭审情形的。

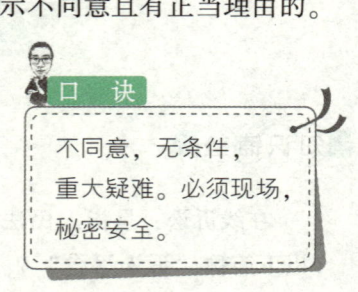

> **口诀**
> 不同意，无条件，
> 重大疑难。必须现场，
> 秘密安全。

三、具有反悔权

在诉讼过程中，如存在当事人欠缺在线诉讼能力、不具备在线诉讼条件或者相应诉讼环节不宜在线办理等情形之一的，人民法院应当将相应诉讼环节转为线下进行。

当事人已同意对相应诉讼环节适用在线诉讼，但诉讼过程中又反悔的，应当在开展相应诉讼活动前的合理期限内提出。经审查，人民法院认为不存在故意拖延诉讼等不当情形的，相应诉讼环节可以转为线下进行。

在调解、证据交换、询问、听证、庭审等诉讼环节中，一方当事人要求其他当事人及诉讼参与人在线下参与诉讼的，应当提出具体理由。经审查，人民法院认为案件存在案情疑难复杂、需证人现场作证、有必要线下举证质证、陈述辩论等情形之一的，相应诉讼环节可以转为线下进行。

核心考点 119　在线诉讼的程序规则 ★★★★

一、允许异步审理

经各方当事人同意，人民法院可以指定当事人在一定期限内，分别登录诉讼平台，以非同步的方式开展调解、证据交换、调查询问、庭审等诉讼活动。

适用小额诉讼程序或者民事、行政简易程序审理的案件，同时符合下列情形的，人民法院和当事人可以在指定期限内，按照庭审程序环节分别录制参与庭审视频并上传至诉讼平台，非同步完成庭审活动：

1. 各方当事人同时在线参与庭审确有困难。
2. 一方当事人提出书面申请，各方当事人均表示同意。
3. 案件经过在线证据交换或者调查询问，各方当事人对案件主要事实和证据不存在争议。

> **口诀**
> 有困难、无争议，简易程序+全同意。

二、区块链存证

当事人作为证据提交的电子数据系通过区块链技术存储，并经技术核验一致的，人民法院可以认定该电子数据上链后未经篡改，但有相反证据足以推翻的除外。人民法院根据案件情况，可以要求提交区块链技术存储电子数据的一方当事人，提供证据证明上链存储前数据的真实性。

三、公开审判的例外

对涉及国家安全、国家秘密、个人隐私的案件，庭审过程不得在互联网上公开。

对涉及未成年人、商业秘密、离婚等民事案件，当事人申请不公开审理的，在线庭审过程可以不在互联网上公开。

四、可以电子送达

经受送达人同意，人民法院可以通过送达平台，向受送达人的电子邮箱、即时通讯账号、诉讼平台专用账号等电子地址，按照法律和司法解释的相关规定送达诉讼文书和证据材料。

致努力中的你

如果你瞄准月亮，
即使失手，仍有可能击中一颗星星。

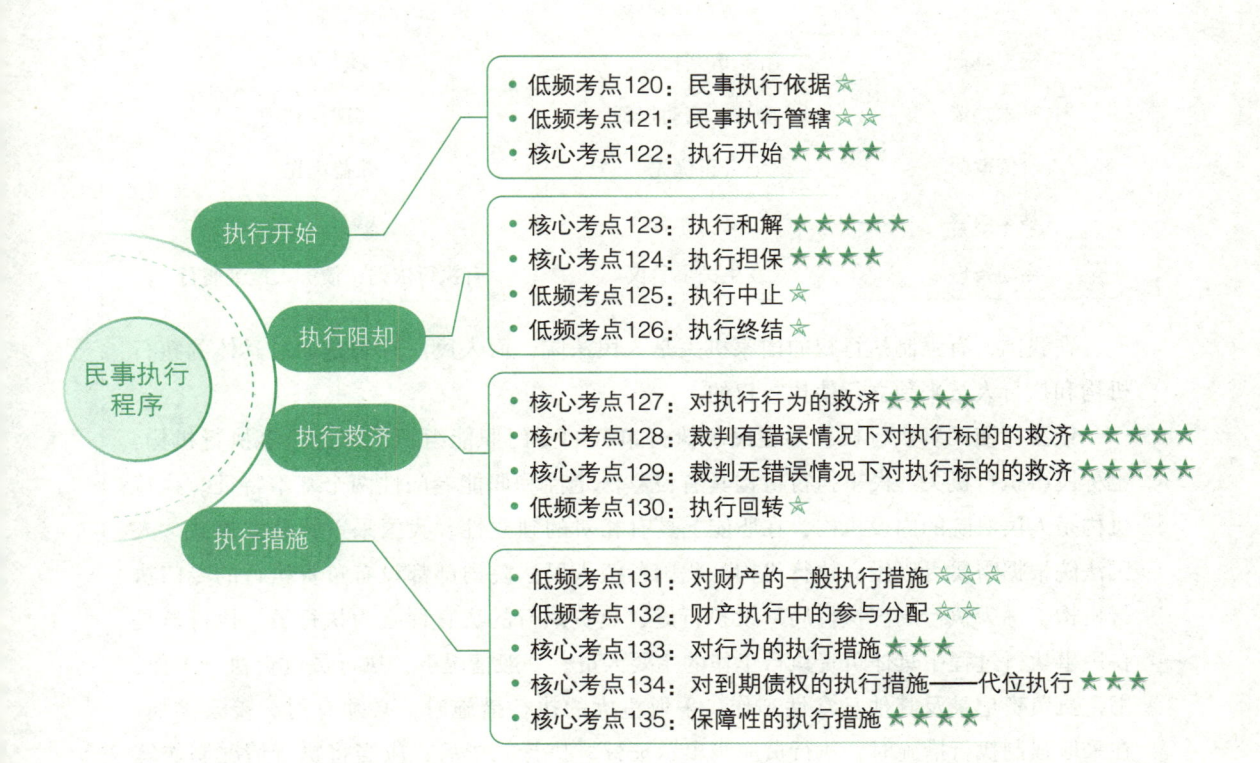

第十六讲 民事执行程序

- 执行开始
  - 低频考点120：民事执行依据 ☆
  - 低频考点121：民事执行管辖 ☆☆
  - 核心考点122：执行开始 ★★★★

- 执行阻却
  - 核心考点123：执行和解 ★★★★★
  - 核心考点124：执行担保 ★★★★
  - 低频考点125：执行中止 ☆
  - 低频考点126：执行终结 ☆

- 执行救济
  - 核心考点127：对执行行为的救济 ★★★★
  - 核心考点128：裁判有错误情况下对执行标的的救济 ★★★★★
  - 核心考点129：裁判无错误情况下对执行标的的救济 ★★★★★
  - 低频考点130：执行回转 ☆

- 执行措施
  - 低频考点131：对财产的一般执行措施 ★★★
  - 低频考点132：财产执行中的参与分配 ☆☆
  - 核心考点133：对行为的执行措施 ★★★
  - 核心考点134：对到期债权的执行措施——代位执行 ★★★
  - 核心考点135：保障性的执行措施 ★★★★

> **知识铺垫**

民事执行程序，又称强制执行程序，是民事执行机构根据法律的规定，采取强制性的执行措施，迫使拒绝履行义务的债务人履行义务、实现债权人权利的阶段与过程的总称。执行程序启动的前提是债务人不履行义务，如果债务人自觉履行，就没有必要强制执行。

需要注意的是，如果从整体上观察民事审判程序和民事执行程序，则可以大致认为民事审判程序是确认民事权利义务的过程，而民事执行程序是实现民事权利义务的过程。但是，民事审判程序并非民事执行程序的前提，民事执行程序的执行根据还可能来源于刑事、行政审判程序或者仲裁、公证程序。民事执行程序也并非民事审判程序的必然延续，因为如果当事人自愿履行，那么民事执行程序将无用武之地。

民事审判程序与民事执行程序的不同点在于：

	民事审判程序	民事执行程序
权力基础	审判权	执行权
基本功能	确认、变动权利	实现权利
价值取向	公正优先	效益优先
基本内容	复　合	单　一
启动条件	发生民事争议	有执行依据，债务人拒绝履行

在我国，有强制执行权的国家机关是人民法院，而人民法院则是通过具体的执行机构和执行人员来独立行使执行权的。

依法行使民事执行权、办理民事执行事务的专门职能组织，称为民事执行机构，也称民事执行机关。民事执行机构具有设立法定性和职能专门性两个基本特征。执行机构是人民法院的内设机构，在职能上具有相对的独立性。我国采审执分立模式。人民法院根据需要可以设立执行机构。我国各级人民法院内部都设有负责执行的专门执行机构，称为执行局。执行局下设执行庭，负责执行的法官称之为执行员。执行员是在民事执行过程中具体负责执行工作的主要人员。一般情况下，执行员负责执行工作，书记员负责记录及其他日常性工作。采取重大的执行措施时，必须有司法警察参加。在采取强制执行措施时，执行员应当出示证件。执行完毕后，应当将执行情况制作笔录，并由在场的有关人员签名或者盖章。

专题 44 执行开始

低频考点 120 民事执行依据 ☆

民事执行依据,就是人民法院执行局据以执行的法律文书,也称执行名义或者执行根据,是指由有权机构依法制作的、表示存在一定的实体民事权利,申请执行人可据以请求执行的生效法律文书。其内容是确定具体的实体权利义务。

民事执行依据,包括人民法院制作的文书和其他机关或机构制作的文书两种。

一、人民法院制作的发生法律效力的法律文书

1. 民事判决书、裁定书、调解书、支付令和民事制裁决定书。
2. 行政裁判以及行政赔偿调解书。
3. 刑事裁判中的财产部分以及刑事附带民事判决书、裁定书和调解书。
4. 人民法院承认的外国裁判及仲裁裁决的裁定书。

二、其他机关(机构)制作的发生法律效力的法律文书

1. 行政处罚决定书和行政处理决定书。(行政机关制作的依法应当由人民法院执行的法律文书)
2. 我国仲裁机构作出的仲裁裁决书、调解书。
3. 公证机关制作的依法赋予强制执行效力的关于追偿欠款、物品的债权文书。
4. 法律规定由人民法院执行的其他法律文书。

> **考点提示**
> 执行程序执行的不一定是诉讼得到的法律文书,未经诉讼程序得到的法律文书也可以执行。因此,诉讼未必是执行的前提,执行也不一定是诉讼的继续。

低频考点 121 民事执行管辖 ☆☆

执行管辖,是指在法院系统内部,划分各级法院和同级法院之间强制执行案件的

权限和分工的法律制度。管辖问题是民事诉讼中的首要问题，在执行程序中亦应当首先明确相应的管辖法院。

正确确定执行案件的管辖，既有利于权利人及时行使申请执行权，从而保证生效法律文书的付诸执行，又有利于各法院之间执行工作的均衡和协调以及上级法院对下级法院执行工作的监督和指导。

一、法定管辖

1. 法院作出的文书，由一审法院或与一审法院同级的被执行财产所在地法院负责执行。

2. 其他机构作出的文书，由被执行人住所地法院或被执行的财产所在地法院负责执行。

3. 支付令、确认调解协议案和实现担保物权案的裁定，由作出支付令、裁定的法院或与其同级的被执行财产所在地法院负责执行。

二、执行管辖权异议

1. 时间：收到执行通知书之日起10日内。
2. 处理
（1）异议成立，则裁定撤销执行案件，并告知当事人向有管辖权的法院申请执行；
（2）异议不成立，则裁定驳回。
3. 救济：对驳回异议的裁定不服的，可以向上一级法院申请复议。

> **背诵要点**
>
> ○ 诉讼中的管辖权异议可以向上级法院上诉。
> ○ 执行中的管辖权异议可以向上一级法院复议。

核心考点 122 执行开始 ★★★★

执行程序的开始，包括两种方式：申请执行和移送执行。

申请执行，是指享有权利的一方当事人根据生效的法律文书，在对方拒不履行义务的情况下，可以向有管辖权的人民法院提出申请，以启动执行程序。

移送执行，是指人民法院的裁判发生法律效力后，由审理该案的审判人员依职权将案件直接交付执行人员执行，从而开始执行程序的行为。

一、申请执行

（一）前提

债权人必须取得生效的执行依据，且债务人拒绝履行执行依据确定的义务。

（二）期间

债权人申请执行的期间为2年。

1. 申请执行时效可以中止、中断。（适用法律有关诉讼时效中止、中断的规定）
2. 债权人超过2年申请执行，人民法院应受理，债务人提出异议，人民法院经审查异议成立的，裁定不予执行。
3. 债务人履行全部或部分债务后，不得反悔。
4. 未发现财产，可以终结本次执行。发现财产后，再次申请执行，不受2年执行时效的限制。

二、移送执行

由人民法院的审判庭主动移送（移交）到人民法院的执行局，不需要当事人申请。

可以移送执行的法律文书仅有以下四种：

1. 具有给付赡养费、扶养费、抚养费内容的法律文书。
2. 民事制裁决定书。
3. 刑事附带民事判决、裁定、调解书。
4. 环境民事公益诉讼和检察机关提起的公益诉讼的判决、裁定书。

> **口诀**
> 追三费，共（公）致（制）富（附）。

执行员接到申请执行书或者移交执行书，应当向被执行人发出执行通知，并可以立即采取强制执行措施。

三、执行主体的追加和变更[1]

作为被执行人的法人分支机构，不能清偿生效法律文书确定的债务，申请执行人申请变更、追加该法人为被执行人的，人民法院应予支持。

作为被执行人的合伙企业，不能清偿生效法律文书确定的债务，申请执行人申请变更、追加普通合伙人为被执行人的，人民法院应予支持。

作为被执行人的法人或非法人组织分立，申请执行人申请变更、追加分立后新设的法人或非法人组织为被执行人，对生效法律文书确定的债务承担连带责任的，人民

---

[1] 2020年12月《最高人民法院关于民事执行中变更、追加当事人若干问题的规定》。

法院应予支持。

作为被执行人的一人有限责任公司，财产不足以清偿生效法律文书确定的债务，股东不能证明公司财产独立于自己的财产，申请执行人申请变更、追加该股东为被执行人，对公司债务承担连带责任的，人民法院应予支持。

专题 45 执行阻却

核心考点 123 执行和解 ★★★★★

执行和解，是指当事人可以自愿协商达成和解协议，依法变更生效法律文书确定的权利义务主体、履行标的、期限、地点和方式等内容。

一、形式

1. 执行中不允许调解，双方当事人可以自愿达成书面和解协议，并将双方认可的执行和解协议提交给法院。
2. 若达成口头和解协议，则由执行人员将和解协议内容记入笔录。
3. 既然不允许调解，就不允许申请法院依据和解协议制作调解书。

二、效力

（一）合同效力

1. 执行和解协议只具备"合同效力"，没有强制执行力。
2. 当事人达成以物抵债执行和解协议的，法院不得依据该协议作出以物抵债裁定。

（二）中断时效

执行和解协议达成后，中断执行时效，执行时效自执行和解协议约定履行期间的最后一日起重新计算。

（三）中止或终结程序

1. 债权人可请求法院中止执行程序，并可申请解除执行措施。中止执行后，债务人要求履行的，可以向有关机构申请提存。
2. 申请执行人也可以撤回执行申请，终结执行程序。

三、程序

（一）拒绝履行

暂缓执行期间届满，债务人拒绝履行：

1. 债权人可以申请恢复对原生效法律文书的执行，已履行完毕的部分应扣除。

2. 债权人也可以依据执行和解协议向执行法院提起诉讼，要求债务人履行执行和解协议或者承担违约责任。

考点提示

1. 申请恢复执行或者依据执行和解协议起诉，只能二选一，申请恢复执行后又依据和解协议起诉的，法院不受理。

2. 在法院已经采取了执行措施，当事人又达成了执行和解协议后，债务人不履行和解协议，债权人依据和解协议起诉对方的，执行措施自动转为诉讼中的保全措施。

（二）履行完毕

1. 执行和解协议已经履行完毕的，法院应作执行结案处理，不得恢复原执行依据的执行。

2. 债权人因债务人迟延履行、瑕疵履行遭受损害的，可以向执行法院另行起诉。

（三）执行和解协议无效或可撤销

1. 当事人认为执行和解协议无效或者应予撤销的，可以向执行法院起诉确认该协议的效力。

2. 执行和解协议被确认无效或撤销后，债权人可以申请恢复执行原生效法律文书。

模拟训练

在执行程序中，甲和乙自愿达成执行和解协议：将判决中确定的乙向甲偿还1万元人民币改为给付价值相当的化肥、农药。

Q：（1）若乙不履行执行和解协议，甲能否申请执行该协议？

（2）执行和解协议履行完毕后，甲以化肥质量不好为由向法院提出恢复执行程序，法院是否应支持？

（3）执行和解协议履行完毕后，甲发现乙没有民事行为能力，该如何救济自己的权益？

A：（1）若乙不履行执行和解协议，甲不能申请执行该协议，但可以申请执行给付1万元的判决，也可以根据该协议起诉乙，要求乙履行该协议。

(2) 执行和解协议履行完毕后，甲以化肥质量不好为由向法院提出恢复执行程序，法院不应支持。执行和解协议履行完毕，执行已经结束。但若化肥质量确实存在问题，甲可以依据执行和解协议起诉乙承担违约责任。

(3) 执行和解协议履行完毕后，甲可以以执行和解协议无效为由向法院起诉，要求确认执行和解协议无效。执行和解协议被确认无效后，甲可以申请法院恢复执行程序，执行原判决。

> **背诵要点**
>
> 诉讼中的和解协议没有合同效力，当事人不履行和解协议的，只能就原纠纷起诉；
> 执行中的和解协议具备合同效力，当事人不履行和解协议的，可以就和解协议起诉。
> 调解协议也具备合同效力，当事人不履行调解协议的，可以就调解协议起诉。

核心考点 124 执行担保 ★★★★

执行担保，是指担保人为担保被执行人履行生效法律文书确定的全部或者部分义务，向人民法院提供的担保。担保人应向人民法院提交担保书，担保书中应当载明担保人的基本信息、<u>暂缓执行期限</u>、<u>担保期间</u>、被担保的债权种类及数额、担保范围、担保方式、被执行人于暂缓执行期限届满后仍不履行时担保人自愿接受直接强制执行的承诺等内容。

一、条件

1. 由被执行人提供财产担保，也可以由他人提供财产担保或者保证。担保手续按照民法的相关规定办理。
2. 申请执行人可以出具书面同意担保成立、暂缓执行的意见，也可以由执行人员将其同意的内容记入笔录，并由申请执行人签名或者盖章。
3. 由人民法院作出暂缓执行的裁定。

二、具体期间要求

1. 暂缓执行的期限应当与当事人在担保书中的约定一致，但最长不得超过1年。
2. 担保期间自暂缓执行期限届满之日起计算。
3. 担保书中没有记载担保期间或者记载不明的，担保期间为1年。

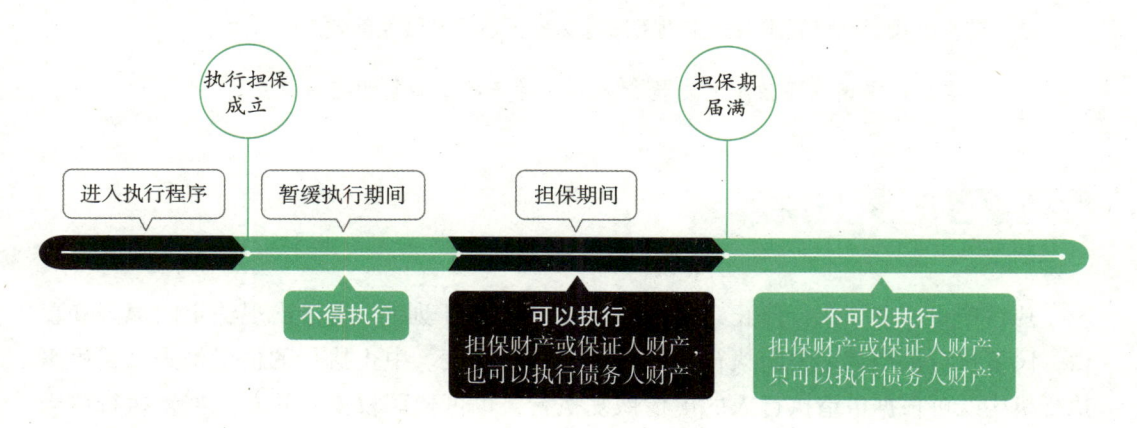

```
执行担保                    担保期
  成立                       届满

进入执行程序   暂缓执行期间   担保期间

           不得执行     可以执行           不可以执行
                   担保财产或保证人财产,    担保财产或保证人财产,
                   也可以执行债务人财产     只可以执行债务人财产
```

三、法律效果

（一）人民法院作出暂缓执行裁定

在暂缓执行期内，原则上应暂缓全部执行措施的实施。但存在例外：

1. 担保书内容与事实不符，且对申请执行人合法权益产生实质影响的，人民法院可以依申请执行人的申请恢复执行。

2. 暂缓执行期间担保人有转移、隐藏、变卖、毁损担保财产等行为的，人民法院可以依申请执行人的申请恢复执行，并直接裁定执行担保财产或者保证人的财产，不得将担保人变更、追加为被执行人。

（二）暂缓执行期限届满后，进入担保期

被执行人仍不履行义务，人民法院可以依申请执行人的申请恢复执行，并直接执行担保财产或者裁定执行保证人的财产，不得将担保人变更、追加为被执行人。

（三）担保期间届满后，担保解除

申请执行人申请执行担保财产或者保证人财产的，人民法院不予支持。他人提供财产担保的，人民法院可以依其申请解除对担保财产的查封、扣押、冻结。

> **考点提示**
> 执行和解和执行担保导致的暂缓执行，只能依申请恢复执行，这是出于保障当事人处分权的考虑。

> **模拟训练**
> 在民事执行中，被执行人朱某申请暂缓执行，提出由吴某以自有房屋为其提供担保，并请求暂缓执行6个月。申请执行人刘某同意。人民法院作出暂缓执行裁定。

> **Q**：若暂缓执行期限届满后朱某仍不履行义务，刘某可以如何救济？
>
> **A**：刘某可以申请人民法院裁定执行朱某的财产或者吴某的担保房产。

低频考点 125　执行中止 ☆

执行中止，也称执行停止，是指民事执行程序启动后，由于出现法定的原因和事由，民事执行机构裁定中断执行程序的一种执行制度。中止执行的情形消失后，民事执行机构既可根据申请执行人的申请恢复执行，也可依职权恢复执行。恢复执行应当书面通知当事人。

一、执行标的物的归属不确定

1. 案外人对执行标的提出确有理由的异议。
2. 执行的标的物为其他案件争议标的物，该案件正在审理。

二、执行依据的效力不确定

1. 裁判已经被裁定再审。
2. 一方申请执行仲裁裁决，另一方申请不予执行或撤销仲裁裁决。

三、出现阻碍执行的客观情况

1. 作为一方当事人的公民死亡，需要等待继承人继承权利或者承担义务。
2. 作为一方当事人的法人或者其他组织终止，尚未确定权利义务承受人。

四、其他

1. 申请执行人表示可以延期执行。
2. 人民法院已经受理以被申请执行人为债务人的破产申请。

债务人被申请破产，对其执行就要中止。若将来债务人宣告破产，则执行终结，按照企业法人破产还债程序清偿各种债权；若债务人未破产，则可以恢复执行。

低频考点 126　执行终结 ☆

在民事执行程序中，因具备法定的事由，民事执行机构认为已经没有必要或者没有可能继续执行，从而裁定结束并不再恢复民事执行程序的一种执行制度，称为执行终结。一旦执行终结，执行程序再不能恢复。

有下列情形之一的，人民法院裁定终结执行：

1. 申请人撤销申请的（可以在执行期间内再次申请）。
2. 据以执行的法律文书被撤销的（失去了执行依据）。
3. 作为被执行人的公民死亡，无遗产可供执行，又无义务承担人的。
4. 追索赡养费、扶养费、抚养费案件的权利人死亡的。
5. 作为被执行人的公民因生活困难无力偿还借款，无收入来源，又丧失劳动能力的。
6. 人民法院认为应当终结执行的其他情形。

> **口诀**
> 两撤两死无能力
> 执行不得不终结

专题 46 执行救济

知识铺垫

民事执行救济，是指在民事执行程序中，执行当事人或案外人因自己的合法权益受到或者可能受到侵害，依法向有关机关提出采取保护和补救措施的请求，受请求的机关依法矫正或者改正已经发生或者业已造成损害的不当执行行为的法律制度。其是维护执行当事人或案外人的合法权益、维护执行权威的重要保障，有缓解对抗情绪的作用。

核心考点 127 对执行行为的救济 ★★★★

对执行行为的异议，是指当事人、利害关系人认为法院的执行行为违法，对法院的执行行为提出质疑，从而要求法院变更或停止执行行为的请求。

[例] 某地法院委托某资产评估公司对债务人被执行的别墅进行评估，后以690万元价格将该别墅拍卖。债务人认为，该别墅虽然发生过碎尸案件，但市场价值依然超过800万元，法院评估定价的执行行为违法，遂向执行法院提出异议。

针对执行行为提出异议，需要满足以下法定条件：

一、主体

当事人、利害关系人可以提出执行行为异议。执行当事人包括申请执行人和被执行人，由于二者的合法权益均有遭受违法执行行为侵害之可能，因此，双方都具有被赋予提出异议权利之必要性。

二、事由

当事人、利害关系人认为执行行为<u>违法</u>。执行行为既包括执行机关的执行措施方法，也包括执行程序等事由；既包括作为的形式，也包括不作为的形式。

三、管辖

当事人、利害关系人可以向<u>负责执行的法院</u>提出<u>书面异议</u>。

四、处理

异议成立，执行法院应裁定撤销或改正执行行为；异议不成立，执行法院裁定驳回。

五、救济

异议人对驳回异议的裁定不服，可以自裁定送达之日起 10 日内向上一级法院申请复议。

总结梳理 决定和裁定的救济

决定	回避决定	向本级法院申请复议
	（1）罚款决定 （2）拘留决定	向上一级法院申请复议
裁定	（1）保全裁定 （2）先予执行裁定	向本级法院申请复议
	（1）执行行为异议裁定 （2）执行管辖异议裁定	向上一级法院申请复议
	（1）诉讼管辖异议裁定 （2）不予受理裁定 （3）驳回起诉裁定	向上一级法院上诉
	（1）不予受理裁定 （2）驳回起诉裁定	可以申请再审

> **背诵要点**
>
> 对执行行为救济,是因为执行行为违法,并不必然侵害到案外人的利益。此时的救济模式是:先异议,后向上一级申请复议。同样采用这种模式的还有执行中的管辖权错误的救济:先提管辖权异议,后向上一级申请复议。

核心考点 128 裁判有错误情况下对执行标的的救济 ★★★★★

[例] 甲诉乙,要求乙向甲给付一辆本田汽车。法院判决:乙应向甲给付该本田汽车。

判决生效后,甲申请强制执行该本田汽车。在执行程序进行中,丙向法院主张,其对该本田汽车享有权利。

审理阶段	判决后、执行前	执行阶段
案外人可以参加诉讼成为当事人	见核心考点101	裁判有错误,执行也有错误

案外人:本案中,甲、乙参加了诉讼程序,称之为当事人。丙没有参加诉讼程序,称之为案外人。

裁判有错误:对标的物的执行是直接根据作为执行依据的裁判文书作出的,也就是说,执行依据和被执行的标的物有关,执行依据中涉及了不该被执行的标的物。本案中,若丙对执行标的"本田汽车"享有权利,那么该本田汽车就不应该被当作乙的财产作为执行标的,即执行标的的选择错误;判决也不应该将本田汽车判给甲,即判决本身也有错误。因此,既需要中止错误执行,也需要撤销错误判决。

一、案外人的救济制度

如果法院的执行行为侵害了案外人的利益,案外人可以主张自己的权利受到侵害,寻求救济。具体的救济制度要分情况讨论:

(一)所有案外人都可以采取的救济手段

[例] 甲和乙诉讼的结果是,法院将乙和丙共有的本田汽车判归债权人甲所有。甲据此向法院申请执行。在执行过程中,丙向执行法院主张,该本田汽车

为自己和乙共有，自己对车享有部分共有权。若该本田汽车被法院拍卖、变卖，丙作为该本田汽车的共有人，利益就会受损，其就成了案外人，可以向法院寻求救济。

此时，丙认为法院将自己和乙共有的本田汽车判归甲所有的判决结果是错误的，可以以案外人身份向法院申请再审获得救济。但因执行程序已经启动，法院正在采取执行措施，为了确保该本田汽车不被法院拍卖、变卖，此时，丙可以向执行法院提出执行异议（也叫案外人异议），以此中止法院的执行措施。

执行异议的具体程序要求是，案外人认为执行标的错误，在执行中可以提交书面异议，主张自己对执行标的享有足以排斥执行的权利，法院对此异议在 15 日内进行实质审查。异议被驳回后，案外人才可以自裁定送达之日起 6 个月内向原审法院申请再审。

需要说明的是，因此时中止执行具有更加急迫的需求，所以要求案外人必须首先向正在执行的法院提出案外人异议（执行异议），获得处理的结果后，才可以向原审法院申请再审，即"先异议，后再审"。必须严格按照这个顺序操作，不提出案外人异议的，不得直接申请再审。另外，案外人包括案外第三人和其他案外人，所有类型的案外人都可以采取"先异议，后再审"的救济路径。但第三人撤销之诉只能由案外第三人提出，若案外人不属于案外第三人，而属于其他案外人，则只能"先异议，后再审"，不能采用第三人撤销之诉来救济。

（二）案外第三人可以采取的救济手段

若该案外人属于案外第三人，在上述"先异议，后再审"的救济路径之外，还可以提出第三人撤销之诉。如上例中，若丙向执行法院主张，该本田汽车为自己所有，自己对车享有所有权，那么丙作为该本田汽车的真正所有人，本来应作为有独三参加诉讼却没有参加，即成为案外人，称之为"案外第三人"。也就是说，案外第三人可以有两种救济方法：

1. 案外第三人认为执行标的错误，在执行中提出书面异议的，法院在收到书面异议之日起 15 日内进行实质审查。异议被驳回后，案外人可以自裁定送达之日起 6 个月内向原审法院申请再审。要注意，在执行程序开始前，案外第三人是不能申请再审的；但在执行程序开始后，允许案外第三人申请再审。这是因为，案外第三人虽然也可以提出第三人撤销之诉来撤销生效的判决，但第三人撤销之诉并不必然能够中止执行，救济效力比较弱。因此，为了强化案外第三人的救济手段，在执行程序中，允许案外第三人先提出异议，后申请再审。

2. 案外第三人也可以针对错误的裁判提出第三人撤销之诉。在第三人撤销之诉中，案外人可以提供担保，要求中止执行。法院未裁定中止执行的，案外第三人可以再提

出案外人异议。

> **注意**
> 以上两种救济方式只能任选其中一种。

二、特殊情况的处理

若对同一生效裁判，当事人申请再审，案外第三人提起第三人撤销之诉，则只按照再审程序审理该裁判，但在再审程序中追加案外第三人参加诉讼。

> **模拟训练**
> 案外第三人丙认为甲和乙诉讼得到的生效判决错误，侵害了自己的利益，遂向作出该生效判决的基层法院提出第三人撤销之诉。同时，甲向中级法院申请再审。
>
> Q：程序如何进行？
>
> A：本案中，当事人提出再审，案外第三人提出第三人撤销之诉，再审和撤销的是同一份错误判决。所以，只按照再审程序审理，但在再审程序中应追加丙参加诉讼。本案是基层法院一审终审，接受再审申请的上级法院只能提审，而不允许指令和指定再审，因为指令和指定再审将由基层法院审理。提审应按二审程序审理再审案件。中级法院在再审审理程序中应当追加案外第三人丙，追加后可以调解，调解不成，将案件发回重审。

核心考点 129　裁判无错误情况下对执行标的的救济 ★★★★★

[例] 甲诉乙，要求乙向甲给付40万元。法院判决：乙应向甲给付40万元。

判决生效后，甲申请强制执行40万元。执行过程中，法院发现乙没有现金，就查封了乙的一台奔驰轿车。丙向法院主张，其对该奔驰轿车享有权利。

审理阶段	判决后、执行前	执行阶段
案外人可以参加诉讼成为当事人	见核心考点101	裁判无错误，执行有错误

裁判无错误：对标的物的执行并不是直接根据作为执行依据的裁判文书作出的，也就是说，执行依据和被执行的标的物无关，执行依据中未涉

及不该被执行的标的物，一般就是法院判决债务人给付金钱，而为了实现金钱债权，才执行了不该执行的、案外人享有权利的标的物。本案中，案外人对执行标的"奔驰轿车"享有权利，该奔驰轿车就不应该作为执行标的，执行标的选择错误会侵害案外人利益。但生效判决中未涉及奔驰轿车，选错执行标的与给付40万元的原裁判没有关系，判决本身并没有错，并不需要撤销，只需要单纯中止错误的执行即可。

一、救济程序

案外人认为执行标的错误，在执行中提出案外人书面异议的，法院在收到书面异议之日起15日内进行实质审查。

（一）案外人异议之诉

案外人异议被裁定驳回后，执行没有中止，案外人可以在驳回异议裁定送达之日起15日内向执行法院起诉，此时提出的就是案外人异议之诉。

案外人异议之诉应以案外人为原告、债权人为被告，诉讼请求为请求法院中止执行或者确认案外人的权利。若债务人也反对案外人（不承认案外人对执行标的物享有权利），则将债务人和债权人列为共同被告。

（二）债权人异议之诉

案外人异议被裁定成立后，执行得以中止，债权人可以在异议成立的裁定送达之日起15日内向执行法院起诉，此时提出的就是债权人异议之诉。若债权人不在法定期间（15日内）提出债权人异议之诉，则法院解除执行措施。

债权人异议之诉应以债权人为原告、案外人为被告，诉讼请求为请求法院继续执行或者确认债权人的权利。若债务人也反对债权人（不承认债权人对执行标的物享有权利），则将债务人和案外人列为共同被告。

[例] 孙某与某实业公司等案外人执行异议纠纷案

2009年12月，某实业公司向银行抵押借款并办理登记。2010年，法院判决该实业公司还款，确认银行就保全的抵押财产享有优先受偿权。2011年，该案进入执行程序，孙某以案外人身份提出执行异议，被驳回后向法院提起了案外人执行异议之诉，并提交了2009年10月其与该实业公司签订的以房抵债协议，以及2010年法院确认该协议合法有效的生效判决。

案外人执行异议之诉针对的是执行行为本身，如案外人权利主张所指向的民事权利义务关系或其诉讼请求所指向的标的物与原判决、裁定确定的民事权利义务关系或该权利义务关系客体具有同一性，执行标的就是作

为执行依据的生效裁判确定的权利义务关系的特定客体，则属于"认为原判决、裁定错误"的情形，应依审判监督程序办理。

[最高人民法院（2013）民提字第207号]

模拟训练

甲公司因租赁合同纠纷申请强制执行乙公司的财产，法院将乙公司的一处房产列为执行标的。执行中，丙银行向法院主张，乙公司已将该房产抵押贷款，并以自己享有抵押权为由提出异议。乙公司否认将房产抵押给了丙银行。经审查，法院驳回了丙银行的异议。丙银行拟向法院起诉。

Q：丙银行起诉，应以谁为被告？

A：甲公司作为债权人要执行乙公司的房产，反对丙银行；乙公司不承认抵押权，也反对丙银行。所以，丙银行应以甲公司和乙公司为共同被告。

二、案外人异议之诉的程序规定

01 程序适用　法院审理案外人异议之诉应适用普通程序，不得适用简易程序

02 举证责任　案外人主张对执行标的享有权利，应对此事实承担举证责任

03 诉讼请求　案外人可以请求中止执行，也可以请求法院在判决中确认其权利

04 法律效果　案外人异议之诉审理期间，法院不得对执行标的进行处分，但债权人可以提供担保，请求继续执行

05 损害赔偿　债权人因恶意串通的案外人异议或案外人异议之诉利益受损的，可以提起诉讼要求赔偿

总结梳理

民事诉讼中只能适用普通程序的案件：
1. 案外人异议之诉。
2. 第三人撤销之诉。
3. 撤销除权判决的诉讼。

4. 中院以上审理的案件。
5. 发回重审和再审的案件。
6. 代表人诉讼。
7. 公益诉讼。

执行行为异议与执行标的异议

	执行行为异议	执行标的异议
可以提出的主体	当事人、利害关系人（也属于案外人）	案外人
异议的对象	执行行为违法	执行标的物错误
被驳回的救济	向上一级法院申请复议	提起案外人异议之诉或者申请再审

解题技巧

案外人的救济是一个难点。首先要明白，案外人之所以要救济自己的利益，是因为案外人的利益受到了执行行为的侵害，这是在执行程序中讲案外人救济的出发点。那案外人的财产受到执行行为的侵害，该如何救济呢？要分三步来应对：

第一步 判断是不是在执行中
如果还没开始执行，就不需要中止执行。

第二步 如果已经开始执行了，判断作为执行依据的原裁判有没有错误
判断的标准就是：如果原裁判已经把案外人的财产判给了债权人，那就是错误的；如果原裁判没有把案外人的财产判给债权人，那原裁判就没有错误（此时原裁判本身没有直接侵害案外人的利益）。

第三步 判断案外人是不是第三人（即案外人是没有参加诉讼的人，但他参加诉讼也可能不是第三人）
怎么判断呢？就按照前面的考点19、20的知识点来判断他是不是有独三或者无独三。考试中，基本上都是有独三，也就是说，如果这个案外人既反对原告又反对被告，那他就是案外第三人。原裁判有错误的，案外第三人不就得把原裁判撤销掉吗？那他就可以提出三撤，也可以"先异议、后再审"。但如果他并不是既反对原告又反对被告，那他就只是普通案外人，并不是案外第三人，他就不能提三撤了，只能"先异议、后再审"。

低频考点 130 执行回转 ☆

执行回转，是指执行完毕后，据以执行的判决、裁定和其他法律文书确有错误，被法院撤销的，对已被执行的财产，法院应当作出裁定，责令取得财产的人返还；拒不返还的，强制执行。执行回转是独立的民事执行程序。

执行回转需要满足如下法定要件：

1. 据以执行的原执行依据是错误的。
2. 原民事执行程序已经结束，取得财产的原债权人拒绝返还财产。
3. 法院作出责令返还财产的裁定（作为新的执行依据）。
4. 法院强制执行返还财产裁定的方式有两种，即申请执行和移送执行：
(1) 若错误的原执行依据是由法院作出的，则由法院移送执行返还裁定；
(2) 若错误的原执行依据是由其他机构作出的，则由当事人申请执行返还裁定。

[例] 甲诉乙胜诉后，依据胜诉判决（代号007）执行了乙500元。后来，乙申请再审，认定007号判决是错误的，该判决被法院撤销。此时，甲执行乙500元的执行行为也是错误的。乙要求甲返还500元，甲拒绝。法院遂作出返还500元的裁定。

因为原来错误的007号判决是法院作出的，所以，现在法院应依职权执行返还500元的裁定，主动把已经错误执行的500元从甲处再执行回来还给乙。这就是执行回转。

专题 47 执行措施

知识铺垫

执行措施，是指人民法院依照法定程序，强制执行生效法律文书的方法和手段。

低频考点 131 对财产的一般执行措施 ★★☆

一、具体措施

1. 冻结、划拨。（冻结存款最长不得超过1年，而冻结其他财产权最长不得超过3年）
2. 扣留、提取。
3. 查封、扣押。（查封、扣押动产最长不得超过2年，而查封不动产最长不得超过3年）
4. 拍卖、变卖。（不适于拍卖或者当事人双方同意不进行拍卖的，人民法院可以委

托有关单位变卖或者自行变卖)

二、对共有财产的查封、扣押、冻结[1]

(一)通知义务

对被执行人与其他人共有的财产,人民法院可以查封、扣押、冻结,并及时通知共有人。

(二)分割财产

共有人协议分割共有财产,并经债权人认可的,人民法院可以认定协议有效。

协议分割后,应只查封、扣押、冻结被执行人享有份额内的财产;对其他共有人享有份额内的财产,应解除查封、扣押、冻结措施。

(三)析产诉讼[1]

若分割财产过程中出现纠纷,共有人可以提起析产诉讼,以共有人作为原告、债务人作为被告,债权人可以作为无独立请求权第三人。若共有人不主张分割财产,则债权人可以代位提起析产诉讼,以债权人作为原告,直接起诉债务人分割共有财产,此时共有人可以作为无独立请求权第三人。

析产诉讼期间中止对该财产的执行。

> **背诵要点**
>
> 析产诉讼是案外共有人告债务人,要求析产。
> 代位析产诉讼是债权人代案外共有人的位,即债权人告债务人,要求分割案外共有人和债务人的共有财产。

模拟训练

甲诉乙借款纠纷胜诉后,人民法院扣押了乙的 1 吨普洱茶。后来,人民法院发现该普洱茶属于乙和丙共有。

---

[1] 注意:查封、扣押、冻结是有范围限制的。《最高人民法院关于人民法院民事执行中查封、扣押、冻结财产的规定》第 3 条规定,人民法院对被执行人的下列财产不得查封、扣押、冻结:①被执行人及其所扶养家属生活所必需的衣服、家具、炊具、餐具及其他家庭生活必需的物品。②被执行人及其所扶养家属所必需的生活费用。当地有最低生活保障标准的,必需的生活费用依照该标准确定。③被执行人及其所扶养家属完成义务教育所必需的物品。④未公开的发明或者未发表的著作。⑤被执行人及其所扶养家属用于身体缺陷所必需的辅助工具、医疗物品。⑥被执行人所得的勋章及其他荣誉表彰的物品。⑦根据《缔结条约程序法》,以中华人民共和国、中华人民共和国政府或者中华人民共和国政府部门名义同外国、国际组织缔结的条约、协定和其他具有条约、协定性质的文件中规定免于查封、扣押、冻结的财产。⑧法律或者司法解释规定的其他不得查封、扣押、冻结的财产。

[1] 析产诉讼,是指当事人对共同财产的分割不能达成一致而提起的诉讼。通俗地讲,就是当事人请求人民法院划分各自所占财产份额比例的诉讼。

Q：（1）此时，人民法院应如何操作？
（2）若丙接到通知后，要求将普洱茶按比例分割，人民法院是否应当允许？
（3）因分割比例，丙和乙产生纠纷，该如何操作？
（4）若丙接到通知后，不要求分割财产，而甲想继续执行，该如何操作？
（5）若执行中，人民法院未通知丙，该如何操作？

A：（1）人民法院应及时通知共有人丙。
（2）若丙接到通知后，要求将普洱茶按比例分割，人民法院应准许。份额分割完毕后，解除对丙所有部分的普洱茶的扣押措施。
（3）因分割比例，丙和乙产生纠纷的，丙可以以乙为被告提起析产诉讼。
（4）若丙接到通知后，不要求分割财产，则甲可以代丙之位对乙提起析产诉讼。在此代位析产诉讼中，原告是甲，被告是乙，丙可以被列为无独立请求权第三人。
（5）丙属于案外必要共同诉讼人，若人民法院未通知丙，丙认为执行标的错误，侵害了自己的共有权，而原裁判没有错误，其可以提出案外人异议。异议成立的，执行中止，丙可以要求分割共有财产；异议被驳回的，丙可以提起案外人异议之诉。

三、对执行标的物毁损、灭失的处理[1]

生效法律文书确定被执行人交付特定标的物的，应当执行原物。原物被隐匿或非法转移的，人民法院有权责令其交出。原物确已毁损或灭失的，经双方当事人同意，可以折价赔偿。

双方当事人对折价赔偿不能协商一致的，人民法院应当终结执行程序。申请执行人可以另行起诉。

四、转移财产无效

在执行中，被执行人通过仲裁程序将查封、扣押、冻结的财产确权或分割给案外人的，不影响执行程序的进行。

五、生活必需品的执行

对于超过被执行人及其所扶养家属生活所必需的房屋和生活用品，人民法院根据申请执行人的申请，在保障被执行人及其所扶养家属最低生活标准所必需的居住房屋和普通生活必需品后，可予以执行。

---

[1] 2020年12月《最高人民法院关于人民法院执行工作若干问题的规定（试行）》第41条。

低频考点 132　财产执行中的参与分配 ☆☆

参与分配制度，是指在实现金钱债权的执行中，当被执行人为自然人或者其他组织时，被执行人全部或者主要财产已经被民事执行机构查封、扣押或者冻结，在该财产或者该财产变价所得金额交付申请执行人之前，该被执行人的其他申请执行人请求就该财产或者该财产变价所得金额受偿以实现自己的金钱请求权，民事执行机构将执行所得金额在全体申请执行人之间进行公平分配的一种法律制度。

参与分配制度解决的是在执行过程中，债务人的财产不足以清偿多个债权人的债权的问题。按照参与分配制度，申请执行人以外的其他债权人凭借有效的执行依据加入已经开始的执行程序中，目的是使各个债权人能够公平受偿。

一、适用条件

1. 债权性质为金钱债权。
2. 债务人是自然人或者其他组织。
3. 有多个债权人，且债务人的财产不足以清偿所有债权。
4. 所有债权人都已取得执行依据或者对执行标的享有担保物权或优先权。
5. 债权人申请参与分配的时间是执行程序开始后、被执行人的财产被执行完毕前。
6. 由法院制作分配方案。

二、对参与分配方案的救济

1. 参与分配方案异议：若债权人或者债务人对法院制作的分配方案有异议，应当自收到分配方案之日起 15 日内向执行法院提出书面异议。
2. 参与分配方案异议之诉：若其他债权人或者债务人反对书面异议，执行法院应当通知异议人。异议人可以自收到通知之日起 15 日内起诉反对他的人，要求执行法院通过诉讼方式确认分配方案。（若其他债权人或债务人不反对异议，则按照异议人提出的方案执行）

[例] 债务人为 A，债权人为甲、乙、丙三人。在甲申请执行后，乙和丙要求参加执行程序公平受偿。此时，由法院出面，制作分配方案，让三位债权人都能参与到分配过程中来。

甲对参与分配方案不满意（认为自己分少了或者别人分多了），就参与分配方案向法院提出异议，要求按照自己的意见修正。这就是参与分配方

案异议。

　　法院按照甲的异议修正后，债权人乙、丙以及债务人 A（注意，债务人也可以）都有权反对甲修改方案的异议主张，由此发生的纠纷，只能通过诉讼解决。由主张修正方案的甲，起诉反对修正的乙、丙或者债务人 A，请求法院对此进行裁判，以决定究竟按照谁的意愿来分配财产。这就是参与分配方案异议之诉。

核心考点 133　对行为的执行措施 ★★★

对行为的执行分为对可替代行为的执行和对不可替代行为的执行两种。

一、对可替代行为的执行

对可替代行为的执行，可由代履行人代为履行。

[例] 债务人拒不为债权人恢复名誉、消除影响的，法院可以代为履行，具体的履行方式是法院代替债务人公告、登报，公布判决，由债务人承担费用，并可追究债务人妨碍执行的责任（罚款、拘留、追究刑事责任）。

二、对不可替代行为的执行

对不可替代行为的执行，只能由执行法院对被执行人罚款、拘留；情节严重的，追究其刑事责任。

[例] 甲和乙签订"租赁合同"，约定在情人节当天，由甲"租赁"乙作为其男友，并由甲支付报酬。情人节当天，乙临阵退缩。甲将乙诉至法院，要求其履行合同。甲胜诉后，乙拒不履行。乙要履行的行为不可替代，法院可以对乙罚款、拘留；情节严重的，追究其刑事责任。

核心考点 134　对到期债权的执行措施——代位执行 ★★★

　　代位执行，是针对被执行人的债务人采取的执行措施，即在执行过程中，被执行人不能清偿债务，但对本案以外的第三人享有到期债权的，法院可以根据申请，向第三人发出履行到期债务的通知，第三人在履行通知指定的期限内没有提出异议，又不

履行债务的，法院可以对第三人采取强制执行措施。

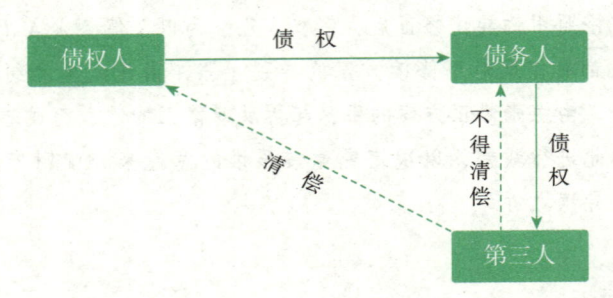

```
债权人 ——债权——> 债务人
  ↖                  ↓
   清偿    不得清偿    债权
      ↖      ↓      ↙
         第三人
```

一、适用条件

1. 债务人不能清偿债务。
2. 债务人对本案以外的第三人享有到期债权。
3. 执行当事人提出申请。
4. 满足以上条件，执行机构向第三人发出履行通知。

口诀：无能力，有到期，提申请，发通知。

二、履行通知效力

1. 第三人应向债权人清偿。

第三人有权在收到履行通知后的15日内提出异议，异议成立的，履行通知失效。第三人不提出异议也不履行的，履行通知就会产生强制执行力。异议应针对第三人与债务人的债权债务本身，主张无履行能力或与债权人无直接法律关系的，不属于有效异议。

2. 第三人不得向债务人清偿。

债务人也不得收取或处分该债权。（冻结债权）

第三人向债务人履行，不能追回的，在已履行的财产范围内与被执行人承担连带清偿责任，并可以追究其妨害执行的责任。

3. 不得复代位执行。意思是说，如果次债务人还有债务人，债权人不能先代债务人的位，再代次债务人的位，直接去申请执行次债务人的债务人的财产，这样就代位了两次，是不被允许的。

[例] 债权人 S 的债务人是 D，债务人 D 的债务人是 F，债务人 F 的债务人是 N。S 可以代 D 之位去执行 F 的财产，但不可以代 D 之位后再代 F 之位去执行 N 的财产。

模拟训练

甲向法院申请执行乙的财产，乙除对案外人丙享有到期债权外，并无其他财产可供执行。

法院根据甲的申请，通知丙向甲履行债务。但丙提出，其与乙之间的债权债务关系存在争议，拒不履行。法院对此如何处理？[1]

A. 强制执行丙的财产
B. 不得对丙强制执行
C. 终结对乙的本次执行
D. 裁定驳回甲对乙的执行申请

核心考点 135 保障性的执行措施 ★★★★

一、搜、查、罚

搜：搜查财产、会计账簿等资料。
查：查询存款、债券、股票、基金份额等财产情况。
罚：责令支付迟延履行利息或迟延履行金等。
迟延履行利息适用于金钱债权的执行，内容是要求不履行债务的债务人加倍给付利息。
迟延履行金适用于非金钱债权的执行，内容是债务人不履行债务给债权人造成损失的，双倍赔偿损失；没有造成损失的，由人民法院裁量赔偿。

二、财产报告

被执行人未按执行通知履行法律文书确定的义务，应当报告当前以及收到执行通知之日前1年的财产情况。被执行人拒绝报告或者虚假报告的，人民法院可以根据情节轻重对被执行人或者其法定代理人、有关单位的主要负责人或者直接责任人员予以罚款、拘留。（《民事诉讼法》第252条）

三、声誉制裁等执行威慑机制

被执行人不履行法律文书确定的义务的，人民法院可以对其采取或者通知有关单位协助采取限制出境，在征信系统记录、通过媒体公布不履行义务信息以及法律规定的其他措施。（《民事诉讼法》第266条）

四、限制消费

1. 执行人未按执行通知书指定的期间履行生效法律文书确定的给付义务的，人民

---

[1] BC。本题考查的是代位执行的次债务人救济问题。次债务人（第三人）在履行通知指定的期间内提出异议的，人民法院不得对第三人强制执行，对提出的异议不进行审查。因丙已经提出异议，所以不应对丙实行强制执行。因此，B项当选，A项不当选。被执行人确无财产可供执行的，人民法院应当终结本次执行。因此，C项当选，D项不当选。

法院可以采取限制消费措施,限制其高消费及非生活或者经营必需的有关消费。

2. 被执行人违反限制消费令进行消费的行为属于拒不履行人民法院已经发生法律效力的判决、裁定的行为,经查证属实的,予以拘留、罚款;情节严重,构成犯罪的,追究其刑事责任。

模拟训练

甲在网上发表文章指责某大学教授乙编造虚假的学术经历,乙为此起诉。经审理,甲被判决赔礼道歉,但甲拒绝履行该义务。对此,人民法院可采取下列哪些措施?[1]

A. 由甲支付迟延履行金
B. 采取公告、登报等方式,将判决的主要内容公布于众,费用由甲负担
C. 决定罚款
D. 决定拘留

总结梳理 执行措施与执行救济

```
         执行依据
           ↑
申请执行人 ──执行开始──→ ○暂缓执行:执行担保、执行和解  ──→ 执行结束或终结 ──→ 执行回转
           ↓              ○执行中止
         执行管辖                执行阻却
```

致努力中的你

行程万里,初心如一。

---

[1] ABCD。对于本案而言,四种执行措施都可以适用。A项属于搜、查、罚里的"罚"。本案属于对行为的执行,谈不上搜查,只能"罚"。对金钱债权的执行可以罚迟延履行利息,对行为的执行可以罚迟延履行金。B项属于替代履行。人民法院代当事人履行,由当事人负担费用。CD项属于辅助性执行措施,可以与前面的措施并用。

第十七讲 仲裁法

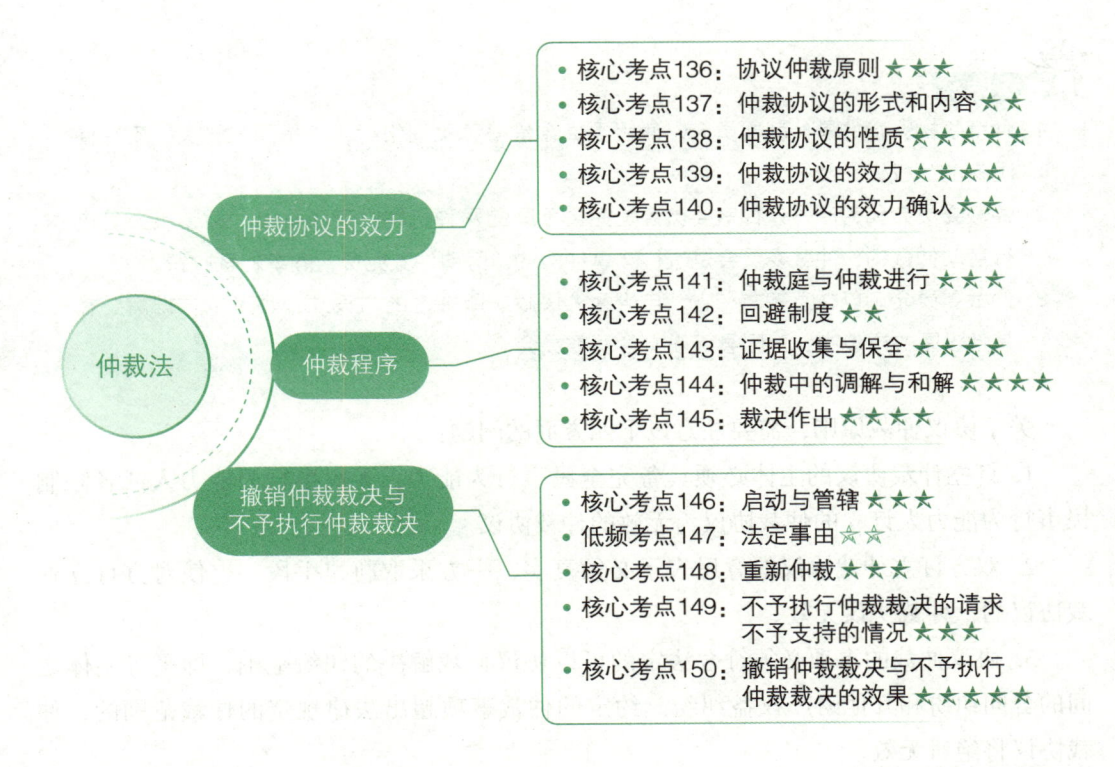

- 仲裁协议的效力
  - 核心考点136：协议仲裁原则 ★★★
  - 核心考点137：仲裁协议的形式和内容 ★★
  - 核心考点138：仲裁协议的性质 ★★★★★
  - 核心考点139：仲裁协议的效力 ★★★★
  - 核心考点140：仲裁协议的效力确认 ★★

- 仲裁程序
  - 核心考点141：仲裁庭与仲裁进行 ★★★
  - 核心考点142：回避制度 ★★
  - 核心考点143：证据收集与保全 ★★★★
  - 核心考点144：仲裁中的调解与和解 ★★★★
  - 核心考点145：裁决作出 ★★★★

- 撤销仲裁裁决与不予执行仲裁裁决
  - 核心考点146：启动与管辖 ★★★
  - 低频考点147：法定事由 ☆☆
  - 核心考点148：重新仲裁 ★★★
  - 核心考点149：不予执行仲裁裁决的请求不予支持的情况 ★★★
  - 核心考点150：撤销仲裁裁决与不予执行仲裁裁决的效果 ★★★★★

> **知识铺垫**
>
> 　　仲裁，是指发生争议的双方当事人，根据其在争议发生前或争议发生后所达成的协议，自愿将该争议提交中立的仲裁委员会进行裁判的争议解决制度和方式。
> 　　需要提醒大家注意的是，法考民诉法中的仲裁，仅仅指民商仲裁，或者叫商事仲裁，不包括劳动仲裁等其他仲裁形式。
> 　　双方当事人申请仲裁的前提是必须达成有效的仲裁协议。

专题 48 仲裁协议的效力

核心考点 136 协议仲裁原则 ★★★

协议仲裁原则，是指双方当事人（申请人和被申请人）必须达成有效仲裁协议才能向仲裁机构申请仲裁。

> **考点提示**
> 1. 仲裁机构，指的是仲裁委员会。仲裁委员会是一种民间组织，不是国家机关，不行使国家的公权力。
> 2. 仲裁委员会和劳动争议仲裁委员会是完全不同的两种机构。劳动争议仲裁委员会是进行劳动仲裁的，仲裁委员会是进行商事仲裁的；劳动仲裁免费，商事仲裁收费。
> 3. 仲裁委员会可以在直辖市和省、自治区人民政府所在地的市设立，也可以根据需要在其他设区的市设立，但区县级没有仲裁委员会。

关于协议仲裁原则，需要注意以下四方面的问题：

1. 订立仲裁协议的主体必须具备完全民事行为能力，无民事行为能力人或者限制民事行为能力人订立的仲裁协议为无效的仲裁协议。

2. 双方订立仲裁协议的意思表示必须真实，一方采取胁迫手段，迫使对方订立仲裁协议的，仲裁协议无效。

3. 协议仲裁的事项必须符合法定的可以协议仲裁解决的纠纷范围，即平等主体之间的合同纠纷和其他财产权益纠纷。约定的仲裁事项超出法律规定的仲裁范围的，仲裁协议将绝对无效。

不可以协议仲裁解决的纠纷，包括人身纠纷、行政纠纷、劳动纠纷、农村土地承包经营纠纷[1]。其中，劳动纠纷采仲裁前置模式：解决劳动纠纷，当事人必须先向劳动争议仲裁委员会申请仲裁，当事人对仲裁裁决不服的，可以自收到仲裁裁决书之日起15日内向法院提起诉讼。

4. 因仲裁协议具有相对性，仲裁中没有第三人。

---

[1] 农村土地承包经营纠纷应由《农村土地承包经营纠纷调解仲裁法》中规定的农村土地承包仲裁委员会按照农村土地承包仲裁程序解决。

模拟训练

王某是某电网公司员工，在从事高空作业时受伤，因赔偿问题与该电网公司发生争议。

Q：（1）王某是否可以和该电网公司和解？
（2）王某是否可以向该电网公司劳动争议调解委员会申请调解？
（3）王某是否可以直接申请劳动仲裁？
（4）王某是否可以直接向法院起诉？

A：（1）可以。双方当事人在任何阶段都可以自行和解。
（2）可以。当事人可以请求社会组织进行调解，这属于社会救济。
（3）可以。注意，本案属于劳动纠纷，应申请劳动仲裁。
（4）不可以。劳动纠纷中仲裁前置，当事人必须先申请劳动仲裁，不可以直接向法院起诉。

核心考点 137 仲裁协议的形式和内容 ★★

一、形式

仲裁协议必须采用书面形式（数据电文达成的仲裁协议也属于具备书面形式），口头形式的仲裁协议无效。

> **考点提示**
> 以下行为必须采用书面形式：上诉、协议管辖、协议仲裁、支付令异议、执行行为异议、执行标的异议、参与分配异议。

二、内容

1. 请求仲裁的意思表示。
2. 仲裁事项。
3. 选定的仲裁委员会。

仲裁委员会没有管辖问题，由当事人自由选择。

不存在只受理涉外案件的仲裁委，贸仲[1]也可以受理国内仲裁。

---

[1] 贸仲全称是中国国际经济贸易仲裁委员会，位于北京。北京有两个仲裁委，除了贸仲外，还有北京仲裁委，简称"北仲"。另外，上海、天津、深圳都有两个以上仲裁委。

核心考点 138　仲裁协议的性质 ★★★★★

有效的仲裁协议，同时具备明确性、独立性和继受性三大特性。

一、仲裁协议的明确性

仲裁协议的明确性包含两层含义：

1. 当事人必须明确选择仲裁委员会作为其解决纠纷的机构，也就是选择仲裁程序作为其解决纠纷的方式。若当事人约定，将来发生纠纷时，可以申请仲裁，也可以向某法院起诉（这属于协议管辖），则相当于没有明确选择仲裁委员会作为纠纷解决的唯一机构，将导致仲裁协议无效，但是协议管辖符合法定条件的可以有效。这就是或裁或审原则的要求。或裁或审原则，是指当事人只能选择仲裁委仲裁或者选择向法院起诉，两种纠纷解决方式只能选择其一。

模拟训练

甲公司与乙公司签订了一份钢材购销合同，书面约定因该合同发生纠纷的，双方既可向A仲裁委员会申请仲裁，也可向合同履行地的B法院起诉。

Q：仲裁协议和协议管辖效力如何？

A：仲裁协议无效，协议管辖有效。

2. 仲裁协议的明确性要求，在当事人选择了仲裁作为唯一的纠纷解决方式的情况下，仲裁协议中对选定的仲裁委员会和具体的仲裁事项[1]也必须作出明确约定。

仲裁协议中对选定的仲裁委员会和具体的仲裁事项没有约定或约定不明确的，仲裁协议无效，但并非当然、绝对无效，当事人就相关事项可以达成补充协议。

[例] **Q**：(1) 若当事人选定的仲裁委员会名称不准确，仲裁协议效力如何？
(2) 若当事人只约定仲裁规则[2]，仲裁协议效力如何？
(3) 若当事人协议选择2个以上仲裁委员会，仲裁协议效力如何？

---

[1] 仲裁事项是当事人提交仲裁委裁决的具体争议事项。
[2] 仲裁规则，是指进行仲裁程序所应遵循和适用的规范。一般而言，每个仲裁委应有自己的仲裁规则。但仲裁规则并非只能适用于该仲裁委，用什么仲裁规则进行仲裁，可以由双方当事人自由约定。

(4) 若当事人只约定仲裁地,仲裁协议效力如何?

A:(1) 约定的仲裁委员会名称不准确,能确定具体仲裁机构的,应当认定为选定了仲裁机构;无法确定的,则认定为仲裁委员会约定不明确,仲裁协议无效。

(2) 仅约定仲裁规则的,视为未约定仲裁机构,但达成补充协议或者根据该规则能确定仲裁机构的除外。

(3) 选择2个以上仲裁委员会的,仲裁委员会约定不明确,当事人可以达成补充协议;无法达成补充协议的,仲裁协议无效。

(4) 约定仲裁地,该地只有1个仲裁机构的,仲裁委员会明确,仲裁协议有效。仲裁地有2个以上仲裁机构的,当事人可以达成补充协议;无法达成补充协议的,仲裁协议无效。

[规律总结] 能确定仲裁委(通过补充协议也可以),则有效;不能确定仲裁委,则无效。

模拟训练

当事人约定,在本合同下或与本合同相关的任何以及所有无法友好解决的争议应通过仲裁解决,仲裁应根据《中国国际经济贸易仲裁委员会仲裁规则》进行,仲裁应在北京进行。

Q:该仲裁协议有效吗?

A:虽然双方约定"仲裁应在北京进行",但北京现有的仲裁机构不只贸仲一家,故尽管双方约定"仲裁应根据《中国国际经济贸易仲裁委员会仲裁规则》进行",也不能推定双方选定的仲裁机构当然为贸仲。因为双方当事人在选定其他仲裁机构(如北京仲裁委)的同时,也可以在仲裁条款中约定适用贸仲仲裁规则(北仲也可以适用贸仲规则)。

所以,本案无法确定仲裁机构,仲裁协议无效。[1]

二、仲裁协议的独立性

主合同未生效、无效、解除、终止、被撤销的,不影响仲裁协议或者仲裁条款的效力。

---

[1] 改编自北京市第二中级人民法院(2006)二中民特字第14739号裁定书,上海斯坦因·霍特迈克工业炉有限公司与江门华尔润玻璃有限责任公司仲裁协议效力纠纷案。

三、仲裁协议的继受性

在发生继承、转让等情况时，原则上，仲裁协议对于继承人、受让人有效。

1. 主体合并、分立、死亡

仲裁协议对其权利义务的继受人或承继其仲裁事项中的权利义务的继承人有效，但当事人订立仲裁协议时另有约定的除外。

2. 合同转让

债权债务全部或者部分转让的，仲裁协议对受让人有效，但当事人另有约定、在受让债权债务时受让人明确反对或者不知有单独仲裁协议的除外。

核心考点 139 仲裁协议的效力 ★★★★

一、仲裁协议有效

1. 若仲裁协议有效，根据或裁或审原则，法院对本案就没有管辖权，当事人向法院起诉的，法院不予受理。

2. 若法院错误受理，而当事人认为法院不应受理的，应在法院首次开庭前提交仲裁协议，否则法院可以继续审理。

二、仲裁协议无效

1. 若仲裁协议无效，根据协议仲裁原则，仲裁委对本案没有管辖权，当事人申请仲裁的，仲裁委不应受理。当事人可以起诉，也可以重新达成仲裁协议申请仲裁。

2. 若仲裁委错误受理，而当事人认为仲裁委不应受理的，应在仲裁庭首次开庭前主张仲裁协议无效，否则仲裁庭可以继续仲裁。

【模拟训练】

甲和乙因遗产继承发生纠纷，双方书面约定由某仲裁委员会仲裁。后甲反悔，向遗产所在地法院起诉。法院受理后、首次开庭前，乙向法院声明双方签订了仲裁协议。

Q：法院该如何处理？

A：法院应裁定仲裁协议无效，对案件继续审理。虽然乙在首次开庭前提出存在仲裁协议，但继承纠纷属于身份纠纷，不允许通过仲裁解决，所以仲裁协议无效，法院应继续审理。

核心考点 140 仲裁协议的效力确认 ★★

一、有权确认的主体

对仲裁协议效力有争议的，当事人可以向约定的仲裁委申请确认，也可以向法院申请确认。

（一）向约定的仲裁委申请确认

确认仲裁协议是否有效，实际上解决的是仲裁委有没有管辖权的问题。[1] 一定要注意，有权确认管辖权问题的主体是仲裁委，而不是仲裁庭。仲裁庭若要决定这个问题，就必须获得仲裁委的授权。

（二）向法院申请确认

应向约定的仲裁机构所在地、仲裁协议签订地、双方当事人（申请人和被申请人）住所地的中级法院或者专门法院（海事法院、知识产权法院）申请。

[例] 要注意被申请人变化。甲、乙间订立了仲裁协议，后甲申请仲裁。此时，甲是申请人，乙是仲裁本身的被申请人；在首次开庭前，乙申请仲裁委确认仲裁协议的效力，此时，乙是申请人，甲是申请确认仲裁协议效力的被申请人。要分清这两种情况下的被申请人。

上面正文所说的被申请人，指的显然是申请确认仲裁协议效力的被申请人。

模拟训练

住所在 A 市 B 区的两江公司与住所在 M 市 N 区的白象公司，于两江公司的分公司所在地 H 市 J 县签订了一份产品购销合同，并在合同中约定：如发生合同纠纷，可向设在 W 市的甲仲裁委员会或者乙仲裁委员会申请仲裁。因履行合同发生争议，两江公司向 W 市的甲仲裁委员会申请仲裁。甲仲裁委员会受理后，白象公司打算申请认定仲裁协议无效。

Q：白象公司应向何主体提出确认申请？

A：白象公司可以向约定的甲仲裁委员会或乙仲裁委员会申请确认，也可以向法院申请。向法院申请的话，应向约定的仲裁机构所在地、仲裁协议签订地、

---

[1] 仲裁协议有效，仲裁委就有管辖权；仲裁协议无效，仲裁委就没有管辖权。

双方当事人（申请人和被申请人）住所地的中院提出申请。本案中，约定的仲裁机构在W市，所以W市中院可以管辖。仲裁协议在H市J县签订（在产品购销合同中签订的仲裁协议），所以H市中院可以管辖。最后，申请人是白象公司，被申请人是两江公司，所以双方当事人的住所地就是M市N区和A市B区，所以M市中院和A市中院也可以管辖。结论是，W市作为约定的仲裁机构所在地、H市作为仲裁协议签订地、M市和A市作为双方当事人住所地，这些地方的中院都有管辖权。

二、申请确认的时间限制

确认仲裁协议的效力，实质是对仲裁协议的效力提出异议（主张仲裁协议无效）。因此，向仲裁委申请确认仲裁协议效力的，要在仲裁庭首次开庭前提出。若未在仲裁庭首次开庭前提出确认申请（没有对仲裁协议效力提出异议），则视为仲裁委已经取得了管辖权，此时再向法院申请确认的，法院不予受理（已经没有确认必要）。

三、申请确认的顺位安排

1. 当事人同时向法院和仲裁委申请确认的，法院的确认权优先，法院要组成合议庭审理。
2. 申请仲裁机构确认后再向法院申请确认的，法院不予受理。

真题小试

关于仲裁协议的效力，下列哪些选项是正确的？（2008延/3/88-多）[1]

A. 当事人对仲裁协议效力有争议的，既可以向法院申请认定，也可以向仲裁委员会申请认定

B. 作为合同内容的仲裁条款，在合同无效时，其效力不受影响

C. 仲裁裁决被法院撤销后，当事人可以依原仲裁协议重新申请仲裁

D. 仲裁裁决被法院裁定不予执行后，当事人可以依原仲裁协议重新申请仲裁

---

[1] AB。《仲裁法》第20条第1款规定，当事人对仲裁协议的效力有异议的，可以请求仲裁委员会作出决定或者请求法院作出裁定。一方请求仲裁委员会作出决定，另一方请求法院作出裁定的，由法院裁定。因此，A项正确。《仲裁法》第16条第1款规定，仲裁协议包括合同中订立的仲裁条款和以其他书面方式在纠纷发生前或者纠纷发生后达成的请求仲裁的协议。《仲裁法》第19条第1款规定，仲裁协议独立存在，合同的变更、解除、终止或者无效，不影响仲裁协议的效力。因此，B项正确。《仲裁法》第9条第2款规定，裁决被法院依法裁定撤销或者不予执行的，当事人就该纠纷可以根据双方重新达成的仲裁协议申请仲裁，也可以向法院起诉。因此，CD项错误，当事人不能依原仲裁协议重新申请仲裁，但可以重新达成仲裁协议申请仲裁。

专题 49 仲裁程序

核心考点 141 仲裁庭与仲裁进行 ★★★

一、仲裁组织

仲裁的审理组织包括两种，仲裁庭仲裁和独任仲裁。

（一）仲裁庭仲裁

当事人约定由 3 名仲裁员组成仲裁庭的，应当各自选定或者各自委托仲裁委员会主任指定 1 名仲裁员；首席仲裁员由当事人共同选定或者共同委托仲裁委员会主任指定。

（二）独任仲裁

当事人约定由 1 名仲裁员成立仲裁庭的，应当由当事人共同选定或者共同委托仲裁委员会主任指定仲裁员。

对仲裁组织的选择，有约定的，从约定；无约定的，由仲裁委员会主任指定。

二、仲裁进行

1. 仲裁程序应当不公开进行，当事人协议公开的，除涉及国家秘密的案件外，可以公开进行。

2. 仲裁程序应当开庭进行，当事人协议不开庭的，可以不开庭进行。

> **考点提示** 当事人的协议与选择
>
> 1. 当事人可以选择，无需法院（仲裁庭/委）同意：协议管辖、合同履行地、督促程序是否转入诉讼程序、仲裁组织、仲裁组织组成人员、仲裁审理是否公开、仲裁审理是否开庭、仲裁委员会。
> 2. 当事人可以选择，需要法院同意：举证期约定、普通程序转简易程序的约定、撤诉、简易程序开庭方式。
> 3. 当事人不可以选择：是否适用小额程序、审判组织及合议庭组成人员、举证责任分配、合意放弃上诉权和起诉权。

核心考点 142 回避制度 ★★

一、仲裁中的回避事由

1. 是本案当事人或者当事人、代理人的近亲属。
2. 与本案有利害关系。
3. 与本案当事人、代理人有其他关系，可能影响公正仲裁的。
4. 私自会见当事人、代理人，或者接受当事人、代理人的请客送礼的。

二、回避的决定

1. 仲裁员的回避，由仲裁委员会主任决定。
2. 仲裁委员会主任的回避，由仲裁委员会集体决定。

三、回避的法律后果

1. 相关主体被回避后，当事人可以请求仲裁程序重新进行，或继续进行。
2. 是否重新进行，仲裁庭有决定权。

核心考点 143 证据收集与保全 ★★★★

一、证据收集

仲裁庭有权自己委托鉴定或收集证据。

二、证据保全和财产保全

1. 仲裁中的保全应由当事人向仲裁机构提出书面申请。
2. 由仲裁机构向法院提交当事人的保全申请，由法院采取保全措施。
（1）证据保全：①国内仲裁的证据保全，应提交证据所在地的基层法院；②涉外仲裁的证据保全，应提交证据所在地的中级法院。
（2）财产保全：①国内仲裁的财产保全，应提交财产所在地或被申请人住所地的基层法院；②涉外仲裁的财产保全，应提交财产所在地或被申请人住所地的中级法院。

考点提示

- 仲裁前保全即诉前保全，由当事人直接向法院申请（适用诉前保全规定）。
- 仲裁中保全由当事人向仲裁委申请，仲裁委提交给法院，最终由法院裁定。

核心考点 144　仲裁中的调解与和解 ★★★★

一、调解的适用

1. 裁决作出前，可以先行调解；如果当事人自愿调解，仲裁庭应当调解。
2. 调解的范围超出了仲裁请求的范围，也是合法的。

二、达成调解协议

1. 可以依据调解协议制作调解书。
2. 也可以依据调解协议的结果制作裁决书。

注　意

仲裁中不允许以调解协议的形式结案，必然要制作调解书或者裁决书结案。

三、达成和解协议

可以据和解协议制作裁决书，也可以撤回仲裁申请。

四、和解后撤回仲裁申请的法律效果

仲裁协议只能用1次，只要根据仲裁协议作出过仲裁裁决，仲裁协议就会失效。

1. 撤回仲裁申请后，未作出仲裁裁决的，原仲裁协议没有使用过，仍然有效。
2. 仲裁协议有效，就原纠纷向法院起诉的，法院应不予受理。
3. 当事人可以达成新仲裁协议。
4. 当事人不可以要求恢复撤回申请前进行的仲裁程序。（该程序已经终结）

核心考点 145　裁决作出 ★★★★

一、评议

1. 实行少数服从多数的原则；不能形成多数意见时，按照首席仲裁员的意见作出裁决。

2. 少数仲裁员的不同意见可以记入笔录。

二、裁决书

1. 签名。裁决书由仲裁员签名，加盖仲裁委员会印章。对裁决持不同意见的仲裁员，可以签名，也可以不签名。

2. 内容。裁决书应当写明仲裁请求、争议事实、裁决理由、裁决结果、仲裁费用的负担和裁决日期。当事人协议不愿写明争议事实和裁决理由的，可以不写。

3. 补正。裁决书中存在笔误（文字、计算错误或漏写），仲裁庭应主动补正；当事人自收到裁决书之日起30日内，可以请求仲裁庭补正。

4. 效力

（1）一裁终局原则。裁决书自作出之日起发生法律效力，不得就原纠纷再申请仲裁或者起诉。

（2）具有给付内容的裁决书具有强制执行力。

专题50 撤销仲裁裁决与不予执行仲裁裁决

核心考点 146 启动与管辖 ★★★

根据一裁终局原则，仲裁裁决作出后，当事人认为仲裁裁决有错误的，不能提出上诉或申请再审，只能向法院申请撤销仲裁裁决或申请不予执行仲裁裁决。

一、适用条件

	撤销仲裁裁决	不予执行仲裁裁决
主　体	双方都可申请	债务人、案外人[1]可申请
时　间	自收到裁决书之日起6个月内	开始执行仲裁裁决后，执行通知书送达之日起15日内
管　辖	仲裁委员会所在地的中级法院	执行仲裁裁决的管辖法院

---

[1]《最高人民法院关于人民法院办理仲裁裁决执行案件若干问题的规定》第9条第1项明确规定，有证据证明仲裁案件当事人恶意申请仲裁或者虚假仲裁，损害其合法权益的，案外人也可以申请不予执行仲裁裁决。

二、程序规定

1. 申请确认仲裁协议效力、申请撤销和不予执行仲裁裁决案件并非适用一审普通程序,而是适用"审理仲裁司法审查案件程序"[1],应组成合议庭并询问当事人。

2. 法院在审查申请不予执行仲裁裁决案件期间,当事人又申请撤销仲裁裁决的,应中止审查申请不予执行仲裁裁决案件,先审查申请撤销仲裁裁决案件。

低频考点 147 法定事由 ☆☆

撤销仲裁裁决和不予执行仲裁裁决的法定事由是一样的,包括:①无仲裁条款或仲裁协议;②无权仲裁、超裁;③仲裁程序违反法定程序、仲裁庭组成不合法;④伪造证据或隐瞒足以影响公正裁决的证据;⑤仲裁员索贿受贿、徇私舞弊、枉法裁决;⑥仲裁裁决违背社会公共利益。

模拟训练

甲公司因与乙公司的合同纠纷申请仲裁,请求解除合同。某仲裁委员会经审理裁决解除双方合同,还裁决乙公司赔偿甲公司损失6万元。

Q:对于此裁决,乙公司可以如何救济?

A:乙公司可申请撤销超出甲公司请求部分的裁决,也可以申请不予执行超出甲公司请求部分的仲裁裁决(因为超裁)。

注意

是撤销或不予执行超出的部分!

核心考点 148 重新仲裁 ★★★

1. 重新仲裁是撤销仲裁裁决程序中独有的制度(不予执行仲裁裁决程序中没有重

---

[1] 该名称来源于《最高人民法院关于审理仲裁司法审查案件若干问题的规定》。该程序在性质上不属于一审普通程序。该程序的特殊之处在于,以申请启动而非以起诉启动。该程序中管辖权异议的裁定、不予受理的裁定和驳回申请的裁定可以上诉(类似于不予受理和驳回起诉)。除此之外,该程序中作出的裁定均为一审终审,不允许复议、不允许上诉、不允许申请再审、不允许提出执行异议。

新仲裁的情况）。

2. 如果仲裁裁决所根据的证据是伪造的或对方当事人隐瞒了足以影响公正裁决的证据，法院可以通知仲裁庭在一定期限内重新仲裁：
（1）法院说明要求重新仲裁的具体理由，并裁定中止撤销程序；
（2）若仲裁委在指定期限内重新仲裁，法院应裁定终结撤销程序；
（3）若仲裁委未在指定期限内重新仲裁，法院应裁定恢复撤销程序；
（4）当事人不服重新仲裁的裁决还可再申请撤销。

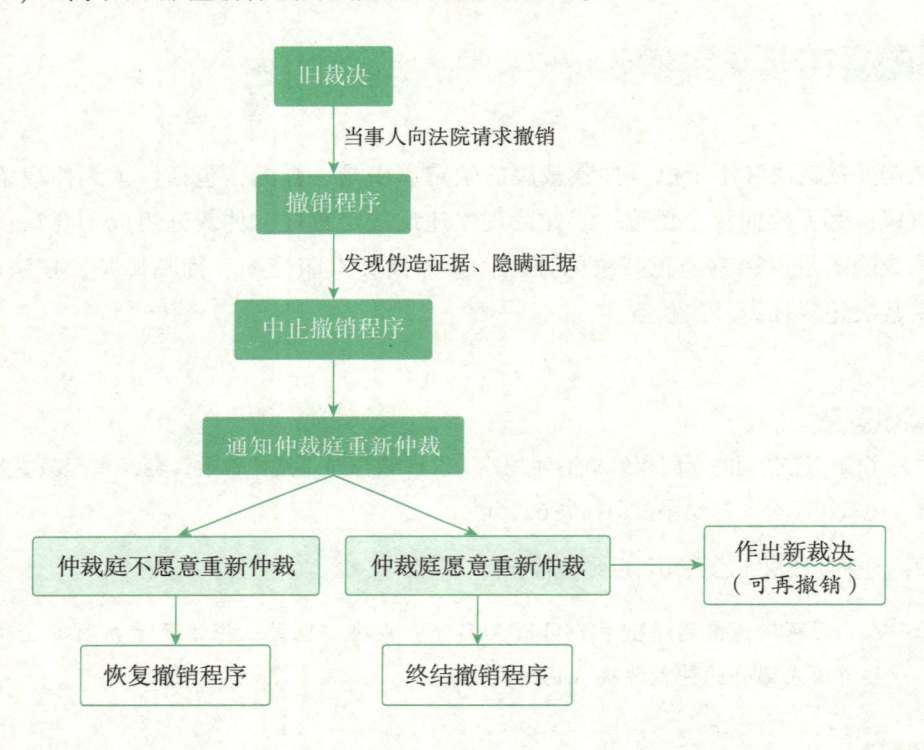

```
旧裁决
  ↓ 当事人向法院请求撤销
撤销程序
  ↓ 发现伪造证据、隐瞒证据
中止撤销程序
  ↓
通知仲裁庭重新仲裁
  ↙        ↓          ↘
仲裁庭   仲裁庭愿    作出新裁决
不愿意   意重新仲裁   （可再撤销）
重新仲裁
  ↓         ↓
恢复撤销   终结撤销
程序       程序
```

核心考点 149　不予执行仲裁裁决的请求不予支持的情况 ★★★

出现以下情况，当事人申请不予执行仲裁裁决，法院对当事人的申请不予支持：

1. 向法院申请撤销仲裁裁决被驳回后，又以相同理由申请不予执行仲裁裁决的；或向法院申请不予执行仲裁裁决被驳回后，又以相同理由申请撤销仲裁裁决的。

2. 当事人在仲裁庭首次开庭前没有主张仲裁协议无效，此后以仲裁协议无效为由申请撤销或不予执行仲裁裁决的。

3. 当事人请求不予执行仲裁调解书或者根据和解协议作出的仲裁裁决书的，但该法律文书违背社会公共利益的除外。

总结梳理 仲裁中法律文书的救济

	是否可以不予执行	是否可以撤销
仲裁调解书	×	×
依据和解协议作的仲裁裁决书	×	√
依据调解协议作的仲裁裁决书	×	√
仲裁裁决书	√	√

核心考点 150 撤销仲裁裁决与不予执行仲裁裁决的效果 ★★★★★

1. 仲裁裁决被撤销或被裁定不予执行后，仲裁裁决无效，仲裁协议随之失效（已经依据仲裁协议作出过仲裁裁决）。

2. 当事人可以重新达成仲裁协议申请仲裁，也可以向法院起诉。

模拟训练

某仲裁机构对甲公司与乙公司之间的合同纠纷作出裁决后，乙公司不履行仲裁裁决。甲公司向法院申请强制执行，乙公司申请法院裁定不予执行该仲裁裁决。经审查，法院认为乙公司的申请理由成立，裁定不予执行该仲裁裁决。

Q： 由此导致的法律效果，包括下列哪些？
（1）甲公司可以就法院的裁定提请复议1次。
（2）甲公司与乙公司可以重新达成仲裁协议申请仲裁。
（3）甲公司与乙公司可以就此案向法院起诉。

A：（1）法律并没有就裁定不予执行仲裁裁决设置复议的救济途径。因此，不包括此法律效果。
（2）仲裁裁决被裁定不予执行后即无效，原仲裁协议也失效。当事人可以再次申请仲裁，但是必须达成新的仲裁协议。因此，包括此法律效果。
（3）因原仲裁协议失效，当事人可以就此纠纷向法院起诉。因此，包括此法律效果。

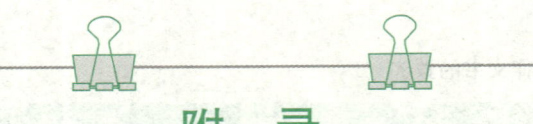

附 录 APPENDIX

诉讼程序和仲裁程序的对比

	诉 讼	仲 裁
主管范围	民事纠纷及非讼案件	民事财产纠纷
程序启动	符合起诉条件，起诉	达成仲裁协议，申请
管 辖	级别、地域管辖	选定的仲裁委
审 级	两审终审	一裁终局
审判组织	独任制、合议制	独任、仲裁庭
审理方式	公开为原则	不公开为原则
开庭审理	原则必须开庭	可以约定不开庭
第 三 人	有独三、无独三	——
回 避	程序不重新进行	程序可重新进行
保 全	向法院申请	向仲裁委申请，法院作出
调 解	起诉到法院、开庭审理前，先行调解	裁决作出前，先行调解
	依调解协议制作调解书	依调解协议制作调解书、裁决书
和 解	依和解协议制作调解书	依和解协议制作裁决书
判决、裁决	上诉期满或作出生效	作出生效
	按照多数人意见判决	按照多数人意见或首席仲裁员意见裁决
	持少数意见的人必须在判决书上签名	持不同意见的人可不在裁决书上签名
	不同意见应记入笔录	不同意见可记入笔录
生效文书救济	申请再审	申请撤销或不予执行

声　明　　1. 版权所有，侵权必究。

　　　　　2. 如有缺页、倒装问题，由出版社负责退换。

图书在版编目（CIP）数据

民诉法 50 专题. 理论卷 / 刘鹏飞编著. -- 北京：中国政法大学出版社，2024. 12. -- ISBN 978-7-5764-1798-2

Ⅰ. D925.104

中国国家版本馆 CIP 数据核字第 2024AT8855 号

出 版 者	中国政法大学出版社
地　　址	北京市海淀区西土城路 25 号
邮寄地址	北京 100088 信箱 8034 分箱　邮编 100088
网　　址	http://www.cuplpress.com（网络实名：中国政法大学出版社）
电　　话	010-58908285(总编室) 58908433（编辑部）58908334(邮购部)
承　　印	三河市华润印刷有限公司
开　　本	787mm×1092mm　1/16
印　　张	19.5
字　　数	470 千字
版　　次	2024 年 12 月第 1 版
印　　次	2024 年 12 月第 1 次印刷
定　　价	71.00 元

2025年主客一体全程班

2025年1月中旬-2025年主观题考前
*课程价格：10800元

万元以下　高端班次

基础搭建	重点科目知识点体系搭建，完成首轮复习
理论精讲	八大科目系统讲解大纲知识点，完成第二轮复习
臻题回顾	真题库中精选配套习题，讲练评结合辅学
真金演练	择选易错、难点、高频考点真金题，以题带点传授技巧
名师带背	八科名师梳理必考重难点，带你轻松背诵并完成第三轮复习
客观考前预测	浓缩客观考试范围，迅速复盘，直击考点
三位一体	主观知识点、案例、法条融合式教学掌握主观答题能力
专项突破	主观难点专项讲解、专项突破
实战演练	精编2套全真模拟卷直观感受题型精批，严格控时
主观考前预测	主观考前冲刺，推测命题趋势，从容应考

◎ 多轮巩固　◎ 海量习题　◎ 时间充分　◎ 配套图书

厚大网授

主客一体普通模式
扫码购买了解详情

2025年主客一体私教课

2025年三月底-2025年主观题考前
*课程价格：6980元

专业课程配方　主观化思维训练

讲授干货	纯干货讲授，针对考查频率讲授重点
通俗易懂	将难懂的法言、法语转变为易懂的白话
应试技巧	深度剖析疑难点后总结技巧一招制敌
靶向训练	靶向训练考哪打哪，精准训练各个命题角度
边学边记	提炼直接记忆的关键词，帮助考生节约背诵时间
以考带学	多阶段、多频次以考代练、以练促学
案例教学	助力考生正确运用法律思维分析案例
答题套路	教你审题方法，案例拆解步骤
人工批改	在线感受阅卷标准，建立规范的答题模型

◎ 专为使用学习包+　◎ 免费课件的考生量身定制

厚大网授

主客一体普通模式
扫码购买了解详情

厚大法考 2025 年"客观题学习包"免费网络课堂课程安排

系统强化阶段
（☆夯实基础——主讲各科主要内容，全面学习和掌握各科知识点）

	教学内容	系统讲解各科的考试主要内容及核心内容，围绕各学科内容的框架体系，将基本理论进行详细讲解，结合案例分析帮助大家理解并掌握知识。					
	教学目标	让学生领悟各学科的精髓，掌握重点难点，具备应试能力。					
课程安排		部门法	授课教师	课 时	部门法	授课教师	课 时	配套资料	上传时间
		民 法	张 翔	8天	民诉法	刘鹏飞	4天	理论卷	2024年11月中旬开始陆续上传
		刑 法	罗 翔	7天	刑诉法	向高甲	5天		
		行政法	魏建新	5天	三国法	殷 敏	4天		
		商经知	郄梦莹	6天	理论法	白 斌	5天		

真题破审阶段
（☆重者恒重——法考客观题怎么考，通过剖析真题来掌握客观题真谛）

	教学内容	对历年经典真题进行归类讲解，归纳考试重点，剖析命题陷阱，掌握法考方向等，一方面巩固课程内容，另一方面使学生领悟法考真谛。					
	教学目标	使学生深刻领悟法考考什么、怎么考，培养法考真题解题技巧，领会命题思路，领悟法考真谛。					
课程安排		民 法	张 翔	3天	民诉法	刘鹏飞	2天	真题卷	2025年5月下旬开始陆续上传
		刑 法	罗 翔	2天	刑诉法	向高甲	2天		
		行政法	魏建新	2天	三国法	殷 敏	2天		
		商经知	郄梦莹	2天	理论法	白 斌	2天		

考前必背阶段
（☆浓缩精华——客观题考前必背的精华提炼总结）

	教学内容	临考之前，将各科进行精华总结，提炼各科核心，去粗取精，将"2025年浓缩版必背考点"进行总结提炼与讲授。					
	教学目标	在客观题临考之前，带学生归纳总结，以题带点，以点带面，适应法考命题趋势，提升客观题应试破题能力。					
课程安排		民 法	张 翔	4天	民诉法	刘鹏飞	3天	背诵卷	2025年7月初开始陆续上传
		刑 法	罗 翔	4天	刑诉法	向高甲	3天		
		行政法	魏建新	3天	三国法	殷 敏	3天		
		商经知	郄梦莹	4天	理论法	白 斌	3天		

冲刺金题阶段
（☆模拟训练——考前冲刺，轻松应战客观题）

	教学内容	带领学生进行高仿真模拟训练，迅速对知识查漏补缺，提升做题能力。					
	教学目标						
课程安排		民 法	张 翔	2天	民诉法	刘鹏飞	2天	金题卷	2025年8月上旬开始陆续上传
		刑 法	罗 翔	2天	刑诉法	向高甲	2天		
		行政法	魏建新	2天	三国法	殷 敏	2天		
		商经知	郄梦莹	2天	理论法	白 斌	2天		

2025厚大法考客观题学习包

专属学习平台
学习中心——学情监控,记录你的学习进度

全名师阵容
厚大学院派名师领衔授课,凝聚智慧力量,倾情传授知识

32册图书700+课时
独家精编图书覆盖全程,免费高清视频,教学精准减负,营养增效

专业答疑服务
高分导学师,专业答疑解惑

更多过关学员选择
备受法考小白零基础及在校/在职考生信赖

贴心带学服务
学习包学员专享,全程带学,不负每一位学员

八大名师

民法|张 翔
刑法|罗 翔
民诉|刘鹏飞
刑诉|向高甲
行 政|魏建新
商 经|鄢梦萱
三国|殷 敏
理论|白 斌

全套图书

《理论卷》8本
《真题卷》8本 
《背诵卷》8本 
《金题卷》8本 

请打开手机淘宝扫一扫
厚大教育旗舰店

扫码下载官方APP
即可立即听课